שנתון-ישראל

ה' תשס"ה - ה' תשס"ו

5765 - 5766

Israel-Jahrbuch

2005

Herausgeber
Ludwig Schneider

ISRAEL-JAHRBUCH 2005

nai
Nachrichten aus Israel

Herausgeber: Ludwig Schneider
Geschäftsführer: Aviel Schneider

Art & Layout: Maor-Wallach Ltd., Jerusalem
Fotos: NAI-Fotoarchiv

Lektorat und Korrektur:
Jonathan Bechtel, Judith Jeries, Annegret Meurer
Redaktionelle Übersetzung: Kaleidoscope Ltd.

Jüdischer Kalender redigiert: Rabbi Josef Avior, IL-Shapira Centre
Christlicher Kalender redigiert: Pfarrdiakon Uwe Seppmann, D-Loiz

"Israel-Jahrbuch 2005"
ISBN 965900379X
Dezember 2004

IL-93503 Jerusalem
P. O. Box 10117, Othniel-Str. 9
Tel.: 00972-2-6716989; Fax: 00972-2-6731725
www.israelheute.com
E-mail: info@nai-israel.com

Buchhaltung: Anat Schneider
Abonnements: Lena Danon
Sekretariat: Tamar-Elsa Sini & Julia Nemirovski

NAI-Webseite: Netanel Doron & Raphael Danon
www.israelheute.com

Printed in Israel
by Maor-Wallach Ltd., Jerusalem

Schalom!

Jedes neue Israel-Jahrbuch zwinkert uns gewissermaßen zu, dass schon wieder ein Jahr vorüber ist. Man blickt zurück und wundert sich, was in den letzten 365 Tagen mit Gottes Hilfe alles geschafft wurde, und zwar noch mehr als im Jahr davor: So haben wir im letzten Jahr monatlich drei verschiedene **israel heute**-Zeitschriften – in Deutsch, Englisch und Japanisch – herausgegeben, die von Jerusalem aus in 85 Länder dieser Welt verschickt wurden. In diesen drei verschiedenen Sprachen publiziert **israel heute** die Informationen aus erster Hand, die andere weglassen.

Darüber hinaus haben wir im letzten Jahr zum ersten Mal auch 12 TV-Zeitschriften in Englisch produziert. Ja, **israel today** ist im Jahr 2004 auch in die TV-Branche eingestiegen und arbeitet bereits mit 10 verschiedenen Fernsehstationen weltweit zusammen. Unsere Aufgabe, Arbeit und Ziel ist es, einen Gegenpol zu dem von den ausländischen Medien produzierten, verzerrten Bild über Israel zu bilden, und das machen wir nun auch über Fernsehnachrichten.

Klar, das ist eine Menge Arbeit; aber wir haben keinen Grund zu klagen, schließlich haben wir ein klar gestecktes Ziel vor Augen, dem wir damit wieder etwas näher kommen. Auch wenn für Sie Israels Rolle in der Weltgeschichte biblisch klar definiert ist, für den Rest der Welt, die Mehrheit, ist Israel ein unbeliebtes Thema und sogar ein Hindernis zum Weltfrieden. Gemeinsam mit Ihnen und mit Gottes Hilfe können wir im Bereich der Aufklärung noch mehr erreichen. Als Ihre Nachrichtenquelle in Jerusalem leisten wir unseren Dienst hier in Israel und liefern Ihnen die Informationen nach Hause. Ihre Aufgabe ist es, Botschafter für die Wahrheit in Ihrer Umgebung zu sein und die Infos als Argumente in Diskussionen zu verwenden.

So hat jeder seine Aufgabe, Sie und wir.

Ich danke Gott für seinen Segen und seine Bewahrung in den letzten 12 Monaten und dass Er uns als **israel heute**-Team mit Ihnen zusammengebracht hat, um gemeinsam ein Segen für Israel zu sein.

Mit freundlichen Grüßen und Schalom aus Jerusalem!

Aviel Schneider und das gesamte **israel heute**-Team

INHALT

ls = Ludwig Schneider, as = Aviel Schneider, ms = Michael Schneider, nd = Netanel Doron
Die Fotos stammen von Netanel Doron, Flash 90 & AP, Daniel Cohen, aus NAI- und anderen Archiven

HILF MIR, HERR, SO IST MIR GEHOLFEN!

Jeremia 17,14

Dieses Bronzerelief (110 x 90 cm) schuf der israelische Künstler Daniel Kafri, 55, der u.a. an der Jerusalemer Bezalel-Kunstakademie studierte. Der Jom Kippur Krieg löste in Daniel Kafri eine Wende aus: er wurde religiös, was seither an seinen Werken ersichtlich ist. 1977 erhielt er den Jerusalem-Preis und 1981 für seine Skulptur „Zwölf Stämme Israels" den WLUSA-Amerika-Preis. Seine Werke spiegeln die Vitalität Israels wieder, gepaart mit dem biblischen Erbe.

IM ANGESICHTE

psalm 23,5

Als ich noch ein Kind war, gab es für 5 Pfennige Wundertüten. Voller Spannung riss ich sie auf, um zu sehen, was in ihr war. Ich weiß nicht, ob es heute noch Wundertüten gibt? Doch, es gibt sie noch! Denn jedes neue Jahr ist eine Wundertüte mit 365 Überraschungen. Mit Überraschungen, die uns gefallen und die uns nicht gefallen. Es gibt Menschen, die nur die Dinge in der Wundertüte sehen, die ihnen nicht schmecken und sich daher über sie ärgern. Und es gibt Menschen, die sehen nur die Dinge, die ihnen schmecken und sich darüber freuen. Gewiss, man sollte beides sehen. Betrachtet man jedoch die allgemeinen Nachrichten, die fast nur noch negative Ereignisse bringen, weil sie davon leben, so könnte man verzweifeln.

Sie kennen ja das Beispiel vom halbleeren und halbvollen Glas. Beides stimmt! Doch was hilft es uns, wenn wir nur immer auf die halbleere Hälfte schauen. Wir wissen alle, dass im Irak immer noch der Krieg tobt. Sie wissen auch – so hoffe ich jedenfalls – dass darüber hinaus noch in mehr als 20 Ländern Kriege und Bürgerkriege toben. Dass Hungersnöte einen Großteil der Weltbevölkerung quälten und dass – besonders im letzten Jahr – unzählige Naturkatastrophen die Erde heimsuchten. Der Terror wurde zur Geißel unserer Zeit – und das nicht nur in Israel, sondern überall in der Welt: in New York genauso wie in Madrid und im russischen Beslan. Natürlich sind nicht alle Moslems Terroristen. Doch das eine steht mittlerweile fest: alle Terroristen waren Moslems.

Wir leben in Israel, genauer gesagt: mitten in Jerusalem, im Brennpunkt des Geschehens. Es gibt viele, die über Jerusalem schreiben und reden, doch in Florida oder in Berlin leben. Wenn Sie nun meinen, dass ich, weil wir mitten im Herzen Jerusalems leben, dies ausschlachte, damit Sie uns bedauern, irren Sie sich, denn wir sehen und bringen auch das, was andere weglassen – und das sind die guten Seiten Israels. Israel baut, als gäbe es keinen Terror, weil Israel an seine Zukunft glaubt. Israel baute z.B. eine Autobahn mit eines der modernsten Mautsysteme. Sobald man auf die A-6 fährt, egal wo, nehmen Sensoren das Nummernschild auf und wenn man die A-6 wieder verlässt noch einmal. Für die gefahrenen Kilometer bekommt man die Rechnung nach Hause geschickt.

Oder schauen wir uns den neuen Ben Gurion Flughafen an. Er gehört zu den modernsten der Welt. Das neue Tor zu Israel hat den Staat eine Milliarde Dollar gekostet. Am Terminal 3 können jährlich bis zu 10 Millionen Passagiere abgefertigt

DAS JAHR 2005

UNSERER FEINDE:

לְפָנַי נֶגֶד צֹרְרָי

werden. Auch er ist für die Zukunft gebaut. Allein im Jahr 2004 kamen 52 % mehr Touristen nach Israel als 2003. Es ist ein architektonisches und technisches Meisterstück, das das Ein- und Auschecken erleichtert und beschleunigt.

Dabei darf man nicht vergessen, dass Israel seit 1989 rund 1,5 Millionen Neueinwanderer aufgenommen hat, für die Wohnungen, Arbeitsplätze, Schulen und die notwendige Infrastruktur geschaffen werden mussten. Das wären im Vergleich soviel, als hätte Deutschland 18,5 Millionen Fremde aufgenommen, die anders als jene aus den neuen Bundesländern, weder Haus noch Hof mitbringen konnten und in Israel erst noch die Sprache erlernen mussten. Dazu kommt, dass viele von den Neueinwanderern, wie z.B. aus Marokko, dem Jemen und Äthiopien Analphabeten waren, die in Israel erst einmal Lesen und Schreiben lernen mussten, ehe sie in den Arbeitsprozess integriert werden konnten. Mittlerweile wurden aus ihnen Studenten an Universitäten, Offiziere und Lehrer.

Und all dies geschieht vor den Augen der Feinde Israels, heißt es doch schon in Psalm 23: „Du bereitest vor mir einen Tisch im Angesicht meiner Feinde". Dass Gott sein Volk Israel segnet, ruft unter den arabischen Völkern Neid hervor. Aus diesem Grund wird Israel immer wieder von der UNO verurteilt. Besonders die jüdischen Siedlungen, die irgendwo in der Einsamkeit von Judäa und Samaria die Wüste und Einöde wieder wie verheißen zum Blühen bringen. Dass Israel sein Existenzrecht und das Leben seiner Bürger gegen den satanischen Terror verteidigt, wird dem Judenstaat immer wieder zur Last gelegt; ist nicht jede Regierung dazu verpflichtet, seine Bürger zu schützen? Natürlich sind die Israelis keine Engel – aber Teufel sind sie auch nicht! Darum freuen wir uns an dem Guten, mit dem Gott sein Volk Israel segnet und bauen weiter das Land auf.

So wünsche ich auch Ihnen 365 gesegnete und freudige Tage,

Ihr

Ludwig Schneider, Jerusalem

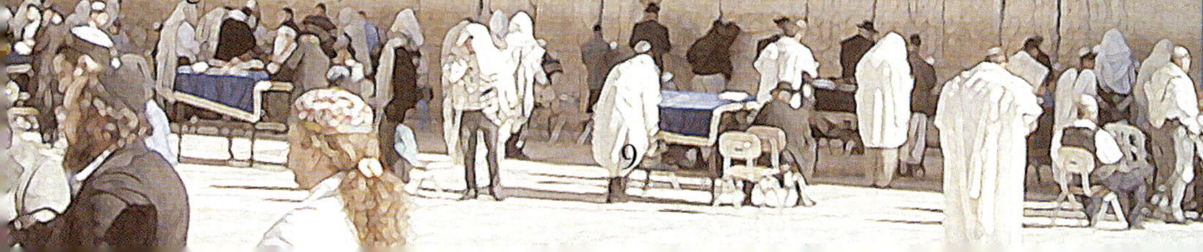

JAHRESLOSUNG für 2005: Jesus Christus spricht: „Ich habe für dich gebeten, dass dein Glaube nicht aufhöre." Lukas 22,32

Am Rand der Kalenderseiten befinden sich Darstellungen biblischer Motive aus der Zeit von 1000 vor bis 700 nach Chr.

JANUAR 2005

1	Samstag	**Neujahr** / Beschneidung und Namengebung Jesu Johannes 14, 1-6 / Jesaja 60,1–6
2	**Sonntag**	Sonntag nach Weihnachten Matthäus 2, 13-18 (19-23)
3	Montag	
4	Dienstag	
5	Mittwoch	
6	Donnerstag	**Epiphanias** (Erscheinungsfest) / Heilige Drei Könige Johannes 1, 15-18
7	Freitag	
8	Samstag	1. Mose 15,13–21; 4. Mose 34,1–15; Hesekiel 47,13–23
9	**Sonntag**	1. Sonntag nach Epiphanias Matthäus 4, 12-17
10	Montag	
11	Dienstag	
12	Mittwoch	
13	Donnerstag	
14	Freitag	
15	Samstag	2. Mose 19,1–6
16	**Sonntag**	Letzter Sonntag nach Epiphanias 2. Mose 3, 1-10 (11-14)
17	Montag	
18	Dienstag	
19	Mittwoch	
20	Donnerstag	
21	Freitag	
22	Samstag	5. Mose 6,1–15
23	**Sonntag**	**Septuagesimae** / 70 Tage vor Ostern Lukas 17, 7-10
24	Montag	
25	Dienstag	
26	Mittwoch	
27	Donnerstag	Gedenktag der Opfer des NS–Regimes (55 Mio.)
28	Freitag	
29	Samstag	Psalm 121
30	**Sonntag**	**Sexagesimae** / 60 Tage vor Ostern Markus 4, 26-29
31	Montag	Fastnacht

Adam und Eva, 5. Jh.

Schabbat „Schemot – Namen“ 2. Mose 1, 1–6, 1; Jesaja 27, 6–28; 29, 22–23	**Schabbat**	כ	
	Jom Rischon	כא	
	Jom Scheni	כב	
	Jom Schlischi	כג	
	Jom Rewi'i	כד	
	Jom Chamischi	כה	
	Jom Schischi	כו	
Schabbat „Wa'era – Und ich erschien“ 2. Mose 6,2–9,35; Hesekiel 28,25–29,21	**Schabbat**	כז	
	Jom Rischon	כח	
	Jom Scheni	כט	
	Jom Schlischi	א	1.Schewat
	Jom Rewi'i	ב	
	Jom Chamischi	ג	
	Jom Schischi	ד	
Schabbat „Bo – Komm!“ 2. Mose 10,1–13,16; Jeremia 46,13–28	**Schabbat**	ה	
	Jom Rischon	ו	
	Jom Scheni	ז	
	Jom Schlischi	ח	
	Jom Rewi'i	ט	
	Jom Chamischi	י	
	Jom Schischi	יא	
Schabbat „BeSchalach – Als er ziehen ließ“ 2. Mose 13,17–17,16; Richter 4,4–5,31	**Schabbat**	יב	
	Jom Rischon	יג	
	Jom Scheni	יד	
TU Bi'SCHWAT Neujahr der Bäume	Jom Schlischi	טו	
	Jom Rewi'i	טז	
	Jom Chamischi	יז	
	Jom Schischi	יח	
Schabbat „Jetro“ 2. Mose 18,1–20,23; Jesaja 6,1–7,6; 9,5–6	**Schabbat**	יט	
	Jom Rischon	כ	
	Jom Scheni	כא	

Baum der Erkenntnis, 5. Jh.

FEBRUAR 2005

Noahs Taube, 1. Jh.

1	Dienstag	
2	Mittwoch	Aschermittwoch
3	Donnerstag	
4	Freitag	
5	Samstag	Johannes 4,22–26
6	**Sonntag**	**Estomihi** (Sei mir ein starker Fels! *Ps. 31,3)* Lukas 10, 38-42
7	Montag	
8	Dienstag	
9	Mittwoch	
10	Donnerstag	
11	Freitag	
12	Samstag	4. Mose 23,5–12
13	**Sonntag**	**Invocavit** (Er ruft mich an, darum will ich ihn erhören. *Ps. 9,15*) 1. Mose 3, 1-19 (20-24)
14	Montag	
15	Dienstag	
16	Mittwoch	
17	Donnerstag	
18	Freitag	
19	Samstag	Psalm 79
20	**Sonntag**	**Reminiscere** (Gedenke, HERR, deiner Barmherzigkeit! *Ps. 25,6)* Matthäus 12, 38-42
21	Montag	
22	Dienstag	
23	Mittwoch	
24	Donnerstag	
25	Freitag	
26	Samstag	Psalm 137
27	**Sonntag**	**Oculi** (Meine Augen sehen stets auf den HErrn. *Ps. 25,15)* Markus 12, 41-44
28	Montag	

	Jom Schlischi	כב	
	Jom Rewi'i	כג	
	Jom Chamischi	כד	
	Jom Schischi	כה	
Schabbat „Mischpatim – Rechte" 2. Mose 21,1–24,18; Jeremia 34,8–22; 33,25–26	**Schabbat**	כו	
	Jom Rischon	כז	
	Jom Scheni	כח	
	Jom Schlischi	כט	
	Jom Rewi'i	ל	
	Jom Chamischi	א	1. Adar 'A
	Jom Schischi	ב	
Schabbat „Terumah – Die Hebe" 2. Mose 25,1–27,19; 1. Könige 5,26–6,13	**Schabbat**	ג	
	Jom Rischon	ד	
	Jom Scheni	ה	
	Jom Schlischi	ו	
	Jom Rewi'i	ז	
	Jom Chamischi	ח	
	Jom Schischi	ט	
Schabbat „Tezawe – Du sollst befehlen" 2. Mose 27,20–30,10; Hesekiel 43,10–27	**Schabbat**	י	
	Jom Rischon	יא	
	Jom Scheni	יב	
	Jom Schlischi	יג	
Klein Purim	Jom Rewi'i	יד	
	Jom Chamischi	טו	
	Jom Schischi	טז	
Schabbat „Ki Tissa – Wenn du zählst" 2. Mose 30,11–34,35; 1. Könige 18,1–39	**Schabbat**	יז	
	Jom Rischon	יח	
	Jom Scheni	יט	

Noahs Taube, 6. Jh.

MÄRZ 2005

1	Dienstag	
2	Mittwoch	
3	Donnerstag	
4	Freitag	
5	Samstag	Daniel 9,20–27
6	**Sonntag**	**Laetare** (Freuet euch mit Jerusalem! *Jes. 66,10*) Johannes 6, 55-65
7	Montag	
8	Dienstag	
9	Mittwoch	
10	Donnerstag	
11	Freitag	
12	Samstag	Nehemia 2,1–10; 6,15–16
13	**Sonntag**	**Judica** (Gott, schaffe mir Recht! *Ps. 43,1*) 1. Mose 22, 1-13
14	Montag	
15	Dienstag	
16	Mittwoch	
17	Donnerstag	
18	Freitag	
19	Samstag	Jesaja 2,2–5; Lukas 21,23–24
20	**Sonntag**	**Palmarum** (Palmsonntag) / Frühlingsanfang Markus 14, 3-9
21	Montag	
22	Dienstag	
23	Mittwoch	
24	Donnerstag	**Gründonnerstag** (Tag des letzten Abendmahls) Markus 14, 17-26
25	Freitag	**Karfreitag** (Kreuzigung Christi) Lukas 23, 33-49
26	Samstag	**Karsamstag** Jona 2 / Jesaja 26, 13–14 (15-18) 19
27	**Sonntag**	**OSTERN** (*ER ist auferstanden!*) Matthäus 28, 1-10
28	Montag	**OSTERMONTAG** Lukas 24, 36-45
29	Dienstag	
30	Mittwoch	
31	Donnerstag	

Opferung Isaaks, 5. Jh.

	Jom Schlischi	כ	
	Jom Rewi'i	כא	
	Jom Chamischi	כב	
	Jom Schischi	כג	
Schabbat „WaJakhel – Er versammelte" 2. Mose 35,1–38,20; 1. Könige 7,40–50	**Schabbat**	כד	
	Jom Rischon	כה	
	Jom Scheni	כו	
	Jom Schlischi	כז	
	Jom Rewi'i	כח	
	Jom Chamischi	כט	
	Jom Schischi	ל	
Schabbat Schekalim „Pekudej – Aufwendung" 2. Mose 38,21–40,38; 2. Mose 30,11–16; 2. Könige 12,1–18	**Schabbat**	א	1. Adar 'B
	Jom Rischon	ב	
	Jom Scheni	ג	
	Jom Schlischi	ד	
	Jom Rewi'i	ה	
	Jom Chamischi	ו	
	Jom Schischi	ז	
Schabbat Sachor „WaJikra – Und er rief" 3. Mose 1, 1–5, 26; 5. Mose 25,17–19; 1. Samuel 15,2-34	**Schabbat**	ח	
	Jom Rischon	ט	
	Jom Scheni	י	
	Jom Schlischi	יא	
	Jom Rewi'i	יב	
Ta'anit Esther – Esther-Fasten Esther 4,16	Jom Chamischi	יג	
PURIM Buch Esther; 2. Mose 17, 8–16	Jom Schischi	יד	
chabbat „Zaw – Befehle!" / **SCHUSCHAN PURIM** (in Jerusalem) 3. Mose 6, 1–8, 36; Jeremia 7,21–8,3; 9,22-23	**Schabbat**	טו	
	Jom Rischon	טז	
	Jom Scheni	יז	
	Jom Schlischi	יח	
	Jom Rewi'i	יט	
	Jom Chamischi	כ	

Opferung Isaaks, 5. Jh.

APRIL 2005

1	Freitag	
2	Samstag	Psalm 122
3	**Sonntag**	**Quasimodogeniti** (Wie die neugeborenen Kindlein. *1.Petr. 2,2*) Johannes 21, 1-14
4	Montag	
5	Dienstag	
6	Mittwoch	
7	Donnerstag	
8	Freitag	
9	Samstag	Kolosser 3, 1–4
10	**Sonntag**	**Misericordias Domini** (Die Erde ist voll der Güte des HErrn. *Ps. 33,* Hesekiel 34, 1-2. (3-9) 10-16.31
11	Montag	
12	Dienstag	
13	Mittwoch	
14	Donnerstag	
15	Freitag	
16	Samstag	
17	**Sonntag**	**Jubilate** (Jauchzet Gott, alle Lande! *Ps. 66,1)* Johannes 16, 16. (17-19) 20-23a
18	Montag	
19	Dienstag	
20	Mittwoch	
21	Donnerstag	
22	Freitag	
23	Samstag	Römer 11,7–8 u. 25–32; 1. Mose 2,21–23
24	**Sonntag**	**Cantate** (Singet dem HErrn ein neues Lied! *Ps. 98,1*) Matthäus 21, 14-17 (18-22)
25	Montag	
26	Dienstag	
27	Mittwoch	
28	Donnerstag	
29	Freitag	
30	Samstag	Jesaja 51,17–23

Mose schlägt den Felsen, 4. Jh.

		Jom Schischi	כא	
Schabbat Parah „Schemini – Am achten Tag” 3. Mose 9,1–11,47; 4. Mose 19,1–22; Hesekiel 36,16–38		**Schabbat**	כב	
		Jom Rischon	כג	
		Jom Scheni	כד	
		Jom Schlischi	כה	
		Jom Rewi’i	כו	
		Jom Chamischi	כז	
		Jom Schischi	כח	
Schabbat HaChodesch „Tasria – Wenn sie empfängt“ 3. Mose 12,1–13,59; 2. Mose 12,1-20; Hesekiel 45,16–46,18		**Schabbat**	כט	
		Jom Rischon	א	1. Nissan
		Jom Scheni	ב	
		Jom Schlischi	ג	
		Jom Rewi’i	ד	
		Jom Chamischi	ה	
		Jom Schischi	ו	
Schabbat „Mezora – Den Aussätzigen“ 3. Mose 14,1–15,33; 2. Könige 7,3–20		**Schabbat**	ז	
		Jom Rischon	ח	
		Jom Scheni	ט	
		Jom Schlischi	י	
		Jom Rewi’i	יא	
Fasten des Erstgeborenen		Jom Chamischi	יב	
		Jom Schischi	יג	
habbat HaGadol „Acharej – Nach dem Tod“ / SEDERABEND 3. Mose 16,1–18,30; Maleachi 3,4–24 / Pessach-Haggada		**Schabbat**	יד	
1. PESSACH – Vollfeiertag 2. Mose 12,21–51; 4. Mose 28,19–25; Josua 5,2–6,1		Jom Rischon	טו	
2. PESSACH (Beginn des Omer[Erstfrüchte]–Zählens) Mose 22,26–23,44; 4. Mo. 28,19–25; 2. Kön. 23,1–9 u. 21–25	*1. Omer*	Jom Scheni	טז	
3. PESSACH – Halbfeiertag 2. Mose 13, 1–16; 4. Mose 28, 19–25	*2. Omer*	Jom Schlischi	יז	
4. PESSACH – Halbfeiertag 2. Mose 22, 24–23, 19; 4. Mose 28, 19–25	*3. Omer*	Jom Rewi’i	יח	
5. PESSACH – Halbfeiertag 2. Mose 33, 12–34, 26; 4. Mose 28, 19–25	*4. Omer*	Jom Chamischi	יט	
6. PESSACH – Halbfeiertag 4. Mose 9, 1–14; 28, 19–25	*5. Omer*	Jom Schischi	כ	
Schabbat **Chol HaMoed Pessach** (Buchlesung Hohelied) 2. Mose 33,12–34, 26; 4. Mo. 28,19–25; Hes. 36,37-37,14	*6. Omer*	**Schabbat**	כא	

Kundschafter, 4. Jh.

MAI 2005

1	**Sonntag**	**Rogate** (Betet!) Lukas 11, 5-13
2	Montag	
3	Dienstag	
4	Mittwoch	
5	Donnerstag	**Christi Himmelfahrt** 1. Könige 8, 22-24. 26-28
6	Freitag	
7	Samstag	Jeremia 33,23–26
8	**Sonntag**	**Exaudi** (HERR, höre meine Stimme! *Ps. 27,7)* Johannes 7, 37-39
9	Montag	
10	Dienstag	
11	Mittwoch	
12	Donnerstag	
13	Freitag	
14	Samstag	Hebräer 8
15	**Sonntag**	**PFINGSTEN** Johannes 16, 5-15
16	Montag	**PFINGSTMONTAG** 1. Mose 11, 1-9
17	Dienstag	
18	Mittwoch	
19	Donnerstag	
20	Freitag	
21	Samstag	Jeremia 31, 31–36; 33, 24–26; Matthäus 5, 17–20
22	**Sonntag**	**TRINITATIS** (Dreifaltigkeitsfest) Jesaja 6, 1-13
23	Montag	
24	Dienstag	
25	Mittwoch	
26	Donnerstag	Fronleichnam
27	Freitag	
28	Samstag	5. Mose 28, 63–68
29	**Sonntag**	1. Sonntag nach Trinitatis Johannes 5, 39-47
30	Montag	
31	Dienstag	

David, der gute Hirte, 4. Jh.

8. PESSACH (*Isru Chag, im Ausland*) 5. Mose 15,19–16,17; 4. Mo. 28,19–25; Jesaja 10,32–12,6	*7. Omer*	Jom Rischon	כב	
	8. Omer	Jom Scheni	כג	
	9. Omer	Jom Schlischi	כד	
	10. Omer	Jom Rewi'i	כה	
	11. Omer	Jom Chamischi	כו	
JOM HaSCHOA – Holocaust–Gedenktag 1933–45 wurden 6 Millionen Juden vom NS–Regime ermordet	*12. Omer*	Jom Schischi	כז	
Schabbat „Kedoschim – Seid Heilige" 3. Mose 19,1–20,27; Amos 9,7–15	*13. Omer*	**Schabbat**	כח	
	14. Omer	Jom Rischon	כט	
	15. Omer	Jom Scheni	ל	
	16. Omer	Jom Schlischi	א	1. Ijar
	17. Omer	Jom Rewi'i	ב	
	18. Omer	Jom Chamischi	ג	
JOM HaSIKKARON – Gefallenengedenktag (über 21.000 Tote)	*19. Omer*	Jom Schischi	ד	
Schabbat „Emor – Sprich!" / **JOM HaATZMA'UTH** Mose 21,1–24,23; Hesekiel 44,15–31 / Israels **57.** Unabhängigkeitstag	*20. Omer*	**Schabbat**	ה	
	21. Omer	Jom Rischon	ו	
	22. Omer	Jom Scheni	ז	
	23. Omer	Jom Schlischi	ח	
	24. Omer	Jom Rewi'i	ט	
	25. Omer	Jom Chamischi	י	
	26. Omer	Jom Schischi	יא	
Schabbat „BeHar –Auf dem Berg" 3. Mose 25,1–26,2; Jeremia 32,6–27	*27. Omer*	**Schabbat**	יב	
	28. Omer	Jom Rischon	יג	
	29. Omer	Jom Scheni	יד	
	30. Omer	Jom Schlischi	טו	
	31. Omer	Jom Rewi'i	טז	
	32. Omer	Jom Chamischi	יז	
LAG Ba'OMER (33. Tag in der Omer–Zählung) Fest, das an das Ende der Pest z.Zt. Rabbi Akivas, erinnert	*33. Omer*	Jom Schischi	יח	
Schabbat „BeChukkotei – In meinen Gesetzen" 3. Mose 26,3–27,34; Jeremia 16,19–17,14	*34. Omer*	**Schabbat**	יט	
	35. Omer	Jom Rischon	כ	
	36. Omer	Jom Scheni	כא	
	37. Omer	Jom Schlischi	כב	

David, der gute Hirte, 3. Jh.

JUNI 2005

1	Mittwoch	
2	Donnerstag	
3	Freitag	
4	Samstag	Jeremia 29,17–19; Sacharja 8,13
5	Sonntag	2. Sonntag nach Trinitatis Matthäus 22, 1-14
6	Montag	
7	Dienstag	
8	Mittwoch	
9	Donnerstag	
10	Freitag	
11	Samstag	Matthäus 12,39–40; Jesaja 60,10–18
12	Sonntag	3. Sonntag nach Trinitatis Lukas 15, 1-3.11b-32
13	Montag	
14	Dienstag	
15	Mittwoch	
16	Donnerstag	
17	Freitag	
18	Samstag	Jesaja 60,1–2 u. 19–22
19	Sonntag	4. Sonntag nach Trinitatis 1. Mose 50, 15-21
20	Montag	
21	Dienstag	Sommeranfang
22	Mittwoch	
23	Donnerstag	
24	Freitag	Johannistag Apostelgeschichte 19, 1-7
25	Samstag	2. Korinther 3,12–18; Jesaja 25,6–8
26	Sonntag	5. Sonntag nach Trinitatis Johannes 1, 35-42
27	Montag	
28	Dienstag	
29	Mittwoch	
30	Donnerstag	

König Salomo, 4. Jh.

	38. Omer	Jom Rewi'i	כג	
	39. Omer	Jom Chamischi	כד	
	40. Omer	Jom Schischi	כה	
Schabbat „BaMidbar – In der Wüste" 4. Mose 1,1–4,20; Hosea 2,1–22	41. Omer	**Schabbat**	כו	
	42. Omer	Jom Rischon	כז	
JOM JERUSCHALAJIM – **38.** Befreiungstag Jerusalems	43. Omer	Jom Scheni	כח	
	44. Omer	Jom Schlischi	כט	
	45. Omer	Jom Rewi'i	א	1. Siwan
	46. Omer	Jom Chamischi	ב	
	47. Omer	Jom Schischi	ג	
Schabbat „Nasso – Erhebe" 4. Mose 4, 21–7, 89; Richter 13, 2–25	48. Omer	**Schabbat**	ד	
Erew Schawuoth	49. Omer	Jom Rischon	ה	
SCHAWUOTH – Wochenfest (urchristl. Pfingsten) 2. Mose 19,1–20,23; 4. Mose 28,26–31; Hes. 1,1–28; 3,12		Jom Scheni	ו	
2. SCHAWUOTH (*im Ausland*) 5. Mose 15, 19–16, 17; 4. Mose 28, 26–31; 3,1–19		Jom Schlischi	ז	
		Jom Rewi'i	ח	
		Jom Chamischi	ט	
		Jom Schischi	י	
Schabbat „BeHalotecha – Wenn du sie aufsetzt" 4. Mose 8,1–12,16; Sacharja 2,14–4,7		**Schabbat**	יא	
		Jom Rischon	יב	
		Jom Scheni	יג	
		Jom Schlischi	יד	
		Jom Rewi'i	טו	
		Jom Chamischi	טז	
		Jom Schischi	יז	
Schabbat „Schlach Lecha – Sende dir" 4. Mose 13,1–15,41; Josua 2,1–24		**Schabbat**	יח	*Salomos Urteil, 4. Jh.*
		Jom Rischon	יט	
		Jom Scheni	כ	
		Jom Schlischi	כא	
		Jom Rewi'i	כב	
		Jom Chamischi	כג	

JULI 2005

1	Freitag	
2	Samstag	Jesaja 54,1–7; 66,6–14
3	**Sonntag**	6. Sonntag nach Trinitatis 5. Mose 7, 6-12
4	Montag	
5	Dienstag	
6	Mittwoch	
7	Donnerstag	
8	Freitag	
9	Samstag	3. Mose 26,40–45; Hesekiel 11,16–21
10	**Sonntag**	7. Sonntag nach Trinitatis Johannes 6, 30-35
11	Montag	
12	Dienstag	
13	Mittwoch	
14	Donnerstag	
15	Freitag	
16	Samstag	Jesaja 40,1–11
17	**Sonntag**	8. Sonntag nach Trinitatis Jesaja 2, 1-5
18	Montag	
19	Dienstag	
20	Mittwoch	
21	Donnerstag	
22	Freitag	
23	Samstag	Jesaja 43,1–7
24	**Sonntag**	9. Sonntag nach Trinitatis Matthäus 7, 24-27
25	Montag	
26	Dienstag	
27	Mittwoch	
28	Donnerstag	
29	Freitag	
30	Samstag	Sacharja 2,12(8)–17(13); 12,2–3
31	**Sonntag**	10. Sonntag n. Trinitatis / **ISRAELSONNTAG** Johannes 2, 13-22; Psalm 33, 12

Jona wird ins Meer geworfen, 4. Jh.

סיון - תמוז SIWAN – TAMMUS 5765

	Jom Schischi	כד	
Schabbat „Korach – Korah“ 4. Mose 16,1–18,32; 1. Samuel 11,14–12,22	**Schabbat**	כה	
	Jom Rischon	כו	
	Jom Scheni	כז	
	Jom Schlischi	כח	
	Jom Rewi’i	כט	
	Jom Chamischi	ל	
	Jom Schischi	א	1. Tammus
Schabbat „Chukkat – Satzung“ 4. Mose 19,1–22,1; Richter 11,1–33	**Schabbat**	ב	
	Jom Rischon	ג	
	Jom Scheni	ד	
	Jom Schlischi	ה	
	Jom Rewi’i	ו	
	Jom Chamischi	ז	
	Jom Schischi	ח	
Schabbat „Balak“ 4. Mose 22,2–25,9; Micha 5,6–6,8	**Schabbat**	ט	
	Jom Rischon	י	
	Jom Scheni	יא	
	Jom Schlischi	יב	
	Jom Rewi’i	יג	
	Jom Chamischi	יד	
	Jom Schischi	טו	
Schabbat „Pinchas“ 4. Mose 25, 10–30,1; 1. Könige 18, 46–19, 21	**Schabbat**	טז	
17. Tammus-Fasten Einsturz der Jerusalemer Mauer z.Zt. des II. Tempels	Jom Rischon	יז	
Beginn der 3 Trauerwochen „*Bejn HaMejzarim*“ um die Tempelzerstörung (bis 9. Aw)	Jom Scheni	יח	
	Jom Schlischi	יט	
	Jom Rewi’i	כ	
	Jom Chamischi	כא	
	Jom Schischi	כב	
Schabbat „Matot – Stämme“ 4. Mose 30,2–32,42; Jeremia 1,1–2,3	**Schabbat**	כג	
	Jom Rischon	כד	

Jona wird vom Fisch verschluckt, 4. Jh.

AUGUST 2005

Daniel und die Löwen, 6. Jh.

1	Montag	Schweizer Bundestag
2	Dienstag	
3	Mittwoch	
4	Donnerstag	
5	Freitag	
6	Samstag	Jesaja 44,1–5
7	Sonntag	11. Sonntag nach Trinitatis Matthäus 21, 28-32
8	Montag	
9	Dienstag	
10	Mittwoch	
11	Donnerstag	
12	Freitag	
13	Samstag	Hesekiel 37,1–14; Jeremia 16,14–18
14	Sonntag	12. Sonntag nach Trinitatis Jesaja 29, 17-24
15	Montag	
16	Dienstag	
17	Mittwoch	
18	Donnerstag	
19	Freitag	
20	Samstag	Jesaja 14,1–2; 49,22–23; 60,1–12
21	Sonntag	13. Sonntag nach Trinitatis Markus 3, 31-35
22	Montag	
23	Dienstag	
24	Mittwoch	
25	Donnerstag	
26	Freitag	
27	Samstag	Jesaja 27,12–13; 34,16–17
28	Sonntag	14. Sonntag nach Trinitatis Markus 1, 40-45
29	Montag	
30	Dienstag	
31	Mittwoch	

	Jom Scheni	כה	
	Jom Schlischi	כו	
	Jom Rewi'i	כז	
	Jom Chamischi	כח	
	Jom Schischi	כט	
Schabbat „Massaej – Wanderungen" 4. Mose 33,1–36,13; Jeremia 2,4–28; 3,4	**Schabbat**	א	1. Aw
	Jom Rischon	ב	
	Jom Scheni	ג	
	Jom Schlischi	ד	
	Jom Rewi'i	ה	
	Jom Chamischi	ו	
	Jom Schischi	ז	
Schabbat Chason „Dewarim – Worte" 5. Mose 1,1–3,22; Jesaja 1,1–27	**Schabbat**	ח	
TISCHA BeAW (9. Aw) Fasten rauer um die I. und II. Tempelzerstörung Jerusalems (Jer. 8,13–9,23)	Jom Rischon	ט	
	Jom Scheni	י	
	Jom Schlischi	יא	
	Jom Rewi'i	יב	
	Jom Chamischi	יג	
	Jom Schischi	יד	
Schabbat Nachamu „WeEtchanan – Und ich flehte" 5. Mose 3,23–7,11; Jesaja 40,1–26 / **TU BeAW** – Fest der Liebe	**Schabbat**	טו	
	Jom Rischon	טז	
	Jom Scheni	יז	
	Jom Schlischi	יח	
	Jom Rewi'i	יט	
	Jom Chamischi	כ	
	Jom Schischi	כא	
Schabbat „Ekew – Sobald" 5. Mose 7,12–11,25; Jesaja 49,14–51,3	**Schabbat**	כב	
	Jom Rischon	כג	
	Jom Scheni	כד	
	Jom Schlischi	כה	
	Jom Rewi'i	כו	

Daniel im Feuer, 4. Jh.

SEPTEMBER 2005

1	Donnerstag	
2	Freitag	
3	Samstag	Jesaja 49,14–21; Apg. 26,6–8
4	Sonntag	15. Sonntag nach Trinitatis Lukas 18, 28-30
5	Montag	
6	Dienstag	
7	Mittwoch	
8	Donnerstag	
9	Freitag	
10	Samstag	1. Samuel 17,3–11 u. 37–50; Daniel 2,31–35
11	Sonntag	16. Sonntag nach Trinitatis Klagelieder 3, 22-26.31-32
12	Montag	
13	Dienstag	
14	Mittwoch	
15	Donnerstag	
16	Freitag	
17	Samstag	1. Mose 22,17–18; 4. Mose 24,17; Matthäus 2,2 u. 10
18	Sonntag	17. Sonntag n. Trinitatis / Eidgenössischer Bettag CH Markus 9, 17-27
19	Montag	
20	Dienstag	
21	Mittwoch	
22	Donnerstag	
23	Freitag	Herbstanfang
24	Samstag	Jesaja 41,13–20
25	Sonntag	18. Sonntag nach Trinitatis Markus 10, 17-27
26	Montag	
27	Dienstag	
28	Mittwoch	
29	Donnerstag	Michaelistag Offenbarung 12, 7-12a (12b)
30	Freitag	

Die drei Männer im Feuer,5. Jh.

	Jom Chamischi	כז	
	Jom Schischi	כח	
Schabbat „Re'eh – Siehe!" 5. Mose 11,26–16,17; Jesaja 54,11–55,5	**Schabbat**	כט	
	Jom Rischon	ל	
Beginn des Selichot(Vergebungs)-Monat	Jom Scheni	א	1. Elul
	Jom Schlischi	ב	
	Jom Rewi'i	ג	
	Jom Chamischi	ד	
	Jom Schischi	ה	
Schabbat „Schoftim – Richter" 5. Mose 16,18–21,9; Jesaja 51,12–52,12	**Schabbat**	ו	
	Jom Rischon	ז	
	Jom Scheni	ח	
	Jom Schlischi	ט	
	Jom Rewi'i	י	
	Jom Chamischi	יא	
	Jom Schischi	יב	
Schabbat „Ki Teze – Wenn du ziehst" 5. Mose 21,10–25,19; Jesaja 54,1–10	**Schabbat**	יג	
	Jom Rischon	יד	
	Jom Scheni	טו	
	Jom Schlischi	טז	
	Jom Rewi'i	יז	
	Jom Chamischi	יח	
	Jom Schischi	יט	
Schabbat „Ki Tawo – Wenn du kommst" 5. Mose 26,1–29,8; Jesaja 60,1–22	**Schabbat**	כ	
	Jom Rischon	כא	
	Jom Scheni	כב	
	Jom Schlischi	כג	
	Jom Rewi'i	כד	
	Jom Chamischi	כה	
	Jom Schischi	כו	

Die Männer verlassen das Feuer, 4. Jh.

OKTOBER 2005

Menorah, 40 v. Chr.

1	Samstag	Hesekiel 36,16–32; Jesaja 49,19
2	Sonntag	19. So. n. Trinitatis / ERNTEDANKFEST Markus 1, 32-39; Jesaja 58, 7-12
3	Montag	Tag der Deutschen Einheit
4	Dienstag	
5	Mittwoch	
6	Donnerstag	
7	Freitag	
8	Samstag	Hesekiel 36,33–38; Matthäus 9,6
9	Sonntag	20. Sonntag nach Trinitatis 1. Mose 8, 18-22
10	Montag	
11	Dienstag	
12	Mittwoch	
13	Donnerstag	
14	Freitag	
15	Samstag	Joel 2,18–27
16	Sonntag	21. Sonntag nach Trinitatis Matthäus 10, 34-39
17	Montag	
18	Dienstag	
19	Mittwoch	
20	Donnerstag	
21	Freitag	
22	Samstag	Hesekiel 38,14–23; Daniel 12,1
23	Sonntag	22. Sonntag nach Trinitatis Matthäus 18, 15-20
24	Montag	
25	Dienstag	
26	Mittwoch	Österreichischer Nationalfeiertag
27	Donnerstag	
28	Freitag	
29	Samstag	Hesekiel 39,1–16; Jesaja 19,22–25
30	Sonntag	23. Sonntag nach Trinitatis Johannes 15, 18-21
31	Montag	**Reformationstag** Matthäus 10, 26b-33

אלול - תשרי ELUL 5765 – TISCHRI 5766

Schabbat „Nitzawim – Ihr steht“ 5. Mose 29,9–30,20; Jesaja 61,10–63,9	**Schabbat**	כז	
	Jom Rischon	כח	
Erew Rosch HaSchana (jüd. Altjahrstag)	Jom Scheni	כט	
ROSCH HASCHANA – jüdisches NEUJAHR 5 7 6 6 1. Mose 21, 1–34; 4. Mose 29, 1–6; 1. Samuel 1, 1–2, 10	Jom Schlischi	א	1. Tischri 
2. ROSCH HASCHANA 1. Mose 22, 1–24; 4. Mose 29, 1–6; Jeremia 31, 2–20	Jom Rewi'i	ב	
Gedalja–Fasten * Jeremia 40-41	Jom Chamischi	ג	
	Jom Schischi	ד	
Schabbat Schuwa „WaJelech – Und er ging“ 5. Mose 31,1–30; Hosea 14,2–10; Micha 7,18–20	**Schabbat**	ה	
	Jom Rischon	ו	
	Jom Scheni	ז	
	Jom Schlischi	ח	
Erew Jom Kippur Fastenbeginn 1 Std. vor Sonnenuntergang	Jom Rewi'i	ט	
JOM KIPPUR – Versöhnungstag . Mo. 16,1–34; 4. Mo. 29,7–11; Jes. 57,14–58,14; 3. Mo. 18,1–30 + Buch Jona	Jom Chamischi	י	
	Jom Schischi	יא	
Schabbat „Ha'asinu – Höret!“ 5. Mose 32,1–52; 2. Samuel 22, 1–51	**Schabbat**	יב	
	Jom Rischon	יג	
Erew Sukkoth	Jom Scheni	יד	
1. SUKKOTH – Laubhüttenfest . Mose 22, 26–23, 44; 4. Mose 29, 12–16; Sacharja 14, 1–21	Jom Schlischi	טו	
2. SUKKOTH – Halbfeiertag 3. Mose 22,26–23,44; 4. Mose 29,17–19; 1. Könige 8,2–21	Jom Rewi'i	טז	
3. SUKKOTH – Halbfeiertag 4. Mose 29, 20–22	Jom Chamischi	יז	
4. SUKKOTH – Halbfeiertag 4. Mose 29, 23–25	Jom Schischi	יח	
Schabbat SUKKOTH – Laubhüttenfest 2. Mo.33,12–34,26; 4. Mo. 29, 26–28; Hesekiel 38,18–39,16	**Schabbat**	יט	
6. SUKKOTH – Halbfeiertag 4.Mose 29, 29–31	Jom Rischon	כ	
7. SUKKOTH – Hoschana Raba 4. Mose 29,32–34	Jom Scheni	כא	
Schemini Azeret & **SIMCHAT THORA** /Thora–Freudenfest ra–Ende u. –Neustart: 5.Mo. 33,1–34,12 u. 1.Mo. 1,1–2,3; 4. Mo. 29,35–30,1; Jos. 1,1–18	Jom Schlischi	כב	
Simchat Thora *(in der Diaspora)*	Jom Rewi'i	כג	
	Jom Chamischi	כד	
	Jom Schischi	כה	
Schabbat „Bereschit – Am Anfang“ 1. Mose 1, 1–6, 8; Jesaja 42, 5–43, 10	**Schabbat**	כו	
	Jom Rischon	כז	
	Jom Scheni	כח	

NOVEMBER 2005

1	Dienstag	Allerheiligen Offenbarung 7, 9-12 (13-17)
2	Mittwoch	Allerseelen
3	Donnerstag	
4	Freitag	
5	Samstag	Sacharja 12,1–7; 14,1–11
6	**Sonntag**	Drittletzter Sonntag des Kirchenjahres Lukas 11, 14-23
7	Montag	
8	Dienstag	
9	Mittwoch	
10	Donnerstag	
11	Freitag	Martinstag
12	Samstag	Sacharja 9,9; Daniel 7,13–15
13	**Sonntag**	Vorletzter So. d. Kirchenjahres / Volkstrauertag Lukas 16, 1-8 (9)
14	Montag	
15	Dienstag	
16	Mittwoch	Buß– und Bettag Matthäus 12, (33-35) 36-37
17	Donnerstag	
18	Freitag	
19	Samstag	Sacharja 12,8–14; Offenbarung 1,7
20	**Sonntag**	Letzter Sonntag des Kirchenjahres / **Ewigkeitssonntag** Lukas 12, 42-48; Daniel 12, 1b-3
21	Montag	
22	Dienstag	
23	Mittwoch	
24	Donnerstag	
25	Freitag	
26	Samstag	Psalm 126; Jesaja 35,10
27	**Sonntag**	**1. Advent** (Beginn des neuen Kirchenjahres /Perikope IV) Offenbarung 5, 1-5 (6-14)
28	Montag	
29	Dienstag	
30	Mittwoch	

Krone, 1000 v. Chr.

	Jom Schlischi	כט	
	Jom Rewi'i	ל	
	Jom Chamischi	א	1. Cheschwan
	Jom Schischi	ב	
Schabbat „Noach – Noah" 1. Mose 6, 9–11, 32; Jesaja 54, 1–55, 5	**Schabbat**	ג	
	Jom Rischon	ד	
	Jom Scheni	ה	
	Jom Schlischi	ו	
	Jom Rewi'i	ז	
	Jom Chamischi	ח	
	Jom Schischi	ט	
Schabbat „Lech Lecha – Zieh hin!" 1. Mose 12, 1–17, 27; Jesaja 40, 27–41, 16	**Schabbat**	י	
	Jom Rischon	יא	
Gedenktag für Jitzhak Rabin	Jom Scheni	יב	
	Jom Schlischi	יג	
	Jom Rewi'i	יד	
	Jom Chamischi	טו	
	Jom Schischi	טז	
Schabbat „WaJerah – Und er erschien" 1. Mose 18,1–22,24; 2. Könige 4,1–37	**Schabbat**	יז	
	Jom Rischon	יח	
	Jom Scheni	יט	
	Jom Schlischi	כ	
	Jom Rewi'i	כא	
	Jom Chamischi	כב	
	Jom Schischi	כג	
Schabbat „Chaje Sarah – Saras Lebensalter" 1. Mose 23,1–25,18; 1. Könige 1,1–31	**Schabbat**	כד	
	Jom Rischon	כה	
	Jom Scheni	כו	
	Jom Schlischi	כז	
	Jom Rewi'i	כח	

Zepter, 1000 v. Chr.

DEZEMBER 2005

Davidstern, 12. Jh.

1	Donnerstag	
2	Freitag	
3	Samstag	Sacharja 8,20–23; Römer 11,22–24
4	**Sonntag**	**2. Advent** Jesaja 63, 15-16 (17-19a) 19b; 64, 1-3
5	Montag	
6	Dienstag	Nikolaus
7	Mittwoch	
8	Donnerstag	
9	Freitag	
10	Samstag	2. Petrus 3,3–10; Römer 11,33–36
11	**Sonntag**	**3. Advent** Römer 15, 4-13
12	Montag	
13	Dienstag	
14	Mittwoch	
15	Donnerstag	
16	Freitag	
17	Samstag	Offenbarung 15,2–4; 21,9–14
18	**Sonntag**	**4. Advent** 2. Korinther 1, 18-22
19	Montag	
20	Dienstag	
21	Mittwoch	Winteranfang
22	Donnerstag	
23	Freitag	
24	Samstag	**HEILIGABEND** Vesper: Jesaja 9,1-6; Christnacht: Jesaja 7, 10-14 / 2. Samuel 7,12-
25	**Sonntag**	**1. WEIHNACHTSTAG** (Christfest) 1. Johannes 3, 1-6
26	Montag	**2. WEIHNACHTSTAG** Offenbarung 7, 9-12 (13-17) / Stephanustag
27	Dienstag	
28	Mittwoch	
29	Donnerstag	
30	Freitag	
31	Samstag	Altjahrsabend 2. Mose 13, 20-22

חשוון - כסלו CHESCHWAN – KISSLEW 5766

	Jom Chamischi	כט	
	Jom Schischi	א	
Schabbat „Toldoth – Geschlechtsregister“ 1. Mose 25,19–28,9; Maleachi 1,1–2,7	**Schabbat**	ב	1. Kisslew
	Jom Rischon	ג	
	Jom Scheni	ד	
	Jom Schlischi	ה	
	Jom Rewi’i	ו	
	Jom Chamischi	ז	
	Jom Schischi	ח	
Schabbat „WaJeze – Und er zog aus“ 1. Mose 28,10–32,3; Hosea 12,13–14,10	**Schabbat**	ט	
	Jom Rischon	י	
	Jom Scheni	יא	
	Jom Schlischi	יב	
	Jom Rewi’i	יג	
	Jom Chamischi	יד	
	Jom Schischi	טו	
Schabbat „WaJischlach – Und er schickte“ 1. Mose 32,4–36,43; Obadja 1	**Schabbat**	טז	
	Jom Rischon	יז	
	Jom Scheni	יח	
	Jom Schlischi	יט	
	Jom Rewi’i	כ	
	Jom Chamischi	כא	
	Jom Schischi	כב	
Schabbat „WaJeschew – Und er wohnte“ 1. Mose 37,1–40,23; Amos 2, 6–3, 8	**Schabbat**	כג	
Chanukka–Kerzen immer am Vorabend anzünden!	Jom Rischon	כד	
1. CHANUKKA – 1. Licht 4. Mose 7, 1–17	Jom Scheni	כה	
2. CHANUKKA – 2. Licht 4. Mose 7, 18–23	Jom Schlischi	כו	
3. CHANUKKA – 3. Licht 4. Mose 7, 24–29	Jom Rewi’i	כז	
4. CHANUKKA – 4. Licht 4. Mose 7, 30–35	Jom Chamischi	כח	
5. CHANUKKA – 5. Licht 4. Mose 7, 36–41 * *Kerze vor Sonnenuntergang anzünden*	Jom Schischi	כט	
Schabb. „Mikez – Nach Ablauf“ —**CHANUKKA** – 4. Licht 1. Mose 41, 1–44, 17; 4. Mose 7, 42–47; Sacharja 2, 14–4,7	**Schabbat**	ל	

Fisch mit Kreuz, 7. Jh.

„Wie benutze ich den jüdisch-christlichen Kalender?"

Der jüdische Kalender ist, gemäß der hebräischen Schreibrichtung, auf der rechten Buchseite zu sehen. Daher befinden sich auch am rechten Rand die Datumszahlen in hebräischen Buchstaben, angefangen mit Alef א als Monatsanfang und Neumond (*Rosch Chodesch*). Am Schabbat davor und am Monatsanfang wird die Neumondverkündigung aus 4.Mose 28,1–25 in den Synagogen gelesen. In der Bibel werden Tage, Monate und Jahre nach ihrer Reihenfolge benannt und nicht mit Sondernamen. Darum heißt z.B. Sonntag *Jom Rischon* (1.Tag), Montag *Jom Scheni* (2.Tag); dies geht bis hin zu Freitag, *Jom Schischi* (6.Tag). Nur der jüdische Ruhetag, der siebente Tag, hat den Eigennamen **Schabbat.** Erst nach der Rückkehr aus der Babylonischen Gefangenschaft (536 v.Chr.) erhielten die Monate aramäische Eigennamen (Tischri, Cheschwan, Kisslew usw.), die bis heute gültig sind. Daneben darf man nicht vergessen, dass im Judentum die Tage und Feste am Vorabend (Erew) beginnen, denn es heißt: „Es wurde Abend und Morgen, der erste Tag".

Zum Schabbat finden Sie die jeweiligen **Wochenlesungen** (*Paraschat HaSchawua*): 54 Bibelabschnitte aus den fünf Büchern Mose (*Thora*) verteilt auf ein Jahr, und anschließend die Prophetenauszüge (*Haftara*). Die hier angegebenen Lesungen folgen der in Israel gültigen aschkenasischen (europäisch-jüdischen) Ordnung. In der Diaspora werden die jeweiligen Abschnitte oft erst eine Woche später gelesen. Feste erhalten in der Diaspora einen zusätzlichen Tag (*Issru Chag*). Auslegungen zu den Wochenlesungen finden Sie in dem Buch „Schlüssel zur Thora", das Sie bei NAI bestellen können. An den mehrtägigen Feiertagen Pessach und Sukkoth sind die ersten und letzten Tage heilige Vollfeiertage (*Mikra Kodesch/Jom Tow*) mit Arbeitsverbot, die Tage dazwischen sind Halbfeiertage (*Chol haMoed*).

Die **jüdisch-religiösen Feiertage** richten sich nach der jüdischen Zeitrechnung (d.h. der Weltschöpfung im Jahre 3760/61 vor Christus; Anfang der Menschheit); dies gilt auch für Israels Nationalfeiertage: den Holocaust-Gedenktag (*Jom HaSchoa*), Gefallenen-Gedenktag (*Jom HaSikkaron*), Unabhängigkeitstag (*Jom HaAtzma'uth*), Jerusalems Befreiungstag (*Jom Jeruschalajim*) und den Tischa-BeAv-Fasttag (*Trauer um die Tempelzerstörung*).

Der normative jüdische Kalender ist ein luna-solarer Kalender, der sowohl auf den Mondphasen (Monate) als auch auf dem Sonnenzyklus (Jahre) basiert. Es gibt **volle Monate** (30 Tage) und **»fehlende« Monate** (29 Tage), da der Mondumlauf 29½ Tage beträgt. Darum hat ein normales biblisches 12-monatiges Mondjahr nur 354/5 Tage (interessant ist: Das hebräische Wort für Jahr „Schana שנה" hat den Zahlenwert 355), was kürzer ist als das 365-tägige Sonnenjahr. Zur Angleichung wurde das Schaltjahr eingeführt, so dass die laut Bibel an den Jahreszeiten ausgerichteten Feiertage zur vorgeschriebenen Zeit stattfinden können. Im 19-Jahre-Zyklus hat das jüdische Kalendarium sieben Schaltjahre, im 3., 6., 8., 11., 14., 17. und 19. Jahr kommt jeweils ein 13. Monat, „Adar 'B", hinzu. Daher ist dieses Jahr, 5765, *ein* Schaltjahr.

Als Pendant dazu finden Sie **im christlichen Teil** auf der linken Buchseite die entsprechende Perikopenreihe des Kirchenjahres, vom 1. Advent 2004 bis zum Ewigkeitssonntag (20. November 2005). In diesem Kirchenjahr bildet die Perikopenreihe III die Grundlage der Predigt. Ab dem 1. Advent 2004 beginnt dann die Reihe IV. Daneben finden wir zu jedem Samstag eine Bibellesung zum Thema Israel. Im Verhältnis zu dem uns bekannten gregorianischen Kalender verschieben sich bei den orthodoxen und armenischen Christen die Feste Weihnachten, Neujahr, Ostern und Pfingsten um jeweils zwei bis drei Wochen; so fällt z. B. Weihnachten bei den griechisch-orthodoxen und armenischen Christen auf den 7. Januar.

	2005	2006	2007
Purim	25. März	14. März	4. März
PESSACH	24.04.–01.05.	13.–20. April	3.–10. April
Jom HaAtzmauth	14. Mai	3. Mai	23. April
SCHAWUOTH	13.–14. Juni	2.–3. Juni	23.–24. Mai
Rosch HaSchana	4.–5. Oktober	23.–24. Sept.	13.–14. Sept.
Jom Kippur	13. Oktober	2. Oktober	22. Sept.
SUKKOTH	18.–25. Okt.	7.–14. Okt.	27.09.–04.10.
Chanukkah	26.12.–02.01.	16.–23. Dez.	5.–12. Dez.

DER PROPHET JEREMIA

Jeremia (626 – 580 v. Chr.) war der von den Israeliten am wenigsten akzeptierte Prophet. Angefeindet und gehasst verkündigte er das Gericht Gottes über Israel – aber auch Israels Errettung: „Er (Gott), der Israel zerstreut hat, sammelt es auch wieder und hütet es wie ein Hirte seine Herde!" und, dass Gott „die gesamte Nachkommenschaft Israels nicht verwerfen werde wegen alles dessen, was sie begangen haben" (Jeremia 31, 10 u. 37).

Ölgemälde von Sammy Weintraub (1942 – 1982). Als jemenitischer Jude malte er die Personen und jüdischen Motive so, wie die Juden im Jemen seit über 2000 Jahren ihre biblische Identität bewahrt hatten.

Israel in Zahlen

- **Israels Bevölkerung** zählte im September 2004 **6.831.100 Staatsbürger**; 5.215.500 sind Juden, 1.328.000 Moslems, 140.400 bilden die Gruppe der Christen, mehr als 110.000 sind Drusen und 246.900 gehören keiner spezifischen Religion an.

- **Fläche:** Israel umfasst in seinen Grenzen von 1967 20.991 km². Hinzu kommen Judäa und Samaria (Westjordanland) mit 5.633 km², die Golanhöhen mit 1.154 km² und der Gazastreifen mit 364 km², in dem sich 42 km² der jüdischen Siedlungsenklaven befinden. **Zusammen macht das 28.142 km².**

- Von August 2003 bis Juli 2004 (nach jüdischem Kalender 5764) wurden **143.701 Babys** geboren. Davon wurden 99.308 von jüdischen Müttern, 35.401 von moslemischen Müttern und 2.066 von christlich-arabischen Müttern auf die Welt gebracht. Weitere 445 Babys wurden in andere christliche Denominationen in Israel hineingeboren. Den Drusen Israels wurden 2.686 Kinder geboren. 1.883 Kinder erblickten das Licht der Welt, ohne einer bestimmten Religion durch die Eltern anzugehören.

- Im Jahr 2003 standen jedem israelischen Bürger für den täglichen Gebrauch **3.545 kcal** zur Verfügung. So stand jedem Bürger in den Läden und Supermärkten 121 kg Brot und Backwaren, 254 kg Gemüse, 47 kg Kartoffeln und Amilane, 124 kg Obst, 71 kg Fleisch und Fisch, 32 kg Zucker und Süßwaren, 236 Eier und 277 Liter Milch zur Verfügung. Getreide, Süßigkeiten, Zucker und Fischprodukte werden nach Israel importiert, während der Großteil von Milchprodukten, Fleisch, Obst, Gemüse und Kartoffeln in Israel produziert wird.

- **Israels Hotels** konnten von Anfang Januar bis Ende September 2004 eine Übernachtungszahl von 12,9 Mio. verzeichnen. Davon waren 9,3 Mio. israelische Touristen und 3,5 Mio. Touristen aus dem Ausland. Die Zahl der Touristenübernachtungen (3,5 Mio.) stieg gegenüber dem Jahr 2003 um 27 % an.

- **670.000 Israelis sind über 65 Jahre alt** und bilden etwa 10 % der Bevölkerung. In den Städten Givataim, Ramat Gan und Bat-Jam sowie Haifa beträgt die Zahl der Bürger über 65 sogar 20 %. 22 % der 65-jährigen stammen aus den GUS-Staaten und kamen ab dem Jahr 1990 nach Israel. Einer von vier 65-jährigen lebt alleinstehend. 80 % der Seniorenpaare (Frau über 60 und Mann über 65) wohnen in Eigentumswohnungen.

- In Israel wurden von September 2003 bis August 2004 insgesamt **505.205 Tonnen Gemüse** auf den Markt gebracht, ausgenommen Zitrusfrüchte und Oliven.

- Im vergangenen Jahr (2004) griffen die Israelis für **privaten Konsum** trotz der schweren finanziellen Lage im Land tief in die Tasche: ein Umsatzplus von 26 % bei den Kosmetikartikeln, für die Unterhaltung wurden 21 % mehr ausgegeben, um 15 % stieg der Verkauf bei den PCs, 15 % mehr für die Investition in eine Urlaubsreise, 13 % mehr neue Autos wurden gekauft und 6 % mehr neue Möbel angeschafft im Vergleich zum Jahr 2003.

- Von Anfang Januar bis Ende Oktober 2004 besuchten **1.248.100 Touristen** Israel. Dies bedeutet einen Anstieg von 46 % gegenüber dem gleichen Zeitraum des Vorjahres. 1.109.000 Touristen (42% mehr) kamen per Flugzeug nach Israel, 135.500 über die Übergänge an den Landesgrenzen (knapp doppelt so viel wie 2003) und 3.600 per Schiff. Von den 1.109.000 Flugpassagieren kamen 1.075.300 am Ben-Gurion-Flughafen an, während 33.700 mit Direktflügen in Eilat landeten.

Israels 8. Staatspräsident MOSCHE KATZAV

„Ich möchte, dass die Welt den schönen, liebenswerten Israeli kennen lernt", waren die ersten Worte des im Jahr 2000 gewählten israelischen Staatspräsidenten **Mosche Katzav**. Mit Katzav wurde zum ersten Mal in Israels Staatsgeschichte ein Kandidat aus den Reihen der Opposition und ein rechtsorientierter Likud-Abgeordneter gewählt. Israels vorige Staatspräsidenten waren alle mit der sozialistischen Arbeiterpartei verbunden. Katzav, der aus der südlichen Entwicklungsstadt Kiriyat Malachi stammt, löste den aus dem noblen Millionärsviertel von Cäsarea stammenden Eser Weizman ab. Katzav begab sich nach seinem Wahlsieg als Erstes zur Klagemauer, um Gott zu danken. Der 60-jährige Katzav hat es sich zur Aufgabe gemacht, das so unterschiedliche Volk, das in den letzten Jahren in Unfrieden lebte, zur Einheit zurückzuführen und die Spannungen zu mildern. Er ist Israels erster Staatspräsident der zweiten Generation in Israel seit 1948 und symbolisiert damit für viele Israelis einen Wandel im Amt des Präsidenten. Mosche Katzav kam im Alter von 5 Jahren aus Persien/Iran nach Israel. Mit 24 Jahren war er Israels jüngster Ratsvorsitzender sowie 1969 Bürgermeister von Kiriyat Malachi. 1977 trat er als Abgeordneter der Likud-Partei der 10. Knesset bei. Während seiner 23 Knessetjahre war er Bau- und Wohnungs-, Arbeits- und Verkehrsminister, stellvertretender Premierminister, Tourismusminister und Minister für arabische Angelegenheiten. Mit seiner Frau Gila hat er fünf Kinder.

Israels 11. Ministerpräsident ARIEL SCHARON

Am 6. Februar 2001 wählte die israelische Bevölkerung mit breiter Mehrheit den von der Welt als „Hardliner" verschrienen Likud-Parteichef **Ariel Scharon** zum 11. Regierungschef Israels. Der 1928 im Moschav Kfar Mahalal geborene Scharon trat als 14-Jähriger der israelischen ***Hagana*** (Befreiungsorganisation) bei und war während des Unabhängigkeitskrieges 1948 bereits Offizier in einer Infanterieeinheit. Er gründete 1953 die berühmte ***Einheit 101***, die den palästinensischen Terrorangriffen aus Gaza und den von Jordanien besetzten Gebieten ein Ende setzte. Während des Sinai-Krieges 1956 war Scharon Befehlshaber der israelischen Fallschirmjäger und bekämpfte die ägyptische Armee auf der Sinai-Halbinsel. Parallel dazu studierte Scharon in England und an der Hebräischen Universität in Jerusalem Jura. 1966 wurde er zum General ernannt. Im Sechstagekrieg war er Befehlshaber der Panzerdivision 138, die in kürzester Zeit zum Suezkanal vorstieß; zwei Jahre später wurde er Befehlshaber des Südbezirks Israels. Nach dem Jom-Kippur-Krieg, im Oktober 1973, verließ er die Armee. Ein Jahr später stieg er ins politische Leben ein und wurde in die Knesset gewählt. Als die Likud-Partei 1977 zum ersten Mal die Regierung in Israel übernahm, war er unter Menachem Begin Landwirtschaftsminister und der Initiator der Besiedlung des jüdischen Kernlandes Judäa und Samaria, Gazas, Galiläas und der Golanhöhen. 1981 brachte er Tausende von äthiopischen Juden auf geheimen Wegen nach Israel zurück. Als Verteidigungsminister zerstörte Scharon im Libanonkrieg 1982 Arafats PLO-Infrastruktur in Beirut, die viele Jahre für Raketenangriffe und Terroranschläge auf Israels Nordgrenze verantwortlich gewesen war. In den Jahren 1984 bis 1990 war Scharon Minister in der Likud-Regierung und wurde aufgrund der langjährigen Libanonkrise in verschiedenen Gerichtsverfahren, u.a. wegen des Sabra- und Schatila-Massakers, angeklagt. Mit Benjamin Netanjahus Wahlsieg 1996 wurde Scharon zunächst Minister für Infrastruktur und später Außenminister. Nach Netanjahus Wahlniederlage 1999 übernahm er die Parteiführung des Likud und bekämpfte Baraks umstrittene Friedenspolitik aus den Reihen der Opposition. Seine Frau Lili verstarb 1999 an Krebs. Er ist Vater von zwei Söhnen und Großvater dreier Enkel. Wie David Ben Gurion lebt auch Ariel Scharon in der Abgeschiedenheit des Südens Israels auf einer Farm, weit weg vom turbulenten Zentrum.

Israels derzeitige

Zum Redaktionsschluß des Jahrbuches zählte die Regierung von Ministerpräsident Ariel Scharon nur 13 Minister, alle der Likud-Partei zugehörig. Scharon hatte die 5 Minister der Schinui-Partei entlassen, da sie gegen den Staatshaushalt stimmten. Die zwei Minister der nationalreligiösen Partei NRP sowie die zwei Minister der Nationalen Einheit traten wegen Scharons Abzugsplan von ihrem Amt zurück. Bisher wurden wegen eventuellem Beitritt der Arbeiterpartei in die Koalition die Ministerposten noch nicht wieder eingeteilt.

Ministerpäsident, Religions- und Kommunikationsminister

Ariel Scharon (76) – Likud – wurde 1928 in Kfar Malal geboren und trat nach seiner Militärlaufbahn 1974 der Knesset bei. Er war u.a. Bau- und Wohnungsminister, Verteidigungsminister, Außenminister, Einwanderungsminister und Landwirtschaftsminister. Seine Frau Lili verstarb im Jahr 1999. Er ist Vater von zwei Söhnen, Omri und Gilad, und lebt auf seiner Farm im Süden Israels.
Tel.: 00972-2-670 5555
Email: pm_eng@pmo.gov.il

Handel- und Industrieminister sowie stellvertretender Vizepremierminister

Ehud Olmert (59) – Likud – wurde 1945 in Benjamina geboren und trat 1973 der Knesset bei. Der ausgebildete Rechtsanwalt und ehemalige Gesundheitsminister war von 1993–2003 Bürgermeister von Jerusalem. Er lebt in Jerusalem und hat vier Kinder.
Tel.: 00972-2-622 0220
Email: sar@moit.go.il

Aus dem Amt entlassen 4.12.04 Justizminister und stellvertretender Vizepremierminister

Josef Lapid (73) – Shinui – wurde 1931 in Jugoslawien geboren und wanderte 1948 nach Israel ein. Als Shinui-Parteichef trat er 1999 der Knesset bei. Als Journalist und Rundfunkchef wurde er in Israel bekannt. Er lebt in Tel Aviv und hat zwei Kinder.
Tel.: 00972-2- 670 8511
Email: sar@justice.gov.il

Außenminister und stellvertretender Vizepremierminister

Silvan Schalom (46) – Likud – wurde 1958 in Tunesien geboren und wanderte als Kind mit seiner Familie nach Israel ein. Er ist Rechtsanwalt und Finanzberater. 1992 trat er der Knesset bei. Der Vater von fünf Kindern lebt in Ramat Gan.
Tel: 00972-2-530 3111
Email: sar@mof.gov.il

Finanzminister

Benjamin Netanjahu (55) – Likud – wurde 1949 in Tel Aviv geboren und war in den Jahren 1996–99 Israels Ministerpräsindet. Er trat 1988 der Knesset bei, war Likudchef und Außenminister. In der UNO war dienste er als Botschafter Israels. Er ist der Bruder von Jonathan Netanjahu, dem gefallenen Befehlshaber der Entebbe-Operation. Er lebt in Jerusalem und hat drei Kinder.
Tel.: 00972-2-531 7111
Email: sar@mof.gov.il

Minister

Efraim Eitam (52) – NRP – wurde 1952 in Israel geboren und diente bis vor drei Jahren als hochrangiger Offizier in der israelischen Armee. Eitam ist der Vorsitzende der NRP-Partei. Er lebt mit seiner Familie (sieben Kindern) auf den Golanhöhen.
Tel.: 00972–2–584 7211
Email: sar@moch.gov.il

Zurückgetreten 2004
Bau- und Wohnungsminister

Benjamin Elon (50) – Nationale Einheit – wurde 1954 in Jerusalem geboren und war in den Jahren 1978-82 Rabbiner des Kibbuz Schluchot. 1996 trat er mit der Moledet-Partei der Knesset bei und ist heute der Parteichef der Nationalen Einheit. Er lebt in der jüdischen Siedlung Bet El und hat sechs Kinder.
Tel.: 00972–2–675 4811
Email: sar@tourism.gov.il

Zurückgetreten 6.6.04
Tourismusminister

Gideon Esra (67) – Likud – wurde 1937 in Jerusalem geboren und war Vizechef des israelischen Geheimdienstes Schin Bet. Er trat 1996 der Knesset bei und war seitdem Mitglied verschiedener Knessetausschüsse. Er lebt in Tel Aviv und hat drei Kinder.
Tel.: 00972-2-675 3333
Email: gezra@knesset.gov.il

Minister für Tourismus,
Minister für Innere Sicherheit

Tzachi Hanegbi (47) – Likud – wurde 1957 in Jerusalem als Sohn der Siedlerpolitikerin Geula Cohen geboren. Er ist Rechtsanwalt und war bereits Justizminister gewesen. Mit seinen drei Kindern lebt er in Mevasseret Zion bei Jerusalem.
Tel.: 00972–2–530 9999
Email: sar@police.gov.il

Wegen Polizei-Untersuchung zurückgetreten
Minister für Innere Sicherheit

Israel Katz (49) – Likud – wurde 1955 in Ashkelon geboren und trat 1998 der Knesset bei. Seitdem arbeitete er in mehreren Knessetausschüssen mit. Er lebt im Moschav Kefar Achim und hat zwei Kinder.
Tel.: 00972–3–948 5555
Email: sar@moag.gov.il

Landwirtschaftsminister

Uzi Landau (61) – Likud – wurde 1943 in Haifa geboren und ist Doktor für Verkehrssystematik. Er trat 1948 der Knesset bei und diente seitdem in diversen Knessetausschüssen. Er ist Vater von drei Kindern und lebt in Raanana.
Tel.: 00972-2-675 3333
Email: ulandau@knesset.gov.il

Entlassen 10 /2004
Minister ohne Portefeuille

Israels derzeitige

Avigdor Lieberman (46) – Nationale Einheit – wurde 1958 in Moldawien geboren und wanderte 1978 nach Israel ein. Er arbeitere als Kanzleichef von Netanjahu und gründete später die Einwandererpartei Israel betenu, mit der er 1999 in die Knesset einzog. Liebermann war bisher Minister für nationale Infrastruktur gewesen. Er lebt mit seiner Familie (drei Kindern) in der jüdischen Siedlung Nokdim, nahe Bethlehem.
Tel.: 00972 2 622 8211
Email: sar@mot.gov.il

Zurückgetreten 6.6.04
Verkehrsminister

Limor Livnat (54) – Likud – wurde 1950 in Haifa geboren und trat der 1992 der Knesset bei. Aus der Marketingbranche stammend war sie bereits als Kommunikationsministerin tätig. Sie ist Mutter von zwei Kindern und lebt in Tel Aviv.
Tel.: 00972–2–560 2222
Email: sar@education.gov.il

Erziehungsministerin

Tzipi Livni (46) – Likud – wurde 1958 in Tel Aviv geboren, ist Rechtsanwältin und trat 1999 der Knesset bei. Sie ist Mutter von zwei Söhnen und lebt in Tel Aviv.
Tel.: 00972–2–675 2696
Email: sar@moia.gov.il

Bau- und Wohnungsministerin,
zeitweilige Justizministerin
Einwanderungsministerin

Schaul Mofaz (56) – Likud – wurde 1948 im Iran geboren und wanderte 1957 nach Israel ein. Seit 1966 diente er in der israelischen Armee und war von 1998–2002 Generalstabschef des Militärs. Nach seinem Ausscheiden aus dem Militär trat er sofort der Knesset bei. Er hat vier Kinder und lebt in einem Moschav im Landesinnern.
Tel.: 00972–3–569 2010
Email: sar@mod.gov.il
Webseite: www.mod.gov.il

Verteidigungsminister

Ilan Shalgi (59) – Schinui – wurde 1945 in Israel geboren. Er ist ausgebildeter Rechtsanwalt und gelangte im Militär bis zum Dienstgrad des Oberstleutnant. Er lebt in Herzlia und hat drei Kinder.
Tel.: 00972-2-655 3777
Email: sar@environment.gov.il

Entlassen 4.12.04
Umweltminister

Dan Naveh (44) – Likud – wurde 1960 in Jerusalem geboren und trat 1999 der Knesset bei. Er ist Rechtsanwalt und war Regierungssekretär unter Benjamin Netanjahu. Er ist Vater von zwei Kindern und lebt in Jerusalem.
Tel.: 00972–2–670 5705
Email: sar@health.gov.il

Gesundheitsminister

Minister

Zevulun Orlev (49) – NRP – wurde 1945 in Israel geboren und trat 1999 der Knesset bei. Seitdem war er Mitglied zahlreicher Knessetausschüsse und zählt heute zum möglichen Nachfolger des jetzigen NRP-Parteichefs Eitam. Er lebt in Jerusalem und hat vier Kinder.
Tel.: 00972 2 675 2311
Email: sar@molsa.gov.il

Zurückgetreten 11.11.04
Arbeits- und Wohlfahrtsminister

Joseph Paritzky (49) – Shinui – wurde 1955 in Israel geboren und trat 1999 der Knesset bei. Er war Mitglied verschiedener Knessetausschüsse. Mit seiner Familie (drei Kindern) lebt er in Tel Aviv.
Tel.: 00972-2-500 6777
Email: sar@mni.gov.il

Entlassen 4.12.04
Minister für nationale Infrastruktur

Avraham Poraz (59) – Shinui – wurde 1945 in Rumänien geboren und wanderte 1950 nach Israel ein. Er ist langjähriges Parteimitglied bei Shinui, trat 1988 der Knesset bei und arbeitete in verschiedenen Ausschüssen mit. Er hat zwei Kinder und lebt in der Nähe von Tel Aviv.
Tel.: 00972-2-670 1411
Email: sar@moin.gov.il

Entlassen 4.12.04
Innenminister

Elieser Sandberg (42) – Shinui – wurde 1962 in Israel geboren und studierte Jura. Als Mitglied der ehemaligen Tsomet-Partei unter Rafael Eitan trat er 1992 der Knesset bei und wechselte 1999 zur Shinui-Partei über. Er lebt in Haifa und ist Vater von drei Kindern.
Tel: 00972-2-541 1111
Email: sar@most.gov.il

Entlassen 4.12.04
Minister für Infrastruktur

Natan Sharansky (56) – Likud – wurde 1948 in der Ukraine geboren und wanderte 1986 aus der Sowjetunion, wo er Zionshäftling gewesen war, nach Israel ein. 1996 gründete er die Einwandererpartei Israel Be'Aliya und trat schließlich der Likud-Partei bei. Er ist Vater von zwei Kindern und lebt in Jerusalem.
Tel.: 00972-2-675 3333

Minister für Diaspora-Angelegenheiten

Meir Sheetrit (56) – Likud – wurde 1948 in Marokko geboren und wanderte 1957 nach Israel ein. 1981 wurde Scheetrit Mitglied der Knesset und war bereits Finanzminister. Er ist Doktor für Staatswissenschaft und lebt mit seiner Familie in der Stadt Javne. Er ist Vater von zwei Kindern.
Tel.: 00972-2-622 8211
Email: sar@mot.gov.il

Transportminister

DIE 120 ABGEORDNETEN DER 16. KNESSET

***Bei den Wahlen im Februar 2003 wurde wieder das herkömmliche Wahlsystem verwendet, wonach jeder Bürger nur einen Wahlzettel auszufüllen hatte, um seine Stimme für eine Partei abzugeben. In den vergangenen 10 Jahren hatte es zwei Wahlzettel gegeben: einen für die Partei und einen weiteren für den Kandidaten des Ministerpräsidentenpostens. Durch das alte Wahlsystem verringerte sich die Anzahl der in die Knesset vertretenen Parteien von 19 im Jahr 1999 auf derzeit 12. Stand:** Dezember 2004*

REG – in der Regierungskoalition • OPP – in der Opposition

LIKUD — REG

40 Knessetsitze (1999: 19 Sitze)

Der Likud-Block ist eine mitte- bis rechtsorientierte Partei. Trotz der umstrittenen Siedlungspolitik in Judäa und Samaria begann der Likud 1991 Direktgespräche mit den arabischen Nachbarstaaten in Madrid. Als der Likud von 1996 bis 1999 an der Macht war, kam es in den Friedensverhandlungen zu territorialen Zugeständnissen.

Ihre Knessetabgeordneten:

Eli Aflalo, Ruhama Avraham, Ronnie Bar-On, Daniel Benlolo, Naomi Blumenthal, Ze'ev Boim, Yuli-Yoel Edelstein, Jacob Edery, Michael Eitan, Gilad Erdan, Gideon Ezra, Gila Gamliel, Inbal Gavriely, Michael Gorlovsky, Tzachi Hanegbi, Yehiel Hazan, Abraham Hirchson, Moshe Kahlon, Ayoob Kara, Haim Katz, Yisrael Katz, Uzi Landau, David Levy, Limor Livnat, Tzipi Livni, Lea Nass, Dan Naveh, Benjamin Netanyahu, Ehud Olmert, Michael Ratzon, Reuven Rivlin, Gideon Sa'ar, Silvan Shalom, **Ariel Sharon**, Omri Sharon, Meir Sheetrit, Yuval Shteinitz, Marina Solodkin, Majalli Whbee und Ehud Yatom.

I A P *(Israels Arbeiterpartei)* — OPP

Parteibündnis: Sozialistische Arbeiterpartei und Meimad

19 Knessetsitze (1999: 25 Sitze)

Die israelische Arbeiterpartei (IAP) wurde in der jetzigen Form 1968 gegründet und ist ein Zusammenschluss etlicher Parteien, deren politisches Spektrum vom Zentrum bis linksorientiert reicht. Die IAP unterhält ein Parteibündnis mit der fortschrittlichen religiösen Meimad-Bewegung.

Ihre Knessetabgeordneten:

Colette Avital, Binyamin (Fouad) Ben-Eliezer, Eli Ben-Menachem, Raleb Majadele, Eitan Cabel, Isaac Herzog, Dalia Itzik, Michael Melchior, Amram Mitzna, Orit Noked, **Shimon Peres**, Ophir Pines-Paz, Haim Ramon, Avraham Shochat, Shalom Simhon, Ephraim Sneh, Yuli Tamir, Matan Vilnai und Dani Yatom.

SHINUI — OPP

15 Knessetsitze (1999: 6 Sitze)

Die Shinui-Partei (dt.: Veränderung, Wechsel) radikaler Säkularisierer will als parlamentarisches Pendant gegenüber den orthodoxen Parteien gesehen werden.

Ihre Knessetabgeordneten:

Victor Brailovsky, Ronny A. Brison, Reshef Chayne, Chemi Doron, **Josef (Tomy) Lapid**, Ilan Leibovitch, Eti Livni, Yehudith Naot, Joseph Paritzky, Meli Polishook-Bloch, Avraham Poraz, Ehud Rassabi, Eliezer Sandberg, Ilan Shalgi und Igal Yasinov.

SCHASS — OPP

11 Knessetsitze (1999: 17 Sitze)

Schass ist das Akronym für Schomrei Tora Sefardim (sefardische Torawächter) und vertritt eine ultra-orthodoxe Weltanschauung.

Ihre Knessetabgeordneten:

David Azoulay, Shlomo Benizri, Amnon Cohen, Yitzhak Cohen, Nissim Dahan, Yakov Margi, Meshulam Nahari, Yair Peretz, Yitzhak Vaknin, **Eliyahu Yishai** und Nissim Zeev.

NATIONALE EINHEIT — OPP

7 Knessetsitze (1999: 7 Sitze)

Die Nationale Einheit (NE) ist ein Parteizusammenschluss der nationalistischen Eretz-Israel-Partei mit der Moledet-Partei des ermordeten Rehavam Seevi und der russischen Einwandererpartei Israel Betenu von Avigdor Lieberman.

Ihre Knessetabgeordneten:

Uri Yehuda Ariel, Eliezer Cohen, Arieh Eldad, **Benyamin Elon**, Zvi Hendel, Michael Nudelman und Yuri Stern.

N R P (*MAFDAL*) — OPP

National-Religiöse Partei

6 Knessetsitze (1999: 5 Sitze)

Die nationalreligiöse Siedlerpartei Mafdal vertritt zionistische Ideale und versteht sich daher als Siedlerpartei, die sich neuerdings kompromissbereiter zeigt.

Ihre Knessetabgeordneten:

Effie Eitam, Gila Finkelstein, Yitzhak Levy, Zevulun Orlev, Nissan Slomiansky und Shaul Yahalom.

YACHAD — OPP

6 Knessetsitze (1999: 10 Sitze)

Das linksorientierte Meretz-Parteibündnis setzt sich aus zwei Parteien zusammen: der linksliberalen Ratz und der kommunistischen *Mapam*.

Ihre Knessetabgeordneten:

Roman Bronfman, Ran Cohen, Zahava Gal-On, Chaim Oron, Yossi Sarid und Avshalom Vilan.

VEREINTE TORAPARTEI — OPP

5 Knessetsitze (1999: 5 Sitze)

Die Vereinte Torapartei (VT) ist ein Zusammenschluss der Parteien *Agudat Israel*, *Degel Ha'Tora* und *Ge'ulat Israel*, die als orthodoxe aschkenasische Parteien nicht unbedingt zionistisch eingestellt sind.

Ihre Knessetabgeordneten:

Israel Eichler, Moshe Gafni, Yakov Litzman, **Meir Porush** und Avraham Ravitz.

HADASH & TA'AL — OPP

3 Knessetsitze (1999: 4 Sitze)

Hadash (dt.: neu) bildet die demokratische Front einer arabisch-kommunistischen Partei, die marxistisch-antizionistisches Gedankengut vertritt, und mit Ta'al (dt.: Komm!) ein Büdnis unterhält. Achmed Tibi, Arafats ehemaliger Berater, ist Parteichef von Ta'al.

Ihre Knessetabgeordneten:

Mohammad Barakeh, Issam Makhoul und Achmed Tibi.

AM ECHAD (*Ein Volk*) — OPP

3 Knessetsitze (1999: 2 Sitze)

Am Echad gilt als Partei der israelischen Gewerkschaft Histadruth, die sich hauptsächlich für Israels Lohnarbeiter einsetzen will und mit der IAP verbunden ist.

Ihre Knessetabgeordneten:

Ilana Cohen, **Amir Perez** und David Tal.

BALAD (arab. *Nation*) OPP

3 Knessetsitze (1999: 1 Sitz)

Balad ist eine Partei israelischer Araber, die auf der einen Seite gegen eine Integration mit Israel ist und auf der anderen Seite eine soziale gesellschaftliche Partnerschaft anstrebt.

Ihre Knessetabgeordneten:

Azmi Bishara, Wasil Taha und Jamal Zahalka.

VEREIN. ARAB. LISTE OPP

2 Knessetsitze (1999: 3 Sitze)

Die Vereinigte Arabische Liste (VAL) ist ein Parteibündnis arabischer Parteien mit Anschluss an islamische Bewegungen in Israel, die einen selbstständigen Palästinenserstaat an der Seite Israels befürworten.

Ihre Knessetabgeordneten:

Abdulmalik Dehamshe und Talab El-Sana.

DIE KNESSET – israelisches Parlament

www.knesset.gov.il

ISRAEL
IST DIE GRÖSSTE GEFAHR FÜR DEN WELTFRIEDEN

Im Schatten des vierten Jahres seit Ausbruch des bewaffneten Aufstandes der Palästinenser – Israel zählt seither knapp 1.000 Terroropfer – sehen 60 % der Europäer in Israel die größte Gefahr für den Weltfrieden. Nicht der islamische Terror, sondern der Judenstaat im Nahen Osten! Dies ergab im Oktober 2003 eine Umfrage innerhalb der Europäischen Union, an der 7.500 Bürger aus 15 EU-Staaten (jeweils 500 pro Land) beteiligt waren. An zweiter und dritter Stelle rangieren Iran und Nordkorea. Danach folgen Afghanistan, der Irak und die USA, die nach Meinung der Europäer ebenfalls den Weltfrieden gefährden. Jeder zweite Europäer ist der Meinung, dass die 5 Mio. Juden des Staates Israel im Nahen Osten eine größere Gefahr für den Frieden in dieser Region darstellen, als die moslemischen Nachbarstaaten, die 500 Mio. Bewohner zählen und Israel in den letzten 55 Jahren mit mehreren Angriffskriegen vernichten wollten. Somit geben 50 % der Europäer den Moslems Recht, die behaupten, dass Israel der Teufel der Welt sei.

Im israelischen Außenministerium und im Regierungsbüro geht man davon aus, dass die EU Israels Image vor der gesamten Weltöffentlichkeit ruinieren will. Im Gegensatz zu den moslemischen Ländern und zu Nordkorea wird Israel mit einem gefährlichen Terror konfrontiert, aber dies wird mit keiner Silbe in der umstrittenen Umfrage erwähnt. Es wurde lediglich gefragt, welches Land die größte Bedrohung für den Weltfrieden darstelle. Die Befragten erhielten eine Liste mit 15 Ländern, darunter Israel. „Dass die EU eine begrenzte Länderliste zur Befragung vorlegte, war grundsätzlich unfair und beeinflusste die Befragten von vornherein", meinten Beamte des Außenministeriums.

Für den israelischen Minister für jüdische Angelegenheiten in der Diaspora, **Natan Scharansky**, zeigt sich immer deutlicher, dass sich hinter der politischen Kritik der Europäer eine antisemitische Haltung verbirgt. „Die Europäer, die sich stets weltweit für die Einhaltung von Menschenrechten einsetzen, sollen endlich die Gehirnwäsche und Dämonisierung des Judenstaates in den moslemischen Ländern stoppen", erklärte Scharansky. Für das Simon-Wiesental-Zentrum in Los Angeles ist die Umfrage ein Zeichen dafür, dass die europäischen Medien in der langjährigen Verurteilung Israels eine ihrem Ziel nach gute Arbeit geleistet haben. Was die Europäer zu ihrer antiisraelischen Entscheidung bewegte, seien die ständig gezeigten Bilder bewaffneter israelischer Soldaten in den Palästinensergebieten und die umstrittene Sicherheitsmauer um die palästinensischen Autonomiegebiete. Israels Terrorbekämpfung werde von den Europäern als pure Aggression gegen das palästinensische Volk gewertet, wobei der palästinensische Terror gegen Israel als legitim dargestellt werde.

Waffenschmuggel und Tunnelrazzia

Weil der palästinensische Terror von der internationalen Gemeinschaft als ein legitimer Befreiungskampf gegen Israel betrachtet wird, haben die ausländischen Medien einfach ein größeres Verständnis für die palästinensische Seite. Dem palästinensischen Kampf zur Befreiung der so genannten besetzten Gebiete Judäa, Samaria und dem Gazastreifen bringt man sehr viel Verständnis entgegen, weniger jedoch den Sicherheitsmaßnahmen Israels gegenüber dem palästinensischen Terror. Jahrelang schmuggelten palästinensische Terroristen unter Aufsicht der Palästinenserführung Waffen aus Ägypten nach Gaza, was von der Weltöffentlichkeit geradezu ignoriert wurde, bis Israel im Sommer 2004 in Rafah, der südlichen Grenzstadt des Gazastreifens, eine Razzia durchführte. Aber auch hier wurde der Fokus der Weltpresse wieder mehr auf die israelischen Bulldozer gerichtet, die Häuser von Palästinenserfamilien niederrissen, weniger auf die Tatsache, dass in den Häusern die gesuchten Ein- bzw. Ausgangslöcher der Tunnel versteckt waren.

Philadelphi-Grenzroute

Israelische Soldaten suchen nach Überresten von Leichenteilen ihrer 5 Kameraden, die bei einer Explosion ums Leben gekommen sind.

Waffenschmuggel in Rafah

An der internationalen Grenzlinie zwischen Israel und Ägypten verlaufen unterirdische Tunnel, die das palästinensische Rafah im südlichen Gazastreifen mit dem westlichen Teil von Rafah auf der ägyptischen Seite verbinden. In der israelischen Armee trägt die Grenzstraße den Namen Philadelphia. In den bis zu 500 Meter langen Tunneln schmuggeln Palästinenser Waffen aus Ägypten nach Gaza und verhelfen den von Israel gesuchten Terroristen aus dem Gazastreifen zur Flucht nach Ägypten. Die Ein- und Ausgänge der unterirdischen Tunnel befinden sich immer in Häusern, versteckt vor den Augen der israelischen Soldaten. Im August erläuterte der israelische Generalstabschef **Mosche Ja'alon** gegenüber dem israelischen Sicherheitskabinett, dass sich sogar ägyptische Grenzoffiziere bestechen lassen und den Palästinensern bei ihrem Schmuggel helfen. „Sobald wir einen unterirdischen Tunnel entdecken und diesen in die Luft sprengen, sehen wir auf beiden Seiten, aus welchen Häusern Rauch aufsteigt. Auf der ägyptischen Seite kommt die Rauchwolke oft aus Gebäuden der ägyptischen Grenzposten", so Moshe Ja'alon. Der vier Kilometer lange Grenzstreifen zwischen dem ägyptischen und dem palästinensischen Rafah ist Israels heißeste Gefechtszone. „Dieser schmale Grenzstreifen ist nur 70 bis 100 Meter breit. Dort finden aber 50 % der gesamten Militäraktionen im Gazastreifen sowie in Judäa und Samaria statt!", erklärte die Armeesprecherin **Scharon Feingold** gegenüber **israel heute**. Als Reservesoldat, der vor zwei Jahren an der *Philadelphia-Straße* diente, kann Chefredakteur Ariel Schneider bezeugen, dass dort mehr als anderswo geschossen wird.

Auf der israelischen Seite der Grenzstraße graben israelische Armeebagger nach den zum Teil tief gelegenen Tunneln. Die israelischen Soldaten werden täglich von Palästinensern beschossen, da sie um jeden Preis ihre unterirdischen Tunnel vor den israelischen Sprengungen schützen wollen. „Seit 2001 haben wir 98 unterirdische Tunnel in einer Tiefe bis zu 80 Metern entdeckt; 5 davon im Jahr 2001, 32 Tunnel im Jahr 2002, 35 Tunnel im Jahr 2003 und der Rest im Jahr 2004." Da diese Tunnel im sandigen Gebiet von Rafah nahe der Mittelmeerküste verlaufen, können sie oft nicht allzu tief angelegt werden, da ansonsten Meer- und Grundwasser eindringen würde. Vor wenigen Monaten versuchten israelische Soldaten drei Palästinensern das Leben zu retten, als diese einen neuen Tunnel bis zur Grundwasserlinie gegraben hatten und der Sandtunnel dadurch einbrach. Nach Angaben der Armeesprecherin sind die unterirdischen Tunnel ein florierendes Geschäft, das reiche Palästinenserfamilien aus Rafah kontrollieren, wie z. B. die Familien Abu Samhadna und Abu Risch. Für jeden Ex- oder Import an Waffen, Bauteilen für Kassamraketen, Terroristen, Zigaretten, ausländischen Prostituierten und vieles andere verlangen diese Palästinenserfamilien hohe Gebühren. „Sobald wir unterirdische Tunnel zerstören, steigen sofort die übrigen Tunnelgebühren an", sagte uns die Offizierin lächelnd. Selbst Mitglieder der Palästinensischen Autonomiebehörde machen von den unterirdischen Tunnelpassagen Gebrauch, darunter der palästinensische Sicherheitsminister Mohammed Dachlan, der in der Vergangenheit von Israel gesuchten Terroristen durch diese Tunnel zur Flucht nach Ägypten verhalf. Dachlan und sein neuer Chef Mahmud Abbas, die sich gemäß dem *Fahrplan* zur Entwaffnung der palästinensischen Terroristen verpflichtet hatten, haben bisher nichts gegen den unterirdischen Waffen- und Terroristenschmuggel unternommen.

Massendemonstration in Nazareth nach Jassins Tod.

Israels Kampf gegen die Hamas

Um den palästinensischen Terror erfolgreich zu bekämpfen, musste Israel eine mutige Entscheidung treffen. Der Tod von Scheich Ahmad Jassin im April 2004 versetzte die Welt in Aufruhr gegen Israel. Dabei handelte es sich bei Jassin um den palästinensischen Osama bin Laden. Von seinem Rollstuhl aus befehligte der 68-Jährige Todeskommandos und sandte palästinensische Kinder als Selbstmordterroristen in den Tod. Seit September 2000 führte die Hamas unter seinem Befehl 425 Terroranschläge aus, wobei 377 Israelis ermordet und 2.076 verletzt wurden. 52 der 425 Attentate wurden von Selbstmordterroristen verübt, die sich in die Luft sprengten. Dabei wurden

288 Israelis mit in den Tod gerissen und 1.646 Menschen verletzt. Am frühen Morgen des 22. März hatten israelische Hubschrauber drei Raketen auf den im Rollstuhl sitzenden Scheich abgefeuert, als er gerade eine Moschee in Gaza-Stadt verließ. Der Westen trauerte mehr um Scheich Jassin als um die israelischen Terroropfer, die auf sein Konto gehen. „Die Tore der Hölle haben sich für Israel geöffnet", sagte daraufhin sein Nachfolger, Abdel Aziz Rantisi, während der Beerdigung von Scheich Jassin. Drei Wochen nach Jassins Tod wurde auch Rantisi von israelischen Soldaten im Gazastreifen getötet. Die „gezielte Tötung", die Israel als eine Strategie gegen palästinensische Terroristen einsetzt, wurde von der Weltöffentlichkeit aus humanitären Gründen heftig kritisiert, u. a. weil oft auch unschuldige Palästinenser dabei ums Leben kamen.

In einem Gespräch mit dem israelischen Kampfpiloten **Major N.** (39), Vater von drei kleinen Töchtern, der von langjährigen persönlichen Erfahrungen berichten kann, wird das ganze moralische Dilemma im unfairen Kampf gegen die moslemischen Terroristen im Nahen Osten deutlich. Vor einigen Jahren verlor er seinen Bruder, der ebenfalls Kampfpilot gewesen war. Neben seiner Arbeit als Generaldirektor einer Hightech-Firma leistet er jährlich 100 Tage in der israelischen Luftwaffe als Reservist ab. Zweimal in der Woche haben er und seine anderen Fliegerkameraden Bereitschaftsdienst in ihrer Kaserne. Als Kampfhubschrauberpilot auf einer Kobra hatte er in den letzten drei Jahren an zahlreichen Einsätzen in den Gebieten der palästinensischen Autonomie teilgenommen.

Israelischer Kampfhubschrauberpilot spricht über Moral und Dilemma.

israel heute: ***Fühlen Sie sich als Kriegsverbrecher?***

Major N.: Nein, aber dennoch stehen wir vor einem Dilemma. Wir müssen zwischen den Einsätzen der gezielten Tötung, bei denen *eventuell* aus Versehen unschuldige Menschen ums Leben kommen, und der Entscheidung, nicht zu handeln, durch die *garantiert* viel mehr unschuldige Menschen ums Leben kommen würden, wählen. Wenn wir die Terroristen nicht töten, dann töten sie uns.

israel heute: ***Ein Krieg der israelischen Luftwaffe gegen die Hamas?***

Major N.: Wir und der Westen stehen einer weltweiten Front gegenüber, und das ist der fanatische moslemische Terror, der andere Regeln hat als wir.

israel heute: ***Major N., Sie haben an zahlreichen Einsätzen teilgenommen. Wie haben Sie sich gefühlt, als Sie am nächsten Tag in der Zeitung lasen, dass bei dem Einsatz unschuldige Menschen getötet wurden?***

Major N.: Ich habe mich wirklich miserabel gefühlt! Es tut mir schrecklich leid, wenn unschuldige Palästinenser ums Leben kommen, wie z.B. im vergangenen Jahr bei dem Angriff auf den Hamasführer Salah Schehadeh, bei dem 14 Zivilisten, darunter neun Kinder, von uns getötet wurden. Das schmerzt, denn auch ich habe drei kleine Kinder. Ich selbst weiß, was man fühlt, wenn man einen Familienangehörigen verliert. Ich habe meinen Bruder verloren.

israel heute : ***Gibt es keine Alternative?***

Major N.: Ich vergleiche unseren Kampf gegen den Terror mit der Arbeit eines Arztes, der einen krebskranken Patienten operiert. Während der Operation besteht die Möglichkeit, dass er aus Versehen heile Körperteile beschädigt. Wenn er den krebskranken Patienten jedoch nicht operiert, dann stirbt dieser garantiert. Und das ist mein tägliches Dilemma und es ist oft nicht leicht für mich.

israel heute: ***Wurde Ihnen jemals ein Befehl erteilt, mit dem Sie ein moralisches Problem hatten?***

Major N.: Nein, wir erhalten Befehle, die uns während des Einsatzes auch die Freiheit lassen, selbst zu entscheiden. Ich habe niemals einen Befehl erhalten, ein Ziel um jeden Preis zu beschießen, wobei Hunderte unschuldiger Palästinenser ums Leben kommen könnten. Als Befehlshaber von Kampfhubschrauberpiloten muss ich immer darauf bedacht sein, den „Schaden“ an unschuldigen Menschen so gering wie möglich zu halten. Dabei habe ich unschuldige Palästinenser vor Augen, aber auch den kleinen israelischen Jungen in einem Linienbus, der einem Selbstmordterroristen schutzlos ausgeliefert ist, den ich möglicherweise nicht mit einer meiner Raketen beschossen habe. Glauben sie mir, wir sind die am stärksten moralisch handelnde Armee und Luftwaffe der Welt. Wir versuchen mit konventionellen Waffen gegen die Terroristen vorzugehen, die uns mit nicht konventionellen Taktiken in ein moralisches Dilemma bringen. Glauben sie mir: Es ist nicht leicht!“

Ein Trend wie kein anderer

Derzeit sind Wohnungen und Grundstücke in der Nähe der israelischen Tunnel auf der Verbindungsstraße zwischen Südjerusalem und Gusch Etzion für die Einwohner von Beit Jalla erstrebenswerte Immobilien. Warum? Die palästinensischen Christen von Beit Jalla hoffen, dass Israel die Gebiete um die Tunnel nicht an die palästinensische Autonomie abgeben wird. Der jüdische Siedlungsblock Gusch Etzion, zwischen Bethlehem und Hebron gelegen, wird gemäß aller Friedensvorschläge (auch nach der Genfer Initiative) mit zum Großraum von Jerusalem gezählt und soll damit nicht geräumt werden. Die christlichen Einwohner von Beit Jalla, einem westlichen Vorort von Bethlehem, fürchten eine palästinensische Autonomieherrschaft; sie wollen weiter unter israelischer Herrschaft leben. Christliche Palästinenserfamilien versuchen deshalb in dieser Gegend Immobilien zu kaufen, um ihr Leben zu schützen. Öffentlich würden sie diese „Aktivitäten“ und deren Grund allerdings nicht zugeben, da sie Repressalien von der palästinensischen Autonomie und den Moslems befürchten müssten. Auch die öffentliche Meinung, insbesondere die der arabischen Kirchenführer, richtet sich – anstatt sich auf die Seite der Christen zu stellen – stets nur gegen Israel, denn vor den Israelis braucht man keine Angst zu haben. Wer hier lebt, weiß, wovon ich spreche.

Häuser des christlichen Palästinenserdorfes Beit Jalla in Richtung Gush Etzion oberhalb des israelischen Tunnels. Sie hoffen, dass Israel die Gebiete um die Tunnel nicht an die palästinensische Autonomie abgeben wird.

Der Trend zur Ansiedlung in der Nähe von jüdischen Niederlassungen ist seit einer Weile wiederholt in Israel zu beobachten. Zum Beispiel versuchen die Beduinen vom Jahalin-Stamm, die sich um die jüdische Siedlerstadt Maale Adumim zwischen Jerusalem und dem Toten Meer bewegen, ihre Existenz zu sichern, indem sie ihre Blechhütten so dicht wie möglich am jüdischen Stadtgebiet errichten. Auch Maale Adumim wird voraussichtlich mit Jerusalem verbunden werden und somit unter israelischer Herrschaft bleiben. Bereits im Jahre 1996 bei der Teilung der Stadt Hebron versuchten Palästinenserfamilien, Wohnungen und Grundstücke um die fünf jüdischen Wohngebiete in Hebron zu kaufen, da sie im israelischen Stadtteil von Hebron (H2) leben wollten. Auch als der Gazastreifen 1993 an die Palästinenser übergeben wurde, flohen mehrere Palästinenserfamilien im letzten Moment aus dem Gazastreifen nach Israel, kurz bevor dieser von einem Sicherheitszaun umgeben wurde. Selbst während der Räumung der Sinai-Halbinsel, die bis zum Jahr 1982 endgültig abgeschlossen wurde, flohen zahlreiche Beduinenfamilien des Stammes Assasme aus dem Sinai in den Negev, um unter israelischer Herrschaft weiterleben zu können. Die israelische Armee musste letztendlich an der offenen Grenze nach Israel sogar eine Masseneinwanderung von Beduinenfamilien verhindern. Auch die 13.000 Drusen auf den Golanhöhen, die – im Gegensatz zu den Drusen auf dem Karmelberg – mit der syrischen Regierung sympathisieren, kaufen in Israel vermehrt Grundstücke und Wohnungen, um im Notfall bei einer Rückgabe der Golanhöhen an Syrien ein sicheres Nest in Israel zu haben. Sie haben Angst unter einer arabischen Diktatur leben zu müssen. Ebenso befürchten die Jerusalemer Palästinenser eine arabische Herrschaft über Ostjerusalem. Die arabische Bevölkerung, die infolge des Sechstagekrieges 1967 unter israelische Herrschaft fiel, konnte zum ersten Mal im Nahen Osten in einem Staat mit einem demokratischen Regierungssystem leben, und zwar in Israel. Und trotz aller Kritik, die sie immer wieder gegen den Staat Israel vorbrachten, haben sie das Leben mit den Israelis schätzen gelernt und wollen dieses, laut Aussagen vieler Ostjerusalemer, nicht aufgeben.

Es war auch Josefs Wunsch

Tennenbaum, der im Rahmen krimineller Geschäfte in den Libanon gelockt wurde, wurde nach seiner Ankunft in Israel von seiner Familie begrüßt. Nach einer mehrere Tage dauernden ärztlichen Untersuchung wurde er vom israelischen Geheimdienst verhört. Israel befürchtet, dass der ehemalige Major unter Folter Militärgeheimnisse an die Hisbollah-Terroristen preisgegeben hat.

So, wie es Josefs Wunsch war, dass nach seinem Tod seine Gebeine ins Gelobte Land gebracht werden sollten, um unter seinem Volk bleiben zu können, so teilt auch heute jeder Israeli Josefs Wunsch, im Land seiner Väter begraben zu werden. *„Mose nahm die Gebeine Josefs mit, wie dieser es vor seinem Tod verlangt hatte. Damals sagte er seinen Brüdern: 'Gott wird euch wieder von hier wegführen, dann müsst ihr meine Gebeine mitnehmen.`" (2. Mose 13,19).* Aus diesem Grund betonte Israels Regierungschef Ariel Scharon in seiner Rede, die er im Rahmen der Ankunft der Särge toter israelischer Soldaten auf dem Ben-Gurion-Flughafen hielt, die Bedeutsamkeit dieses „jüdischen Gefühls". Mit Tränen in den Augen, aber überaus erleichtert, stimmten die drei Familienväter überein, jetzt froh zu sein, ein Grab für ihre Söhne zu haben, an dem sie trauern können. „Es ist wahr, dass unsere Söhne tot sind, aber zumindest haben wir sie in unserer Nähe."

1.210 Tage waren die Gebeine der drei israelischen Soldaten in der Fremde. Zu lange! Für Israel war der von Deutschland eingefädelte Gefangenenaustausch am 29. Januar 2004 ein Trauertag. Am selben Tag, als die sterblichen Überreste der drei israelischen Soldaten Avi Avitan, Benny Avraham und Omar Suwad sowie der israelische Geschäftsmann Elchanan Tennenbaum in Tel Aviv landeten, sprengte sich am frühen Morgen ein palästinensischer Selbstmordterrorist in die Luft. Dieses Mal war es ein palästinensischer Polizist aus Bethlehem gewesen, der in den Jerusalemer Linienbus Nr. 19 eingestiegen war und 11 Israelis mit sich in den Tod riss.

Der Gefangenenaustausch zwischen Israel und den libanesischen Hisbollah-Terroristen war nach monatelanger Vermittlung durch den deutschen Geheimdienstkoordinator Ernst Uhrlau zu Stande gekommen. Israel ließ 400 palästinensische Strafgefangene und 35 Hisbollah-Terroristen sowie andere Araber frei und übergab zudem 59 Leichname an die Hisbollah.

Seit dem Libanonkrieg 1982 hatte Israel in neun Gefangenenaustauschen insgesamt 6.785 Libanesen, syrische Soldaten und palästinensische Terroristen freigelassen und im Gegenzug 16 israelische Soldaten und 12 sterbliche Überreste israelischer Soldaten zurückerhalten. Zusätzlich hatte Israel seinen Feinden auch 200 Leichname übergeben. Welchen Wert das Leben bzw. die Gebeine eines Israelis haben, zeigt sich am Verhältnis bei den Gefangenenaustauschen der letzten 22 Jahre: 1 Israeli (tot oder lebendig) für 250 arabische Gefangene. Nun meinen fanatische Hamas-Terroristen aus dem Gazastreifen, dass Israel in Zukunft mit 500 palästinensischen Strafhäftlingen für einen entführten Israeli zahlen werde. Hisbollah-Chef Nasrallah gilt in Gaza als der neue Held, da er – und nicht Arafat – es war, der 400 Palästinenser frei bekam.

Arabische Knessetabgeordnete, wie Ahmad Tibi, Azmi Bischara, Talab As-Sana und Abdulmalik Dehamshe, haben während der letzten drei Jahre geschwiegen. Die sonst so aufgeweckten Knessetabgeordneten, die ständig für Israels Feinde, wie Jassir Arafat, Baschar El-Assad und Scheich Hassan Nasrallah, in der Knesset das Wort ergreifen, verweigerten der Beduinenfamilie Suwad, die ihren entführten Sohn zurückerhalten hatte, jegliche Hilfe. „Anstatt die arabische Bevölkerung in Israel zu vertreten, vertreten sie unsere Feinde", sagte ein Onkel des Beduinensoldaten Omar Suwad aus dem galiläischen Dorf Salame.

Scharon wird gewarnt

Israels Regierungschef **Ariel Scharon**, der immer hartnäckig den palästinensischen Terror bekämpfte, ist nun auch zu dem Punkt gekommen, wo er zugeben muss, dass der Terror eventuell auf politischer Bühne zu lösen sei. Daher schlug er vor, so bald wie möglich einen einseitigen Abzug aus dem Gazastreifen einschließlich der Evakuierung der knapp 8.000 jüdischen Siedler im Gazastreifen durchzuführen. Dafür wurde Scharon nicht nur von seinen eigenen Wählern und jüdischen Siedlern kritisiert, sondern ebenso seitens des israelischen Sicherheitsgremiums. Einer seiner Berater meinte, dass die von Israel ins Auge gefassten einseitigen Schritte nur für den Fall in Betracht kämen, wenn der Friedensprozess mit den Palästinensern nicht anders vorankommen sollte. Scharons Likud-Parteimitglieder sowie hochrangige Militäroffiziere warnen davor, dass Scharons Abzugsplan von den Palästinensern als Kapitulation gewertet werden könnte.

Israels Militärgeneralstabschef **Mosche Ja'alon** sagte, dass ein einseitiger Abzug aus Gaza, Judäa und Samaria den palästinensischen Terroristen Rückenwind für neue Terroranschläge geben würde. „Die Palästinenser würden darunter verstehen, dass sich der Terror lohnt und sie dadurch ihrem Sieg näher gekommen sind", machte der israelische Befehlshaber des militärischen Nachrichtendienstes, General **Aharon Zeevi Farkasch**, deutlich. „Israels Räumungsplan legitimiert den Terror und dies wird die fanatischen Terrorgruppen zu weiteren Terroranschlägen anspornen." Der Chef des israelischen Sicherheitsdienstes *Schin Bet*, **Avi Dichter**, warnte ebenso vor einem Abzug. „Was sie nicht durch Verhandlungen von uns erhalten, erkämpfen sie sich durch ihre blutigen Terroranschläge, und ein israelischer Abzug zu diesem Zeitpunkt wäre die Bestätigung dafür." Auch der Ex-Befehlshaber der israelischen Luftwaffe, **Eitan Ben-Elijahu**, fügte seine Warnung hinzu. „Mit diesem Abzug werden wir vor unseren Feinden wie Feiglinge dastehen, denn wir würden einen Preis bezahlen und nichts dafür bekommen." „Auch wenn uns der Westen pausenlos einreden will, dass ein Abzug aus den so genannten besetzten Gebieten Israel Sicherheit bringen würde, dürfen wir diesen Schritt gerade in der heutigen Krisensituation auf keinen Fall tun", meinte außerdem der Leiter des israelischen Sicherheitsforums, **Amos Gilad**.

Siedlerprotest gegen Scharons Abzugsplan aus dem Gazastreifen: Menschenkette vom Gazastreifen bis nach Jerusalem

Darüber hinaus werde ein einseitiger Abzug – wie aus israelischen und palästinensischen Sicherheitskreisen zu hören ist – zu einer gefährlichen Anarchie führen. Ende Februar trat bereits der Bürgermeister von Nablus, Rassan Schachaa, mit der Behauptung zurück, dass die Palästinensische Autonomiebehörde unter Jassir Arafat nichts unternähme, um das Chaos in den Palästinensergebieten zu verhindern. Im November 2003 hatten vermummte Palästinenser den Bruder von Schachaa erschossen. Die Autonomiebehörde hatte es allerdings versäumt, eine Untersuchung einzuleiten. In der letzten Februarwoche stürmten 15 bewaffnete Palästinenser das palästinensische Pressebüro in Chan Junis (Gazastreifen) und verlangten für sich Arbeitsplätze. Wenige Tage später drangen 20 Palästinenser ins Grundbuchamt von Gaza-Stadt ein und verlangten von den Beamten unter Androhung von Gewalt die Überschreibung mehrerer Grundstücke. Diese und andere Vorfälle, die der palästinensischen Presse zu entnehmen sind, deuten auf eine steigende Anarchie in den Autonomiegebieten hin, und ein einseitiger Abzug würde diesen Zustand noch verschlimmern.

Ariel Scharon hört zwar die Warnungen seiner Sicherheitsberater, doch als israelischer Regierungschef trägt er gegenüber seinem eigenen Volk eine größere Verantwortung. Ariel Scharon befindet sich in einer Zwickmühle: Das Ausland macht ihm Druck, aus den besetzten Gebieten abzuziehen, und seine Sicherheitsleute geben ihm den Rat, in den Gebieten zu bleiben. Er allein muss nun die richtige Entscheidung treffen. Als Oppositionsführer würde Scharon einen solchen (heute nunmehr eigenen) Abzugsplan garantiert kritisieren und zu verhindern versuchen. Orthodoxe und messianische Juden sind sich einig, dass Israels Fehler darin besteht, dass es heute versucht, aus eigener Kraft durchzukommen, anstatt auf Gott zu hören. Immer dann, wenn man meint, alleine zurechtzukommen, fällt man auf die Nase. „Egal ob Scharon letztendlich einen Abzug aus den Palästinensergebieten durchsetzen wird oder nicht, Gott der Allmächtige wird uns beistehen", meinte ein frommer Jude an der Klagemauer. Dazu sagte Israels Oberrabbiner **Jona Metzger** im Gespräch mit **israel heute**: „Ich bin für einen Kompromiss, der uns echten Frieden bringt, und genau das ist die Streitfrage. Denn die Frage ist, ob der Abzug aus den so genannten besetzten Gebieten uns wirklich Frieden beschert oder uns in eine noch größere Gefahr hineinzieht."

„Ohne den Abzug aus dem Gazastreifen werden wir dem Frieden und der Sicherheit nicht entgegengehen können", meinte Israels Regierungschef **Ariel Scharon** gegenüber seinen Likud-Mitgliedern. „Ohne eine stabile Regierung wird mir der Räumungsplan nicht gelingen. Ich habe mich dazu verpflichtet und als Ministerpräsident trage ich dafür die Verantwortung." Da Scharons 73-köpfige Regierungskoalition Anfang 2004 auf 55 Knessetsitze (*Likud* 40 und *Shinui* 15) zusammengeschrumpft ist, verlor er damit auch die Mehrheit im israelischen Parlament (insgesamt 120 Sitze). Aus der Koalition ausgestiegen sind die nationalreligiöse Partei *Nationale Einheit* (7), die Siedlerpartei *Mafdal* (6) und die orthodoxe *Vereinigte Thorapartei* (5). Alle drei Parteien sprachen sich gegen Scharons umstrittenen Abzugsplan aus dem

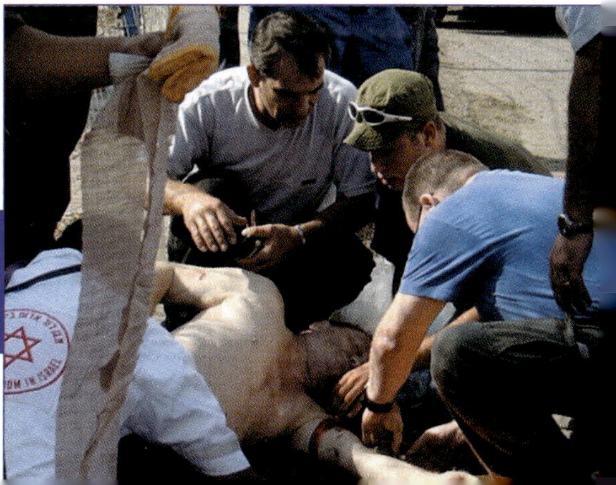

Kassam-Raketen in Israels Südstadt Sderot

Gazastreifen aus. „Wir haben uns wegen biblischer Grundsätze abgespalten, die in der heutigen Politik beachtet werden müssen", sagte der religiöse *Mafdal*-Parteichef **Benny Elon**, der mit seiner Partei die Koalition verließ. „Das Thema Grenzen und Charakter des Judenstaates waren damals und sind auch heute noch ein heißes Streitthema innerhalb des jüdischen Volkes."

Aber die Mehrheit will raus

66 % der israelischen Bevölkerung unterstützen Ariel Scharons überarbeiteten Abzugsplan aus dem Gazastreifen und 68 % der Israelis sind weitgehend für die Räumung der 145 jüdischen Siedlungen im gesamten biblischen Kernland Judäa und Samaria. Darüber hinaus befürworten 64 % auf israelischer und 54 % auf palästinensischer Seite die ägyptische Initiative, die offiziell nach der Räumung der 20 jüdischen Siedlungen im Gazastreifen in Kraft treten soll. Dies ergab die vom israelischen *Harry-S.-Truman-Institute der Hebräischen Universität in Jerusalem und dem Palästinensischen Zentrum für Politik und Forschung PSR* in Ramallah gemeinsam durchgeführte Meinungsumfrage vom 23. bis 27. Juni. Danach sprechen sich 92 % der Palästinenser für politische Reformen innerhalb der Palästinensischen Autonomiebehörde aus, doch nur 40 % glauben, dass Arafat dazu fähig ist. Die Mehrheit der israelischen Bevölkerung will nicht nur den Gazastreifen, sondern ganz Judäa und Samaria verlassen. Immer weniger Israelis sehen einen Sinn in der Besiedlung des biblischen Kernlands und diesem Zeitgeist folgt nun auch Israels Regierungschef Ariel Scharon, auch wenn er damit seine ursprüngliche Ideologie bekämpft. „Das Volk Israel will Ruhe und Sicherheit, nicht mehr", sagte uns Israels Gesundheitsminister **Danny Naveh**. Sicherlich wird Israel mit dem einseitigen Abzug aus dem Gazastreifen ein Risiko eingehen, aber dieses Risiko scheint für Israels Politiker geringer zu sein als jenes, im Gazastreifen zu bleiben. Auch wenn Israels Verteidigungsminister Schaul Mofaz mehrfach die Gründe für die Räumung der jüdischen Siedlungen erläuterte, hochrangige Militäroffiziere denken darüber anders. "Wenn das letzte Foto von Palästinensern mit dem Victory-Zeichen und palästinensischen Fahnen auf den Trümmern der 19 geräumten jüdischen Siedlungen im Gazastreifen zu sehen sein wird, dann haben sie uns besiegt. Dies wird ein Katalysator für eine neue palästinensische Terrorwelle sein", meinte General **Doron Almog**. Gemäß der jüngsten Umfrage glauben 69% der Palästinenser, dass die Terroranschläge zu politischen Zielen führen werden.

Blinde Gerechtigkeit

Der Internationale Gerichtshof in Den Haag (IGH) – das so genannte neue Weltgericht – erklärte den israelischen Sicherheitszaun für völkerrechtswidrig. In seinem Urteil fordert das Weltgericht Israel auf, den Sicherheitszaun abzureißen und Entschädigungen an diejenigen Palästinenser zu zahlen, die aufgrund des Baus Schaden erlitten haben. Dass Israel den Zaun aus Sicherheitsgründen errichtete, um das Eindringen von palästinensischen Selbstmordterroristen zu verhindern, wurde vom Weltgericht nicht berücksichtigt und in dessen Urteil auch nicht erwähnt. Über 1.000 Israelis kamen in den vergangenen vier Jahren durch palästinensische Terroranschläge ums Leben. Auch dazu schweigt das Weltgericht.

Elf Tage nach dem IGH-Urteil, am 20. Juli 2004, forderte die UN-Vollversammlung den Abriss des israelischen Sicherheitszaunes. 150 Staaten hatten für die UN-Resolution gestimmt, 6 (darunter die USA, Australien, die Marshallinseln und Mikronesien) dagegen und 10 hatten sich enthalten. Die europäischen Länder hatten sich letztendlich gemeinsam mit der moslemischen Mehrheit der UN-Vollversammlung gegen Israel gestellt. „Wir können Gott nur dafür danken, dass Israels Schicksal und das des jüdischen Volkes nicht von der Mehrheit in der UN-Vollversammlung abhängt", meinte Israels UN-Botschafter **Danny Gillerman**. Im israelischen Rundfunk kritisierte Gillerman das Verhalten der französischen Regierung. „Italien und Großbritannien hatten die EU-Staaten gebeten, sich der Stimme zu enthalten. Dann aber übte die französische Regierung Druck auf die EU-Staaten aus, gegen Israel zu stimmen." Die Palästinenser bezeichneten die jüngsten Resolutionen als historische Meilensteine, die laut palästinensischem UN-Vertreter **Nasser Al Kidwa** ein ausgezeichnetes Ergebnis seien. Die israelische Regierung kündigte inzwischen jedoch an, dass der Bau des Sicherheitszauns unter Berücksichtigung des Urteils des Obersten Gerichtshofes in Israel fortgesetzt werde. „Es handelt sich um eine Perversion der Justiz, wenn gegen eine lebensrettende Vorkehrung, wie dem Sicherheitszaun, mit derartiger Entschlossenheit vorgegangen wird, während dem palästinensischen Terror, der Menschenleben kostet, mit Gleichgültigkeit und Apathie begegnet wird", äußerte sich Gillerman. Israels Kabinettsmitglied†Danny Naveh meinte: „Ich denke, dass es wichtiger ist, israelische Menschenleben zu retten, als die Lebensqualität einiger Palästinenser zu wahren."

Das Weltgericht in Den Haag und die UNO in New York sind heute die Barometer der Völker. Die Völker sind gegen Israel, weil es um Israel geht und nicht weil Israel wirklich stärker völkerrechtswidrig handelt als andere Länder. Einen Tag nach der antiisraelischen Abstimmung in der UN-Vollversammlung wurde UN-Generalsekretär Kofi Annan ein Bericht über die „ethnischen Säuberungen" im Sudan vorgelegt. In der westsudanesischen Krisenregion Darfur terrorisieren die moslemischen *Dschandschawid*-Rebellen seit Februar 2003 die schwarzafrikanische Bevölkerung. Gemäß UN-Angaben sollen bereits über 30.000 Menschen von den Moslems ermordet worden sein. Die Menschenrechtsorganisation *Human Rigths Watch* behauptet, dass die sudanesische Regierung die moslemischen Rebellen sogar noch unterstützt. Aber weder die UNO noch das Weltgericht greifen ein. Sudan und andere Länder verstoßen ganz klar stärker gegen das Völkerrecht als Israel. Ihr Vorteil ist jedoch, dass sie eben nicht Israel sind und in der UN Vollversammlung keine Mehrheit von 52 moslemischen Staaten gegen sich haben. Diese Mehrheit hat bereits beschlossen, dass der winzige Judenstaat Israel die größte Gefahr für den Weltfrieden ist.

Sicherheitszaun zwischen Indien und Pakistan

Sicherheitszaun zwischen Süd- und Nordkorea

Sicherheitszaun zwischen den USA und Mexiko

Sicherheitszaun in Nordirland

Sicherheitszaun in Israel

ARAFATS BIOGRAPHIE

Arafat mit Suha vor dem Abflug nach Paris

Arafats Sarg unter den Massen in Ramallah

1929: Jassir Arafat wird im August in Kairo geboren – obwohl er in seiner Biographie Jerusalem als Geburtsort angibt. Erst als dreijähriges Kind, als seine Mutter Saava Abu Sa´ud stirbt und sein Vater, Abed Raóuf el Kidwa, ihn zu ihrer Jerusalemer Familie schickt, kommt er nach Jerusalem. Nach erneuter Heirat seines Vaters kehrt Arafat aber wieder nach Kairo zurück.

1946: Als 17-jähriger hört Arafat zum ersten Mal über den Hitlerfreund und Großmufti von Jerusalem, Hadsch Amin el Husseini, der damals nach längerem Aufenthalt in Berlin nach Kairo zurückkehrte, von der Palästinenserpolitik.

1948: Arafat beginnt sein Ingenieurstudium in Kairo und tritt der fanatischen „Moslem Bruderschaft" bei, die im Gazastreifen jüdische Siedlungen bekämpft.

1959: Arafat beendet sein Studium in Kairo und beginnt in Kuwait zu arbeiten. Dort gründet er mit vier Freunden die Palästinenserbewegung namens Fatah

(Bewegung zur Befreiung Palästinas).

1965: Ein Jahr nachdem die PLO 1964 in Ostjerusalem gegründet wird, verübt Arafat und seine Fatah-Bewegung den ersten Terroranschlag in Israel. Ziel ist die nationale Wasserleitung in Galiläa. Doch die Sprengung misslingt.

1968: Nach der Niederlage der arabischen Nationen im Sechstage-Krieg 1967 melden sich Tausende Palästinenser bei der Fatah-Terrorgruppe. In Ägypten, Syrien und Libanon wird Arafat wegen illegaler Aktivitäten mehrmals verhaftet.

1969: Arafat wird Chef der Palästinensischen Befreiungsorganisation PLO.

1970: Der „Schwarze September". In Jordanien beendet König Hussein Arafats Revolutionsplan gegen Jordanien und tötet über Nacht 10.000 Palästinenser. Von Amman fliehen Arafat und seine Anhänger nach Beirut (Libanon). Die PLO beginnt mit ihren weltweiten Terrorangriffen auf israelische und jüdische Ziele.

1974: Arabische Staaten erkennen die PLO als einzigen Vertreter der Palästinenser an.

1982: Bis zum Einmarsch Israels in den Libanon im Sommer 1982 terrorisieren Arafats PLO-Terroristen nicht nur Israels nördliche Grenzortschaften, sondern auch die libanesische Bevölkerung. Arafat und seine PLO-Terroristen werden von Israel 1983 aus dem Libanon nach Tunesien ausgewiesen.

1987: Der erste Intifada-Palästinenseraufstand bricht im Dezember im Gazastreifen aus. Während der sechsjährigen Intifada kommen 185 Israelis und 1.200 Palästinenser ums Leben.

1988: Der „Palästinenserrat" beschließt in Algerien gemäß UN-Resolutionen 242 und 338 erstmalig eine politische Lösung: zwei Staaten für zwei Völker.

1991: Diese Entscheidung öffnet den Weg für die Madrid-Konferenz, wo Israel zum ersten Mal mit arabischen Delegationen und Palästinensern unter amerikanischer Schirmherrschaft (US-Präsident Bush sen.) an einem Tisch sitzt. Aus Tunesien leitet Arafat die Verhandlungen mit Israel.

1993: Nach 18-monatigen Geheimverhandlungen wird das Oslo-Abkommen zwischen Israels Rabin-Regierung und PLO-Chef Jassir Arafat unterzeichnet.

1994: Israel verlässt den Gazastreifen und Jericho und erlaubt PLO-Chef Jassir Arafat und seinen PLO-Anhängern aus Tunesien nach Gaza einzureisen. Arafat, Rabin und Peres erhalten für ihre „Friedensbemühungen" den Friedensnobelpreis. Als Autonomie- und PLO-Chef leitet Arafat aber Politik und Terror.

2000: Die Verhandlungen in Camp David zwischen Ehud Barak, Jassir Arafat und Bill Clinton scheitern. Arafat lehnt Israels Angebot, 97% der gesamten Gebiete inkl. Ostjerusalem zu verlassen, ab. Zwei Monate später bricht der zweite Palästinenseraufstand (Al-Aksa-Intifada) aus, diesmal bewaffnet. In den folgenden Jahren gibt Arafat immer wieder grünes Licht für Terror gegen Israel. Über 1.000 Israelis und 3.000 Palästinenser verlieren in diesen vier Jahren ihr Leben.

2004: Arafat, der seit vier Jahren in seinem Mukata-Büro in Ramallah festsitzt, erkrankt im Alter von 75 Jahren und wird nach Paris ins Militärhospital Percy geflogen, wo er am 11. November stirbt und nach Kairo überführt wird. Am 12. November findet in Kairo unter Ausschluss der Öffentlichkeit eine Staatstrauer statt. Von Kairo wird er nach Ramallah gebracht, wo er im Mukata-Campus begraben wird. Arafat nimmt das Geheimnis mit ins Grab, wo die von ihm versteckten 3 Milliarden Dollar geblieben sind, die von der UNO und der EU für das palästinensische Volk bestimmt waren, die das Volk aber nie erhalten hat.

TOTENTANZ UM ARAFAT

Mit Arafats Tod beginnt eine neue Epoche im Nahen Osten.

Der Tod des Erzterroristen bringt Israel, aber auch einem Großteil der palästinensischen Bevölkerung neue Friedenshoffnungen. „Arafats Tod öffnet uns die Tür für einen Frieden mit Israel", sagte ein palästinensischer Politiker aus Ostjerusalem zu israel heute. „Trotz der Trauer ist sich das Volk bewusst, dass Arafat ein Hindernis zum Frieden war." Aber um die Hoffnungen auch verwirklichen zu können, muss zuerst ein palästinensischer Bürgerkrieg vermieden und ein charismatischer Arafat-Nachfolger gefunden werden. Am 9. Januar 2005 soll eine Wahl entscheiden, wer Arafats Nachfolger sein wird.

Seit Jahren diskutieren israelische Politiker und Sicherheitsexperten diese Situation: Was passiert, wenn das Palästinensersymbol und der Mythos Arafat nicht mehr vorhanden ist? Man geht davon aus, dass es anfangs zu einem politischen Chaos innerhalb der palästinensischen Autonomie kommen wird, denn keiner aus der alten Garde wie Mahmud Abbas oder Ahmed Kurei hat die Autorität und Vollmacht über alle

Palästinensergruppen, wie Arafat sie besaß. Auch aus der jungen Führergeneration mit Mohammed Dachlan, Gibril Raschub und Marwan Barghuti weigerte sich Arafat, einen Nachfolger zu nominieren. Aus diesem Grund ist alles offen und es wird sich derjenige durchsetzen, der sich als der Stärkste beim Machtkampf innerhalb der palästinensischen Führungsriege erweisen wird und das Volk auf seine Seite bringen kann.

Palästinensischen Umfragen zufolge ist der wegen vielfachen Mordes im israelischen Gefängnis sitzende Marwan Barguthi der populärste Führer, der aber hat seine Kandidatur zur Palästinenserwahl zurückgezogen, weil er sich seines Wahlsieges nicht sicher ist. Auch die fanatischen Hamasführer fordern eine Teilnahme an der neuen Regierung. Israel ist in Alarmbereitschaft und beobachtet die Entwicklung. So wurde der israelischen Sicherheitsoperation nach Arafats Tod der *Code Ale Hadasch* gegeben, was auf Deutsch *Neues Blatt* heißt.

Israel zwischen Arafats Tod und Bushs Wiederwahl

Viele werden jetzt sagen, dass Israel nach Arafats Tod ihn nun nicht mehr als Hindernis für einen Frieden vorschieben kann. Dies und auch die Wiederwahl von US-Präsident George W. Bush wird Israel in eine schwierige Epoche im Nahen Osten führen. Sowohl die Bush-Regierung als auch Europa werden harten Druck auf Israel ausüben, damit die Regierung Scharon um jeden Preis mit der neuen Palästinenserführung zu politischen Fortschritten gelangt. Israel wird aber nur dann politischen Erfolg mit den Palästinensern erreichen können, wenn die neue Palästinenserführung die entgegengesetzte Richtung Arafats einschlagen wird, also den Terror bekämpft und auf das Rückkehrrecht palästinensischer Flüchtlinge nach Israel verzichtet.

Terrorist und kein Märtyrer

Um PLO-Chef Jassir Arafat als heiligen Märtyrer erklären zu können, musste zuerst eine Lüge in Umlauf gebracht werden. Denn nur wer im Kampf gegen Israel fällt oder sich als Selbstmordterrorist „opfert", kann als Schahid (Märtyrer) anerkannt werden. Aus diesem Grund verbreiteten die palästinensischen Medien, dass Israel Arafat vergiftet habe und er daher als Märtyrer in die moslemische Geschichte eingehen dürfe. Auch als diese Gift-Lüge von internationalen Ärzten widerlegt wurde, glaubt das Volk immer noch an Arafats Märtyrertod.

PLO-Chef Jassir Arafat war im Kampf gegen Israel erfolgreicher, als man denkt, denn „Arafat hat das Palästinenserproblem weltweit populär gemacht", sagte der Israeli Prof. Schaul Mischal, der die verschiedenen Palästinenserbewegungen unter die Lupe nimmt. „Arafat hat den Palästinensern eine Identität gegeben und aus diesem Grund war er als Mythos als Einziger in der Lage, die palästinensischen Splittergruppen zusammenzuhalten." Auch nach Meinung des rechtsorientierten Knessetabgeordneten Prof. Arieh Eldad symbolisiert Arafat den Erfolg: „Arafat hat uns und der Welt gezeigt, dass sich der Terror lohnt, denn er nutzte den Terror für seine politischen Zwecke aus."

Der neue Palästinenserstab muss Israel und die Welt nun mit einer anderen, gegensätzlichen Strategie überzeugen. Die grundsätzliche Frage aber ist, ob Arafats Herrschaftssystem überhaupt verändert werden kann. Es ist ein autoritäres System, ähnlich wie die anderen Diktaturen in der arabischen Region.

RÜCKBLICK AUF DAS JAHR 5764

(November 2003 bis September 2004)

NOVEMBER 2003

♦ In Israel sterben zwei Säuglinge, die mit der pflanzlichen Babyersatznahrung „Remedia" gefüttert worden waren. Weitere 17 Babys erkranken an einer schweren Hirnhautentzündung und müssen deshalb ärztlich behandelt werden. Der Babynahrung fehlte das wichtige Vitamin B 1.

♦ Der Vatikan setzt in Israel einen zusätzlichen Bischof ein, der einen Gegenpol zu dem pro-palästinensischen Bischof Michel Sabbah bilden soll. Bischof **Gourion**, der jüdischer Herkunft ist, wird die Hebräisch sprechenden Katholiken im Heiligen Land vertreten.

DEZEMBER 2003

♦ In der Großen Synagoge von Jerusalem heiraten acht Paare, die zu den verlorenen Zehn Stämmen gehören, nach jüdischem Gesetz. Es sind Mitglieder der indischen Bnei-Menasse-Juden. Die Paare waren vorher schon zivil verheiratet gewesen.

♦ Die vier in Kolumbien von ELN-Rebellen entführten Israelis, **Benni Daniel, Orpas Ohajon, Eres Altawil und Ido Guy**, werden nach 101 Tagen Gefangenschaft freigelassen.

♦ Tourismusminister **Benny Elon** begrüßt auf dem Ben-Gurion-Flughafen den einmillionsten Touristen 2003. Es ist die 72-jährige **Rosetta Pileggi** aus Florida, USA, die nun schon zum neunten Mal nach Israel kommt. Sie betont, dass sie jedes Mal geehrt sei, wenn sie Israel besuche und dass sie Israel liebt.

♦ Der von der israelischen Luftfahrtindustrie gebaute Satellit „Amos-2" wird am 27.12. mit einer Sojus-Trägerrakete von Baikonur in Kasachstan aus auf die geostationäre Umlaufbahn in 36.000 km Höhe über dem Äquator gebracht.

JANUAR 2004

♦ Israels Bevölkerung zählt zum Jahreswechsel (nach christlichem Kalender) 6.700.000 Staatsbürger. Davon sind 81 % Juden. Im Jahr 2003 wurden 142.000 Babys geboren und 25.000 Juden wanderten nach Israel ein.

♦ Wegen des Irak-Kriegs ist die Geburtenrate in Israel drastisch angestiegen. Allein im Beilinson-Krankenhaus in Petah Tikwa kamen innerhalb von 24 Stunden 48 Babys zur Welt; sonst sind es durchschnittlich nur 20.

♦ Israel stellt seinen neuen *Merkava IV*-Panzer in Dienst. Der 3 Millionen Dollar teure, 65 Tonnen schwere und 1.500 PS starke Panzer ist derzeit der modernste Panzer der Welt. Er ist u.a. mit einer 120-mm-Kanone ausgestattet.

♦ Am Grenzübergang Erez (Gazastreifen) reißt eine 21-jährige palästinensische Mutter als Selbstmordterroristin vier Israelis mit sich in den Tod. Mit Hilfe einer Lüge konnte sie das Mitleid der Checkposten erwecken, um die Metalldetektoren zu umgehen.

♦ Das aus acht Israelis und Palästinensern bestehende Team der *„Breaking the Ice"* Expedition in die Antarktis erreicht am 16. Januar nach viertägigem Aufstieg die Spitze eines etwa 1.000 m hohen und bis dato unbestiegenen Berges. Dort stecken sie eine israelische und eine palästinensische Fahne in den Schnee. Den Berg taufen sie auf den Namen „Berg der israelisch-palästinensischen Freundschaft".

♦ Anlässlich des ersten Jahrestages des Absturzes der Columbia-Raumfähre am 1. Februar 2003 wird in Israel eine staatliche Gedenkmünze für **Ilan Ramon** herausgegeben.

♦ Am Ben-Gurion-Flughafen werden die sterblichen Überreste der drei in den Libanon entführten israelischen Soldaten **Adi Avitan, Benny Avraham** und **Omar Suaed** mit militärischen Ehren empfangen. 435 arabische Terroristen werden als „Gebühr" dafür in den Libanon entlassen.

FEBRUAR

♦ Die 16-jährige israelische Tennisspielerin Shachar Peer gewinnt bei den Australien Open das Finale der Frauen bei den Junioren gegen die Tschechin **Nicole Vaidisova**.

♦ Der Hohepriester der Samaritaner, **Saloum Cohen**, stirbt im Alter von 82 Jahren im Scheba-Krankenhaus in Tel HaSchomer nahe Tel Aviv an Krebs. Seit 1996 fungierte er als Vertreter der Samaritaner im palästinensischen Legislativrat.

♦ Der Generalstabschef des israelischen Militärs, Generalleutnant **Mosche Ja´alon**, weilt als Gast seines deutschen Kollegen, General **Wolfgang Schneiderhan**, in Deutschland. Im ehemaligen KZ Sachsenhausen legt er einen Kranz nieder.

♦ Am 11.2. um 10:16 Uhr wird Israel von einem 20 Sekunden dauernden Erdbeben der Stärke 5,1 auf der Richterskala erschüttert. Das Epizentrum liegt im nördlichen Teil des Toten Meeres mitten auf der afrikanisch-asiatischen Berührungslinie der Kontinentalplatten.

♦ Auf dem Ramon-Luftwaffenstützpunkt im Negev werden die ersten zwei F-16-I-Kampfflugzeuge (auch *Sufa* (dt. Sturm) genannt) in Empfang genommen.

♦ Der Sänger **Jehoram Gaon** erhält am Unabhängigkeitstag den Israel-Preis in der Kategorie „Hebräische Lieder". Gaon ist eine Kultur-Ikone, der bereits vierzig Jahre in Israels Musik- und Filmszene tätig ist.

♦ Am 22.2. um 8:30 Uhr morgens jagt sich ein palästinensischer Selbstmordterrorist in einem Bus der Linie 14 am Liberty-Bell-Park, unweit der **nai**-Redaktion, in die Luft und reißt acht Israelis mit in den Tod. 62 Israelis werden dabei verletzt.

♦ Die Knesset hält zu Ehren des vor 800 Jahren verstorbenen berühmten jüdischen Philosophen und Gesetzeslehrers Rabbi **Moses ben Maimon**, auch *Rambam* genannt, eine Sondersitzung ab.

♦ Israels Philateliedienst gibt eine Briefmarke heraus, die den Astronauten Ilan Ramon in seinem Druckanzug zeigt.

♦ Ein junges israelisches Ehepaar wird auf dem Weg von Hebron nach Beersheva von palästinensischen Terroristen in seinem Wagen erschossen.

MÄRZ

♦ Am 14.3. sprengen sich gegen 16:30 Uhr zwei palästinensische Selbstmordattentäter im Hafen von Aschdod in die Luft und reißen dabei zehn Israelis mit in den Tod.

♦ Die Familien der amerikanischen *Columbia*-Astronauten treffen zu einem sechstägigen Besuch in Israel ein. Sie pflanzen Bäume zum Gedenken ihrer Lieben.

♦ Palästinensische Terroristen erschießen im Jerusalemer Stadtviertel „French Hill" den christlichen Araber **George Churi**, in der Annahme, dass dieser ein Jude sei. Die Fatah-Terroristen entschuldigen sich kurz danach für den Irrtum. 1929 hatten arabische Terroristen den Großvater Churis ermordet.

♦ Scheich **Ahmed Jassin** wird am 22.3. frühmorgens um 5:30 Uhr in Gaza-Stadt gezielt durch eine Rakete der israelischen Luftwaffe getötet. Scheich Jassin hatte 1987 die radikal-moslemische Organisation *Hamas* gegründet, auf deren Konto die blutigsten Terroranschläge gegen Israelis gehen.

♦ Die israelische Schönheitskönigin 2004 wird **Gal Gadot**, 18, aus Rosch Ha'Ajin. Sie ist Jazz- und Hip-Hop-Tänzerin und schloss das Abitur in Biologie mit Auszeichnung ab.

♦ **Udi Gal** und **Gadi Kliger** gewinnen die Goldmedaille beim internationalen Segelwettbewerb in Barcelona.

APRIL

♦ Am 13.4 gewinnt der Jerusalemer Basketballverein *HaPoel Jerusalem* in Charleroi/Belgien das Finale des ULEB-Pokals gegen den spanischen Verein *Real Madrid* mit 83 zu 72 Punkten. Damit erlangt der Verein zum ersten Mal einen europäischen Pokal.

♦ Am 17.4. werden in Gaza-Stadt der Nachfolger von Scheich Jassin, **Abdel Aziz Rantisi** (56), und drei seiner Leibwächter gezielt durch Raketen der IAF getötet. Rantisi wollte nach eigenen Aussagen Israel noch härter mit Terror bekämpfen als sein Vorgänger. Er gehörte zu den Hamas-Gründern und befehligte seit 1987 zusammen mit Scheich Jassin die Terroreinsätze.

♦ Der israelische Atomspion **Mordechai Vanunu** wird am 21.4. nach Verbüßung seiner 18-jährigen Haftstrafe entlassen. Er arbeitete von 1976 bis 1985 als Techniker in Israels Atomforschungswerk bei Dimona.

♦ 70.000 Israelis ziehen am Unabhängigkeitstag zu den Siedlungen im Gazastreifen, um ihre Solidarität mit den jüdischen Siedlern in Gusch Katif zu bekunden. In Gusch Katif leben 8.000 Juden.

MAI

♦ *Maccabi Tel Aviv* gewinnt das Finale der Euro-Liga gegen *Skipper Bologna* mit 118:74 Punkten und wird damit Europameister im Basketball. Unter den fast 10.000 Zuschauern in der Tel Aviver Nokia-Arena sind auch Staatspräsident Mosche Katzav und die Minister Ehud Olmert und Limor Livnat. Trainer **Pinni Gershon** sagt gegenüber dem Fernsehen: „Es gibt einen Gott!"

♦ Palästinensische Terroristen erschießen die im achten Monat mit einem Jungen schwangere Mutter **Tali Hatuel** aus der Siedlung Newe Dekalim in Gusch Katif sowie ihre vier Töchter, Hila (11), Hadar (9), Roni (7) und Meirav (2), auf der Kissufim-Zufahrtsstraße.

♦ **Arnold Schwarzenegger**, der Gouverneur Kaliforniens, begibt sich auf seine erste Auslandsreise, und zwar nach Israel. In Jerusalem nimmt er an der Grundsteinlegung für das Projekt „Zentrum für Toleranz und Menschenwürde" teil. Er beschließt seine Ansprache mit: „Am Israel chai! – Das Volk Israel lebt!"

♦ Elf israelische Soldaten werden im Gazastreifen innerhalb von zwei Tagen durch palästinensische Angriffe auf ihren Schützenpanzer getötet.

♦ **Arik Se´evi** verteidigt bei der Europameisterschaft im Judo in Bukarest/Rumänien zum dritten Mal erfolgreich seinen Titel des Judo-Europameisters in der Gewichtsklasse bis 100 kg. Im Finale besiegte er den Ungarn Antal Kovacs.

♦ Der israelisch-arabische Fußballverein Bnei Sakhnin gewinnt zum ersten Mal das Finale des Fußball-Staatspokals. Das Spiel gegen HaPoel Haifa endete mit 4:1.

♦ **Anna Smaschnova-Pistolesi** gewinnt den Wiener Energie-Grand-Prix durch einen Sieg im Finale gegen die Australierin **Alicia Molik**. Die Siegerprämie beträgt 27.000 Dollar.

JUNI

♦ Die etwa 4.000 Häuser im Bauhaus-Stil der so genannten „Weißen Stadt" im Herzen Tel Avivs werden von der UNESCO zum Weltkulturerbe erhoben.

♦ Der deutsche Verteidigungsminister **Dr. Peter Struck** besucht Israel als Gast seines israelischen Kollegen **Schaul Mofaz**.

♦ 380 Falaschmura-Juden aus Äthiopien treffen per Sonderflüge in Israel ein.

♦ **Naomi Shemer**, eine der beliebtesten Liedertexter Israels, stirbt im Alter von 74 Jahren. Aus ihrer Feder stammt das Lied „Jeruschalajim schel zahav – Jerusalem von Gold", das zur heimlichen Nationalhymne Israels wurde.

♦ Ein 50-jähriger Israeli und ein dreijähriger Junge werden auf dem Weg zum Kindergarten durch eine palästinensische *Kassam*-Rakete, die in Sderot niedergeht, getötet.

♦ Der in Deutschland geborene Sänger **Arik Lavi,** der auf der Beerdigung von Naomi Schemer ein Lied sang, stirbt im Alter von 77 Jahren.

JULI

♦ Palästinensische Terroristen erschießen in der Nähe der Siedlung Mevo Dotan/Samaria aus dem Hinterhalt den 49-jährigen Israeli **Victor Kreidermann** auf seinem Weg zur Arbeit nach Hadera.

♦ Anlässlich des 100. Todestages von **Theodor Herzl** geben Israel, Österreich und Ungarn gemeinsam eine Gedenkbriefmarke heraus. Herzl starb am 3. Juli 1904.

♦ Am 11.7., gegen 07:00 Uhr, explodiert neben einer Bushaltestelle nahe der Zentralbusstation in Tel Aviv ein Sprengsatz. Durch die Explosion wird eine Soldatin getötet und 25 Personen verletzt.

♦ Über 400 Juden aus Nordamerika und 200 Juden aus Frankreich treffen in Sonderflügen der EL AL in Israel ein.

♦ 130.000 Israelis bilden eine 90 km lange Menschenkette von der Westmauer in Jerusalem bis zum Gazastreifen, um gegen die geplante Räumung der jüdischen Siedlungen im Gazastreifen zu protestieren.

♦ **Rona Ramon**, die Frau des verunglückten israelischen Astronauten **Ilan Ramon**, kehrt mit ihren Kindern Assaf (16), Tal (14), David (11) und Noa (6) aus Texas, wo sie in den letzten sechs Jahren gelebt hatten, nach Israel zurück.

AUGUST

♦ Bis zu 18 Mio. EURO will die deutsche *Humana Milchunion* den israelischen Familien, deren Babys wegen Genuß von Remedia-Babytrockenmilch Gehirnschäden erlitten, als Entschädigung auszahlen.

♦ Ein palästinensischer Polizist erschießt den Israeli **Schlomo Miller** (50), Vater von sieben Kindern, in der Siedlung Itamar in Samaria.

♦ Israels Judo-Kämpfer, **Arik Se´evi**, gewinnt in Athen in der Gewichtsklasse bis 100 kg die Bronzemedaille.

♦ **Gal Friedman** gewinnt die erste olympische Goldmedaille seit Bestehen des modernen Staates Israel. Der 29-jährige konnte im Surfen der Mistral-Klasse der Männer seine Konkurrenz hinter sich lassen.

♦ In Be´er Sheva sprengen sich zeitgleich in zwei Autobussen jeweils ein Selbstmordterrorist in die Luft. Schreckliche Bilanz: 16 Tote und 100 Verletzte.

SEPTEMBER

♦ Der Start des neuen israelischen Spionagesatelliten Ofek 6 schlägt fehl, als die dritte Stufe der Schavit-Rakete, die den Satelliten in eine Umlaufbahn in einer Höhe von 400 km bringen sollte, nicht zündet. Der 50 Millionen teure Satellit fällt ins Mittelmeer.

♦ Der amerikanische Mega-Popstar **Madonna** (Esther) kommt mit einer Entourage von 1.200 Personen nach Israel, um in Tel Aviv an der internationalen Kabbala-Konferenz teilzunehmen.

♦ Das Spiel zwischen *Maccabi Tel Aviv* und *Bayern München* im Rahmen der europäischen Champions League endet mit 1:0 für die deutsche Mannschaft. Etwa 21.000 Zuschauer sehen dieses Spiel, obwohl es am hohen jüdischen Feiertag, dem Rosch-Haschana Neujahrsfest, stattfindet.

ATHEN 2004

ERSTES OLYMPISCHES GOLD FÜR ISRAEL

Am 25. August trat der israelische Surfer **Gal Friedman** (29) zum Finale des Wettbewerbs in der Mistral-Klasse an. Und so versammelte man sich pünktlich um 13:00 Uhr israelischer Zeit vor den Fernsehern, um bei der Live-Übertragung mit dabei zu sein und Friedman viel Erfolg wünschen zu können. Friedman überholte bei dem Rennen den Brasilianer Ricardo Santos und surfte als Zweiter nach dem Griechen Nikolaos Kaklamanakis über die Ziellinie. Da er sich von den 34 Teilnehmern dieses Wettbewerbs als Einziger in allen elf Rennen unter den ersten 10 Plätzen befand, reichte ihm im Finale der 2. Platz, sodass er nach 52 Jahren und zwölf Olympischen Spielen die erste Goldmedaille für Israel gewann.

Vor lauter Freude und Stolz auf sein Land hüllte er sich nach dem Finallauf in eine israelische Fahne ein.

Gegenüber der Presse äußerte er, dass er sich während des letzten Rennens wie in einem Traum gefühlt habe. Sein ganzes Wesen sei nur auf diesen Wettbewerb fokussiert gewesen.

Es war für Israel ein großer und erhebender Augenblick, als in Athen die israelische Fahne gehisst wurde und dazu die israelische Nationalhymne „HaTikwa" erklang. Die ganze Welt konnte dies miterleben.

Gal Friedmann wurde nach der Medaillenverleihung von den anwesenden Israelis regelrecht überfallen, um ihm gratulieren zu können. Zuvor beim Singen der Nationalhymne hatten sie ihn bereits durcheinander gebracht, als sie schneller sangen als die Musik spielte.

Bildungs- und Sportministerin Limor Livnat gratulierte Friedman und gab ihm einen Kuss auf dem Podium, ebenso gratulierte der Israeli Alex Gilady, als Mitglied des Internationalen Olympischen Komitees.

In einem Gespräch gratulierte auch Ministerpräsident Ariel Scharon dem glücklichen Olympioniken mit den Worten:

„Die ganze Nation hielt während deines letzten Wettkampfes den Atem an. Wir waren alle glücklich, dich gewinnen und die israelische Fahne schwenken zu sehen. Du hast dir einen Ehrenplatz in der israelischen Sportgeschichte und in der ganzen Welt erkämpft. Du bist ein großartiger Sportler und die ganze Nation teilt mit dir die Freude und ist sehr sehr stolz auf dich."

Bereits 1996 in Atlanta hatte Friedman eine Bronzemedaille erreicht.

Am 15. Dezember 2002 war er im Rahmen der Weltmeisterschaft (World Mistral Sailboard Championships) die in Pattaya/Thailand ausgetragen worden war, Weltmeister geworden. Trotz der weltweiten Gefährdungslage für Israelis, war Gal damals nicht bereit gewesen, die israelische Fahne von seinem Segel zu entfernen.

Friedman wurde 1975 in Israel geboren und wuchs in Karkur, nahe der Mittelmeerküste, auf. Im Alter von zwei Jahren nahm ihn sein Vater zum ersten Mal auf einem Surfboard mit und mit sechs Jahren versuchte er sich erstmals alleine darauf. Mit dreizehn Jahren (1988) nahm er zum ersten Mal an einem Wettbewerb teil und gewann dabei die Silbermedaille. 1995 belegte er bei der Europameisterschaft den zweiten Platz und im gleichen Jahr noch den zehnten bei der Weltmeisterschaft im Surfen. Im Jahre 1997 gewann er bei der Europameisterschaft die Bronzemedaille.

Sein Traum, von den Olympischen Spielen eine Goldmedaille mit nach Hause zu bringen, hat sich nun auch erfüllt. Übrigens lautet die Übersetzung des Namens „Gal“ Welle.

JUDOKA ARIK SE´EVI GEWINNT OLYMPIA-BRONZEMEDAILLE

Israels Judoka **Arik Se´evi** gewann am 19. August bei den Olympischen Spielen in Athen die erste Medaille für sein Land, und zwar eine Bronzemedaille. Se´evi besiegte bei seinem Kampf um Bronze den Niederländer **Elco van der Geest**.

Die ersten beiden Kämpfe in der Gewichtsklasse bis 100 kg gewann Se´evi gegen den Brasilianer Mario Sabino und den Italiener Michele Monti. Im Viertelfinale, bei dem er mit einem Nasenverband antrat, da er sich zuvor an der Nase verletzt hatte, wurde er dann aber von dem Koreaner Sung ho Jang mit einem Ippon (Wurf beim Judo) besiegt. Im „kleinen Finale“ besiegte er dann Franck Martial Moussima aus Kamerun, Ghislain Lemaire aus Frankreich sowie den oben erwähnten Niederländer, was ihm schließlich die lang ersehnte Olympia-Medaille einbrachte.

Ministerpräsident **Ariel Scharon** gratulierte Se´evi telefonisch und nannte ihn einen Helden und wahren Kämpfer, und er sagte ihm auch, dass sich das ganze Volk mit ihm über diesen Sieg freue. Se´evi wurde während seiner Kämpfe von etwa 2.000 israelischen und jüdischen Fans angefeuert. Er erkämpfte mit dieser Bronzemedaille die fünfte Olympiamedaille für Israel.

Seevi mit Lorbeerkranz und Medaille

GEDENKEN AN ISRAELISCHE SPORTLER VON MÜNCHEN 1972

Am Abend des 19. August fand in Athen eine Gedenkfeier für die elf israelischen Sportler statt, die während der Olympiade in München 1972 von palästinensischen Terroristen als Geiseln genommen und später erschossen worden waren. An der Zeremonie nahmen neben den israelischen Olympioniken der Vorsitzende des Internationalen Olympischen Komitees (IOC), Jaques Rogge, sowie sein Vorgänger Antonio Samaranch teil. Weitere Teilnehmer dieser Gedenkfeier waren u.a. Limor Livnat, die Erziehungsministerin Israels, sowie Angehörige der Opfer. Der Rabbiner von Athen sprach das „Kaddisch“ (Gebet für Verstorbene).

Insgesamt kam Israel mit den beiden errungenen Medaillen im Ländervergleich auf den 52. Platz.

IRANISCHER JUDO-SPORTLER TRAT NICHT GEGEN ISRAELI AN

Der iranische Judoka **Arash Miresmaeili** war bereit, seinen eventuellen olympischen Titel aufzugeben, um nicht gegen den Israeli **Udi Vaks** antreten zu müssen. Miresmaeili kämpft in der Gewichtsklasse bis zu 66 kg. Er wollte wegen Sympathie zum palästinensischen Volk nicht gegen den Israeli kämpfen. Beim Wiegen vor dem Wettkampfbeginn brachte der Iraner jedoch ohnehin einige Kilo Übergewicht auf die Waage, was ihn letztendlich disqualifizierte.

Der Leiter des iranischen Olympiateams **Nassrallah Sajadi** forderte vom iranischen olympischen Komitee, Miresmaeili ein Preisgeld von 115.000 US-Dollar auszuzahlen, weil er sich weigerte, gegen den Israeli anzutreten. Der iranische Judoka hätte diesen Geldpreis bei einer Goldmedaille erhalten sollen. Aus dem israelischen Team wurde lediglich bekannt gegeben, dass in Athen Sport und keine Politik getrieben werden sollte.

PARALYMPICS IN ATHEN

Zu den *Paralympics Athen 2004* fuhren insgesamt 24 israelische Sportler, die in neun Sportarten antraten.

Die Schwimmerin **Keren Or Leibovitch** gewann eine Silbermedaille im 100 m Freistil der Frauen, eine Goldmedaille beim 100 m Rückenschwimmen und eine Bronzemedaille im 200 m Medley. Weiter gewann sie eine Silbermedaille im 50 m Freistil.

Der Schwimmer **Jitzchak Mamistvalov** (25) gewann die Goldmedaille im 100 m Freistil und legte mit einer Zeit von 2:35:24 Minuten einen neuen eigenen Rekord fest. Er schwimmt nur mit der rechten Hand. Mit dieser Zeit überbot er seinen Rekord von Sydney 2000 um drei Sekunden. Seine zweite Goldmedaille erlangte er im 50 m Freistil sowie die Silbermedaille im 200 m Freistil.

Der Schwimmer **Zviran Nimrod** gewann die Bronzemedaille im 400 m Freistil.

Inbal Pezaro gewann die Bronzemedaille im 200 m Freistil. Die 17-jährige schwamm diese Strecke in 3:05:11 Minuten. Eine Silbermedaille erschwamm sie im 100 m Brustschwimmen.

Doron Shaziri gewann zwei Bronzemedaille im Schiessen.

Die israelischen Segler im Boottyp „Sonar“, **Dror Cohen, Benni Wexler** und **Arnon Efrati**, gewannen das Rennen und erhielten die Goldmedaille.

Insgesamt erreichten die israelischen Teilnehmer an den Paralympics 13 Medaillen: viermal Gold, viermal Silber und fünfmal Bronze. Damit gelangte die blau-weiße Delegation von den 151 Teilnehmerländern in etwa auf den 30. Platz in Sachen Medaillengewinne.

Limor Livnat, Ministerin für Bildung, Kultur und Sport, besuchte die Paralympics-Sportler in Athen und war bei etlichen Wettbewerben anwesend.

Insgesamt werden den Medaillengewinnern 725.000 Schekel (€ 132.300) als Prämien ausgezahlt. Ein Goldmedaillengewinner erhält 125.000 Schekel (€ 22.810), Silber erhält 60.000 Schekel (€ 10.950) und Bronze 40.000 Schekel (€ 7.300).

Dr. Theodor (Benjamin Seev) Herzl 1860-1904

VOR 100 JAHREN
STARB DER VISIONÄR DES MODERNEN ZIONISMUS UND JUDENSTAATES

Als 1884 ein österreich-ungarischer Journalist der *Neuen Freien Presse* über die **Dreyfus-Affäre** in Paris berichtete, war dies für den Journalisten das erste Mal, dass er als Augenzeuge mit der Grausamkeit des Antisemitismus konfrontiert wurde. Sein Name war **Theodor Herzl**. Er musste miterleben, wie in einem regelwidrigen Verfahren gegen den französischen Artilleriehauptmann jüdischer Abstammung **Alfred Dreyfus** dieser zugunsten des Deutschen Reiches des Landesverrats für schuldig befunden wurde. Herzl war Zeuge, als der Pöbel schrie: „Tod den Juden!" – und das in der Heimat der Französischen Revolution. Dieses Erlebnis bewirkte in Herzl den festen Entschluss und die Überzeugung: Es gibt nur eine Lösung – und zwar der Exodus aller Juden in ein Land, das sie selbst regieren können! Ferner wurde Herzl klar: Der Antisemitismus in der Diaspora ist ein beständiger und unveränderbarer Faktor der menschlichen Gesellschaft, und das wird auch jegliche Assimilierung nicht lösen können!

Daraufhin schrieb Herzl 1886 seine Vision für die Juden in dem Buch **„Der Judenstaat"** nieder. Er war der Überzeugung, dass die Juden in der Welt nur Anerkennung gewinnen könnten durch die Gründung eines jüdischen Staates.

Herzl schwebte ein säkularer Judenstaat vor, im Stile des modernen Europas seiner Zeit. In seiner Novelle "Altneuland", 1902, zeichnete er das Bild eines wohl geleiteten jüdischen Zukunftsstaates in Erez Israel oder mit anderen Worten den jüdischen Staat als ein „Licht unter den Nationen".

Herzl begeisterte zwar viele Juden in Osteuropa, weniger jedoch die jüdische Leitung. Er wandte sich an reiche Juden wie **Baron v. Rothschild**, um Spenden für sein Vorhaben zu erhalten. Im August 1897 kam es schließlich zur ersten internationalen Tagung von Juden in der Diaspora, dem ersten von sechs **Zionistenkongressen** in Basel. Die zionistische Ideologie bekam hier eine feste Gestalt und die Zionistenzeitung *Die Welt* wurde wenig später gegründet. Seit 1936 bis auf den heutigen Tag finden die Zionistenkongresse der ***World Zionist Organisation*** in Jerusalem statt – d.h. man bastelt noch weiter an der zionistischen Idee.

Herzl gönnte sich fortan keine Ruhe, er unternahm viele Reisen und traf mit zahlreichen Staatsleuten zusammen, wie z.B. im Jahre 1898 mit dem deutschen **Kaiser**

Wilhelm II. und mit dem **Sultan des Ottomanischen Reiches** in Istanbul, die er auch zu seinen Freunden zählte. Danach ging er nach Großbritannien, wo die Briten ihm für seinen Judenstaat das afrikanische Land **Uganda** vorschlugen. Infolge der blutigen Pogrome in Kischinev (Moldawien) im Jahre 1903 erkannte Herzl die Gefahr für die Juden in Russland und bat deshalb beim 6. Zionistenkongress, den Vorschlag der Briten anzunehmen und Uganda als „Nachtasyl", als Zufluchtsort, gewissermaßen als vorübergehende Lösung, zu akzeptieren. Dieser Vorschlag Herzls war jedoch Auslöser eines großen Streits unter den Zionisten, und beim 7. Kongress (1905) war der Uganda-Plan dann endgültig vom Tisch.

Die völlige Hingabe Herzls für seine Vision der Problemlösung der Diasporajuden blieb nicht ohne Folgen und kostete ihn schließlich seine Gesundheit. Er starb am 3. Juli 1904 in Edlach (Niederösterreich) infolge einer Lungenentzündung und eines schwachen Herzens. So ließ Gott auch durch einen nichtreligiösen Menschen, der Herzl trotz allem war, einen Grundstein für seine biblischen Verheißungen legen!

Der Jude Theodor (Benjamin Seev) Herzl wurde 1860 in Budapest (Ungarn) geboren. 1878 zog er mit seiner Familie nach Wien und 1884 promovierte er im Fach Jura an der Wiener Universität.

„In Basel habe ich den Judenstaat gegründet ... Vielleicht in fünf Jahren, doch sicher in fünfzig, wird er realisiert sein" – Herzl behielt Recht, 50 Jahre nach dem ersten Zionistenkongress wurde der Staat Israel ausgerufen.

Im Alter von 44 Jahren starb Herzl, und genau 44 Jahre später wurde sein Traum Realität. Wie Herzl schon sagte: ***„Wenn ihr wollt, ist es kein Märchen!"***. Dieser Satz wurde zum Motto der Zionistischen Bewegung. Am 14. Mai 1948 war es dann so weit. Das „Märchen" wurde Wirklichkeit.

Die Drei-Länder-Briefmarke, „100-Jahre Herzl-Briefmarke"

Herzl-Grab in Jerusalem; 1949 wurden seine Gebeine nach Jerusalem auf den Herzlberg überführt.

Von Ronni Shaked

VON EUPHORIE ZU ANARCHIE

Man muss nicht über allzu viel Phantasie verfügen, um sich vorstellen zu können, was geschehen wäre, wenn Arafat im Juli 2000 die von Präsident Clinton und Israels Ministerpräsidenten Barak unterbreiteten Vorschläge zur Lösung des israelisch-palästinensischen Konflikts mit einem Ja beantwortet hätte. Entsprechend dieser Vorschläge sollte Israel 93% der so genannten besetzten Gebiete Judäa und Samaria und des Gaza-Streifens räumen – einschließlich großer Teile der Stadt Jerusalem und sogar zwei Stadtviertel der Altstadt: das muslimische und das christliche. Hätte Arafat mit „Ja" geantwortet, würden wir seitdem vielleicht in einem ganz anderen Nahen Osten leben. Vielleicht hätten so freundschaftliche Beziehungen nicht nur zwischen Israel und den Palästinensern, sondern auch zwischen Israel und den arabischen Staaten aufgebaut werden können. Die Wirtschaft hätte sich möglicherweise besser entwickeln können und vielleicht wäre dadurch ein Prozess der Demokratisierung in der palästinensischen Gesellschaft in Gang gekommen – mit mehr Freiheit und Wohlstand für alle. Aber nein, die Euphorie entwickelte sich zur Anarchie.

Wenn Arafat mit „Ja“ geantwortet hätte, würden wir heute wahrscheinlich nicht auf vier Jahre blutiger Kämpfe zurückblicken müssen, die so viel Blutvergießen, Tod, Zerstörung und Hass hinterließen und den Traum vom Frieden zunichte gemacht haben. Das Jahr 2000 begann hoffnungsvoll. Ministerpräsident Barak versuchte voller Elan den Friedensprozess zu beschleunigen. Er zog die Streitkräfte der israelischen Armee aus dem Libanon ab, eröffnete Verhandlungen mit Syrien, verstärkte die Beziehungen zu Ägypten und führte intensive Gespräche mit Jassir Arafat, um die politischen Verhandlungen voranzutreiben. Barak hatte dem Konflikt ein Ende bereiten wollen, wobei er annahm, in Arafat den richtigen Partner dafür zu finden.

Israel 2000: Papst Johannes Paul II. in Israel

Im März des Jahres 2000 kam Papst Johannes Paul II. nach Israel und stattete auch der palästinensischen Autonomiebehörde einen Besuch ab. Er betete in Bethlehem, der Geburtsstadt Jesu, für den israelisch-palästinensischen Frieden und hinterließ eine optimistische Stimmung für Entwicklung, Fortschritt und die Hoffnung auf bessere Zeiten. Fünf Monate nach dem historischen Besuch des Papstes im Heiligen Land schien es, als ob sich seine Gebete erfüllen würden. Ehud Barak und Präsident Clinton schlugen Arafat großzügig einen palästinensischen Staat vor – eine sehr faire Lösung. Aber Arafat, der eine Hand breit vor dem Erreichen des Friedens stand, zeigte allen die kalte Schulter und mit seinem „Nein“ besiegelte er das Schicksal des Leidens und des hoffnungslosen Lebens seines Volkes für mehrere weitere Jahre. Die rosigen Träume vom Frieden verwandelten sich über Nacht in eine Illusion. Die Hoffnung wurde von Verzweiflung abgelöst. Der Frieden durch Krieg. „Es gibt niemanden mehr, mit dem man sprechen kann“ sagte Barak, nachdem die Gespräche scheiterten.

Ende September 2000 brach der Krieg aus. In Israel wurde man davon nicht überrascht. Alle wussten, dass Arafat nach einer Lösung mit anderen Mitteln suchte. Arafat entschied sich – im Glauben, dass er dadurch mehr erreichen könne als durch Gespräche am Verhandlungstisch – mit Krieg zu beginnen. Und er dachte, dass er in diesem Krieg siegen würde. Arafat wählte den Weg des Terrors, des Todes und des Mordes an Unschuldigen. Er wollte, dass Israel einen hohen Preis bezahlte. Er zog es vor, Busse in die Luft zu jagen, Selbstmordattentäter in Cafés und Restaurants zu schicken, unschuldige Kinder und Frauen zu ermorden. Es scheint, als glaubte er, mit der Macht der Tyrannei die Demokratie besiegen zu können. Er glaubte, dass er durch die Kraft des Terrors den Willen des israelischen Volkes brechen könne. Er glaubte, durch bewaffnete Auseinandersetzungen und durch einen Guerillakrieg nach dem Vorbild der Hisbollah im Libanon, einen israelischen Rückzug aus Judäa, Samaria und dem Gaza-Streifen bewirken zu können. Und auch die Rückkehr von Hunderttausenden von im Jahr 1948 aus ihren Häusern geflüchteten Palästinensern in die Gebiete des Staates Israel soll damit erzwungen werden. Arafat, der „Nein“ zum Frieden und zum Palästinenserstaat gesagt hat, brachte sein Volk und die ganze Region in eine Terrorspirale hinein. Das Schlimmste: Durch sein Beharren, einen Krieg zu führen, öffnete er die Region für den islamischen Fundamentalismus, der in Israel einen kleinen und in den USA und dem Westen einen großen Satan sieht, wodurch zur Beschleunigung des internationalen islamischen Terrors beigetragen wird.

September 2000: Der Palästinenseraufstand ist ausgebrochen

Der Krieg kostet Israel einen hohen Preis: Seit Ende September 2000 bis September 2004 sind 1.017 Israelis ums Leben gekommen und 5.600 verletzt worden. Nach offiziellen Angaben der israelischen Armee sind während der vergangenen vier Jahre 22.400 terroristische Anschläge verübt worden – einschließlich dem Werfen von Brandsätzen und Handgranaten, Messerstechereien, Schießereien, Legen von Sprengsätzen, Bombenautos, Selbstmordattentaten und Abschießen von Mörsergranaten und Raketen. In diesem Zeitraum sind 135 Selbstmordanschläge verübt worden und 406 Selbstmordanschläge sind gescheitert. Gibt es einen Staat in der Welt, der solch eine irrsinnige Terrorwelle aushalten kann?

Palästinensische Selbstmordterroristen sprengen sich und unschuldige Israelis in israelischen Linienbussen in die Luft

Auch die Palästinenser in den so genannten besetzten Gebieten haben einen hohen Preis dank Arafats Unnachgiebigkeit bezahlt. Mehr als 3000 Palästinenser sind umgekommen, Tausende sind verletzt worden und die wirtschaftlich-soziale Infrastruktur in den palästinensischen Gebieten wurde zerstört. Die palästinensischen Institutionen, die eine Infrastruktur des zukünftigen unabhängigen Staates bilden sollten, sind ausgelöscht. Im Gaza-Streifen und in Judäa und Samaria sind nur Ruinen und Zerstörung übrig geblieben. Arafat brachte mit eigenen Händen den Traum vom Frieden um. Der Friedenstraum wurde während der Geheimgespräche zwischen den Vertretern Israels und der PLO (Palestinian Liberation Organisation) in Oslo im Jahr 1993 geboren und erlebte seinen Höhepunkt am 13. September 1993 auf dem Rasen des Weißen Hauses in Washington mit dem Händedruck zwischen Yitzhak Rabin und Jassir Arafat. Dieser Händedruck erweckte die Hoffnung in Israel, dass ein 100-jähriger Konflikt beendet werden könne. Das israelische Volk war trotz vieler Vorbehalte bereit für den Frieden.

„Wir werden hart arbeiten müssen, um erfolgreich zu sein“, sagte Yitzhak Rabin zu Jassir Arafat, und der palästinensische Anführer beeilte sich zu antworten: “Das weiß ich, und ich bin bereit, meinen Teil zu erfüllen”. Die ganze Welt war euphorisch – die europäischen Staaten, Japan und Russland erklärten voller Enthusiasmus die Absicht, den Aufbau des Friedensprozesses zu unterstützen und Geld und Engagement zu investieren, um dem Frieden zum Erfolg zu verhelfen. Um Arafat dabei noch zu ermuntern, wurde ihm sogar der Friedensnobelpreis verliehen.

„Frieden“ – dieses Zauberwort war an jeder Straßenecke zu hören. Israel war sehnsüchtig nach Frieden, der zur Sicherheit und zur Normalisierung der Beziehungen mit den palästinensischen Nachbarn und den arabischen Staaten führen sollte. Ein Großteil der israelischen Öffentlichkeit begleitete die historischen Ereignisse mit gemischten Gefühlen aus Freude und Angst. Neben der Sehnsucht nach Frieden und dem Widerstand gegen die Fortsetzung des Status quo fühlten viele Menschen, dass sich die PLO mit der Anerkennung Israels vor dem Niedergang gerettet und vom Image des Terrors befreit hatte und die volle Legitimation und ein ehrenhaftes Image vor den USA und der Welt erlangte, ohne dass die notwendigen Bedingungen für die Sicherheit Israels erfüllt worden wären. Und so wurden die Angstgefühle durch einen Ausbruch öffentlich demonstrierter Freude unterdrückt. Die Sehnsucht nach Frieden, der Glaube an Rabins Vorsicht und die Stärke der israelischen Armee veranlassten viele Menschen zur Bereitschaft, dem Frieden eine Chance zu geben.

Auch auf der palästinensischen Seite gab es Freude, aber nicht bei allen Teilen der Bevölkerung. Die überwiegende Mehrheit der Palästinenser wollte den Frieden. Für sie bedeutete Frieden zuallererst einen israelischen Rückzug aus den gesamten sogenannten besetzten Gebieten, die Verwirklichung der Rechte auf Selbstbestimmung und die Gründung eines unabhängigen Palästinenserstaates neben dem Staat Israel. Aber andere Teile der palästinensischen Bevölkerung beurteilten dieses Abkommen als Kapitulation, als „Frieden machen mit den Juden", sie waren nicht bereit für einen Kompromiss mit Israel und erklärten, dass „der Kampf fortgesetzt werden würde". Am 13. September 1993 – genau zum Zeitpunkt der festlichen Zeremonie auf dem Rasen des Weißen Hauses in Washington – fand eine andere historische Versammlung in Teheran statt. Vertreter der Hamas, des Islamischen Dschihads, der iranischen Revolutionsgarden, der Hisbollah, offizielle Vertreter aus dem Sudan, Syrien und Saudi Arabien versammelten sich und erklärten: „Nein zum Frieden, Ja zur Fortsetzung des Kampfes zur Zerstörung Israels".

Washington 1993: Clinton, Rabin und Arafat im Weißen Haus

Noch am selben Tag veröffentlichten die „Organisationen der Verweigerung" – so haben sich die Gegner des Friedens genannt – eine Liste von fünf zur Liquidierung vorgesehenen PLO-Führern. Ganz oben auf dieser Liste standen Jassir Arafat und sein Stellvertreter, Faruk Kadumi, sowie Mahmud Abbas (Abu Mazen), Achmed Kureia (Abu Ala), der die palästinensische Delegation bei den Oslo-Gesprächen leitete, und Dr. Nabil Shaath, der politische Berater Arafats. Aus Teheran stammte auch die am selben Tag an alle Zellen der Hamas und des islamischen Dschihad herausgegebene Anweisung, Terroranschläge zu verüben, um den in Washington geborenen Frieden zunichte zu machen. Ajatollah D'ganati, einer der Anführer in Teheran, erklärte: „Wir werden den Zionisten keine andere Möglichkeit lassen, als mit Gewalt zu reagieren. Wenn Israelis wie die Blätter im Wind sterben, wird Rabin gezwungen sein, die palästinensischen Kämpfer zurückzuschlagen. Flüsse aus Blut werden dann im Nahen Osten fließen und den Verrat Jassir Arafats auslöschen".

Die Hamas und der Islamische Dschihad folgten den Anweisungen aus Teheran. Zwei Tage nach der Zeremonie in Washington fand in Gaza eine riesige Demonstration gegen das Abkommen statt, an der sich 20.000 Menschen beteiligten – darunter vorwiegend Anhänger der Hamas, die geschworen hatten, den Krieg gegen Israel weiterzuführen. Nicht weit vom Ort der Demonstration entfernt sprengte sich ein Selbstmordattentäter im Polizeigebäude von Gaza, das sich noch in israelischen Händen befand, in die Luft. Weniger als drei Wochen später explodierte eine Autobombe bei Beit-El, ca. 10 km nördlich von Jerusalem, und in Raanana bei Tel Aviv wurde ein Israeli ermordet. Es war der Anfang des Versuchs, den Frieden zu töten, und er wurde dann in Gush-Katif, im Gaza-Streifen, fortgesetzt, als dort vier Israelis ermordet wurden. Bei Hebron wurde die Familie Lapid attackiert: Der Vater Mordechai und sein Sohn Shalom wurden getötet und fünf weitere Familienangehörige wurden verletzt. Während der 100 „Gnadentage" des Friedens nach der Unterzeichnung des Abkommens waren 16 Israelis von Terroristen umgebracht und mehr als 130 verletzt worden. Auch Palästinenser haben mit ihrem Leben bezahlt, so z. B. Asad Siftawi, einer der Anführer des Friedenslagers in Gaza, er wurde in der Nähe seines Hauses von Terroristen der Hamas ermordet. Sein 10-jähriger Sohn stand daneben und weinte. Yitzhak Rabin ließ sich davon nicht abschrecken. Er war nicht bereit, dem Terror nachzugeben, sondern fest entschlossen, den Weg des Friedens und den Kampf gegen den Terror fortzusetzen. Er agierte entsprechend seiner Erklärungen: „Wir werden den Terror bekämpfen, als ob es kein Friedensabkommen gäbe, und wir werden das Friedensabkommen umsetzen, als ob es keinen Terror gäbe."

Tausende Palästinenser demonstrierten im Gazastreifen gegen jegliche Vereinbarungen mit Israel

Arafat unternahm nichts, um den Terror zu stoppen. Auch hatte er die Terroranschläge nicht entschlossen missbilligt und seine Männer nicht angewiesen, gegen die Hamas vorzugehen. Stattdessen – weniger als sechs Wochen nach der Unterzeichnung des Abkommens – forderte er Yitzhak Rabin auf, den Anführer der Hamas, Scheich Achmed Jassin, der 1991 in Israel zu lebenslänglicher Gefängnishaft verurteilt worden war, freizulassen. Arafat sah nicht, dass sich die Feinde des Friedens – die Hamas und der islamische Dschihad – in Gaza und der Westbank befanden und er konnte es nicht begreifen, dass auch er schon ein Ziel des fundamentalistischen Terrors war. Arafat sagte, „Ich habe keine Kontrolle über sie", sein Schweigen jedoch wurde in den besetzten Gebieten als „grünes Licht" für den Terror verstanden.

Einige Monate nach der Unterzeichnung des Osloer Abkommens war die Welle des Terrors in vollem Gange: Morde, Sprengsätze, Schießereien auf den Straßen und Autobomben. All dies schwächte die breite Unterstützung, die es in Israel für das Oslo-Abkommen gab. Die Menschen aus dem rechten Lager in Israel allgemein und besonders die Siedler verschärften ihre Positionen. Der Frieden hing an einem dünnen Faden, der jeden Moment zu zerreißen drohte. Aktionen gegen den Friedensprozess begannen und Forderungen wurden laut, Yitzhak Rabin vom Amt des Ministerpräsidenten zu entlassen und das Abkommen zu annullieren. Die Terrorwelle der Hamas und des Islamischen Dschihad wurde mit voller Kraft fortgesetzt. Drei weitere Monate vergingen und auf den Friedhöfen Israels wurden weitere 20 Israelis begraben, die in Cafés und auf den Straßen der Städte ermordet worden waren. Die israelischen Bürger lernten auf dem schwierigsten Weg, dass sie einen Blutzoll für den Frieden bezahlen müssen. Anfang Dezember 1993 sah sich Yitzhak Rabin gezwungen zuzugeben, dass es ein Problem gibt: „Die PLO bleibt eine politische und terroristische Organisation".

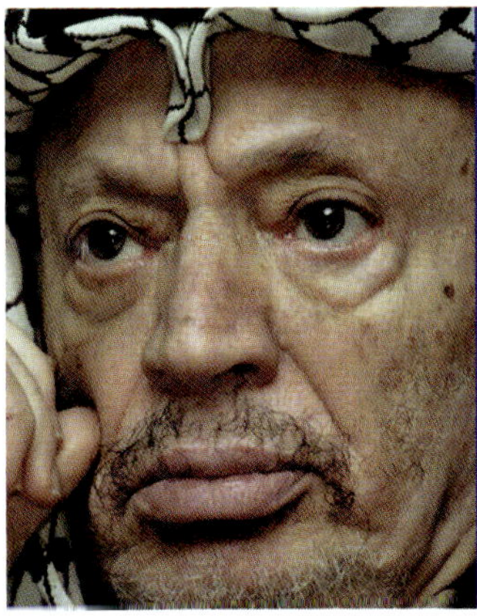

PLO-Chef Jassir Arafat unternimmt keine ernsthaften Schritte, den palästinensischen Terror zu stoppen.

Im Dezember 1993 traf sich Yitzhak Rabin mit Arafat in Ägypten. Arafat hatte es eilig, er wollte umgehend seinen Palästinenserstaat. Rabin, berechnend und vorsichtig, erklärte gegenüber Arafat eindeutig: „Wir werden die Zwischenabkommen umsetzen, wir werden eine Phase nach der anderen durchführen, aber Sie müssen etwas gegen den Terror unternehmen". Die Auseinandersetzungen, die um die Forderungen Arafats nach mehreren Gebieten in der Umgebung von Jericho und Gaza folgten, führten bei dem gleichen Treffen zur ersten Krise in den Beziehungen zwischen Israel und den Palästinensern. Die Umsetzung der ersten Phase des Zwischenabkommens wurde verschoben. Im März 1993 fuhr Yitzhak Rabin zu einem Treffen mit Präsident Clinton, um den Frieden zu retten. Rabin war sehr pessimistisch: „Das Fenster der Chancen für Frieden im Nahen Osten schließt sich allmählich. Es mag sein, dass wir uns in der Einschätzung der Fähigkeit Arafats, ein Abkommen zu treffen, geirrt haben“, sagte er und hob gleichzeitig hervor, dass „keine Maschinengewehrkugeln, keine Messer und keine Brandsätze unsere Verpflichtung für Frieden und Sicherheit ändern werden“.

Die Terrorwelle setzte sich fort. Die Spannungen in Israel – insbesondere unter den Siedlern in Judäa, Samaria und Gaza – waren groß. Der Blutzoll stieg tagtäglich. Es verging fast kein Tag ohne einen Terroranschlag. Der Terror und die Frustration trieben Dr. Baruch Goldstein, ein Mitlied der am rechten politischen Rand Israels angesiedelten Kahane-Gruppe, dazu, einen großen Racheakt in der Höhle der Patriarchen in Hebron zu verüben. Freitag, der 25. Februar 1994, ging als schwarzer Tag in die Geschichte des israelisch-palästinensischen Konflikts ein: Dr. Goldstein stürmte in den frühen Morgenstunden die Höhle der Patriarchen, tötete 29 Palästinenser und verletzte 129 weitere. Die Nachricht über das Massaker in der Höhle der Patriarchen verbreitete sich wie ein Lauffeuer in Gaza und der Westbank und unter den Arabern Israels. Zwei Stunden nach dem Massaker brachen gewalttätige Unruhen in allen Städten, Dörfern und Flüchtlingslagern aus. Menschenmassen strömten in spontanem Zorn auf die Straße, trugen Steine und Brandsätze in den Händen. Auf dem Felsendom in Jerusalem versammelten sich 120.000 Muslime und nach dem Gebet brachen gewalttätige Demonstrationen aus. Die israelische Regierung kam zu einer Notsitzung zusammen, erklärte ihre tiefe Bestürzung über das Massaker in der Höhle der Patriarchen, sendete Beileidsbekundungen an die Familien der Opfer und Erholungswünsche an die Verletzten. In einem außerordentlichen Schritt entschied man sich, die Familien der Opfer zu entschädigen und einen staatlichen Untersuchungsausschuss einzusetzen.

Hebron 1994: Baruch Goldstein erschoss 29 Palästinenser in der Machpela-Grotte.

In einer offiziellen Regierungserklärung nach dieser Sitzung hieß es: „Selbst wenn es sich um den Terrorakt einer Einzelperson handelt, wie es diesen Morgen in Hebron der Fall war, kann man nicht den von der Hetze herrührenden Einfluss ignorieren, der manchmal in der Öffentlichkeit ausgesprochen wird und den öffentlichen Frieden bedroht. Die Regierung ist fest entschlossen, die Friedensschritte fortzusetzen und die Verhandlungen so weit wie möglich voranzutreiben.“ Kurz nach dem Ende der Sitzung rief Ministerpräsident Yitzhak Rabin Jassir Arafat an, der sich zu diesem Zeitpunkt in Tunis befand, und sagte: „Als Israeli schäme ich mich für das, was geschah. Ich kann in meinem Wortschatz kein besseres Wort finden, um unsere Gefühle auszudrücken.“

Die eindeutige Verurteilung des Terroranschlags von Dr. Goldstein und die Entscheidung, mit Entschlossenheit fortzufahren, stellte einen mutigen Schritt der israelischen Regierung dar. Aber die palästinensische Öffentlichkeit verstand nicht, dass der Aufbau von Frieden viel schwieriger ist, als Krieg und Terror, und dass die israelische Regierung nicht an dem Massaker in der Höhle der Patriarchen beteiligt war – im Gegenteil, dass sie den Terror bekämpft. Die palästinensische Reaktion durch die Hamas ließ nicht lange auf sich warten – eine Eskalation der

Terroranschläge. Busse wurden gesprengt, Dutzende Israelis starben. Trotz des Terrors wurde im Mai 1994 in Kairo ein Abkommen zur Übergabe von Gaza und Jericho in palästinensische Hände unterzeichnet – die Umsetzung des ersten Teils des Oslo-Abkommens. Die Ägypter versuchten eine respektable Zeremonie in Kairo zu organisieren: Nach einer festlichen Rede kam der Zeitpunkt für die Unterzeichnung der Dokumente. Arafat, der sich seit Beginn der Zeremonie missmutig verhielt, weigerte sich, den Anhang mit den Karten zum Abkommen zu unterzeichnen. Die Verlegenheit war groß. Präsident Mubarak fühlte sich erniedrigt. Ministerpräsident Rabin, Shimon Peres, der ägyptische Präsident und der amerikanische Außenminister Warren Christopher verschwanden hinter den Kulissen, um Arafat zu überreden, das Abkommen doch zu unterzeichnen. Das zahlreiche Publikum wartete längere Zeit und wusste nichts von dem Drama, das sich hinter den Kulissen abspielte. Schließlich war es der ägyptische Präsident Husni Mubarak, der seine Geduld verlor und Arafat mit den Worten „unterschreib endlich du Hund" anfuhr, woraufhin Arafat letztendlich unterschrieb.

„Wir haben keinen Partner, mit dem wir das Abkommen durchsetzen können", sagte Yitzhak Rabin, und Ehud Barak, zu diesem Zeitpunkt Generalstabschef der israelischen Armee, stellte fest: „PLO und Hamas sind zwei Gesichter einer nationalen Bewegung mit sehr identischen Zielen – langfristig gesehen – bei sämtlichen Angelegenheiten, die Israel betreffen."

Und der Terror wurde fortgesetzt. Am 6. April 1994 explodierte ein von einem Selbstmordattentäter gesteuerter Wagen im Stadtzentrum Afulas – acht Israelis starben. Am 13. April 1994 explodierte eine Autobombe in Hadera – vier Israelis starben. Am 19. Oktober 1994 sprengten sich Selbstmordattentäter in einem Bus in der Dizengoff-Straße in Tel Aviv in die Luft – 23 Israelis starben.

Einer der Selbstmordattentäter, Iman Jumaa Radi aus dem Gazastreifen, der sich bei einem Terroranschlag in Jerusalem am 21.12.1994 selbst getötet hatte, hinterließ in seinem Testament: „Ich habe mich entschieden, an die Türen zum Paradies mit den Skeletten der Zionisten zu klopfen. Ich gehe den Weg des Islams, zum Haus des Islams als Schahid. Der Dschihad ist unser Weg und ohne ihn können wir den Kampf nicht fortsetzen und Palästina befreien. Das Leben auf der Erde ist gut, aber der Tod für Allah ist besser."

Im ersten Jahr des Friedens zwischen dem 13. September 1993 und dem 13. September 1994 kamen 64 Israelis durch palästinensischen Terror ums Leben. Trotz dieses hohen Preises, der in der Öffentlichkeit als „Preis des Friedens" bezeichnet wurde, setzte Yitzhak Rabin den Prozess fort. Er wollte eine bessere Zukunft für beide Völker. Warum setzte die israelische Staatsführung die Verhandlungen mit den Palästinensern fort? Die Antwort ist einfach: Die israelische Bevölkerung und auch die Führung wollte nichts sehnlicher als den Frieden, wollte die Chance für eine bessere Zukunft für Israel und den Nahen Osten nicht verpassen. In Israel wusste man, dass für den Frieden auch ein hoher Preis bezahlt werden müsse. Aber niemand hätte sich vorstellen können, dass der Blutzoll so hoch ausfallen würde. In Israel hatte man sich zu dieser Zeit nicht intensiv genug mit der Persönlichkeit Arafats, seinen Absichten und Verhaltensweisen, die schließlich zum Krieg geführt haben und in dem wir uns heute noch befinden, auseinander gesetzt.

Weder in Israel noch in der arabischen und westlichen Welt wurden die Anschauungen Arafats verstanden, man hat nicht erkannt, dass der palästinensische Anführer Israel als Kreuzritterfestung betrachtete und sich selbst als Saladin, den muslimischen Anführer, dem es im 11. Jahrhundert gelang, die Kreuzritter zu besiegen. Arafat hatte sich nicht geändert.

Das rechte Lager in Israel kochte. „Man sollte ihnen keine Waffen geben", war das Motto bei jeder Demonstration angesichts des Eintreffens palästinensischer Polizisten in der Westbank und dem Gazastreifen und ihrer Bewaffnung mit Gewehren dank der Zustimmung der israelischen Regierung. Es bestand die Befürchtung, dass diese als Waffen für den Terror eingesetzt werden könnten. Die Stimmung in Israel war angespannt. Täglich fanden Demonstrationen gegen die Regierung, gegen Yitzhak Rabin und gegen die Fortsetzung der Verhandlungen mit den Palästinensern statt.

Tel-Aviv 1995: Israels Ministerpräsident Yitzhak Rabin wird während einer Friedensdemonstration ermordet.

Der 4. November 1995, 782 Tage nach der Unterzeichnung des Basisabkommens für den israelisch-palästinensischen Frieden auf dem Rasen des Weißen Hauses in Washington, war der schwerste Tag in der Geschichte Israels. Ministerpräsident Yitzhak Rabin wurde ermordet, als er sich auf dem Weg von einer Friedensdemonstration auf dem Hauptplatz in Tel Aviv befand. Der Mörder, ein Mann aus dem rechten israelischen Lager, der den Verlauf der Geschichte ändern und den politischen Prozess stoppen wollte, tötete Rabin mit drei Pistolenschüssen. Indem er den Anführer umbrachte, beschleunigte er den Prozess zur Zerstörung des Friedenstraums. Yitzhak Rabin bezahlte mit seinem Leben und mit ihm wurde auch der Friedenstraum ermordet. Nach dem Mord wurde klar, dass es sehr schwer werden würde, alles zurückzudrehen und noch schwieriger, bei den Verhandlungen mit den Palästinensern voranzukommen und das Vertrauen der Bürger Israels in den Friedensprozess zurückzuerlangen.

Der Mord von Rabin hatte die Palästinenser nicht zu der Einsicht verholfen, dass der Preis des Friedens hoch ist. Die Hamas und der Islamische Dschihad setzten mit der Unterstützung Syriens und des Iran die Planung von weiteren Morden und Tötungen fort. In den Trainingslagern der Revolutionsgarde nahmen Palästinenser aus dem Gaza-Streifen und der Westbank an Militärübungen teil, die fortgeschrittene Kurse in der

Terrorkampfführung beinhalteten. Einige Monate nach der Unterzeichnung des Oslo-Abkommens Anfang 1994, das zur Gründung der Palästinensischen Autonomiebehörde führte, wurde in der Führung der Hamas über den Aufbau von neuen Kommandanten-Kadern entschieden, die eine professionelle militärische Ausbildung erhalten sollten – mit der Befähigung als Kommandanten zu dienen und nicht nur als Chefs von Terrorzellen.

Der Iran kündigte an, die Finanzierung der Terroraktivitäten der Hamas in der Westbank, dem Gaza-Streifen und in Jordanien zu erhöhen. Die Regierung in Teheran und die Revolutionsgarden entschieden sich, ein militärisches Training für die Hamas-Männer aus dem Gaza-Streifen und der Westbank zu organisieren, um sie zu Kommandanten von Terrorzellen auszubilden. Einer der ersten Terroristen, der vom Gaza-Streifen in den Iran gesandt wurde, war Machmud Abed Latif, geboren 1971, ein Student der islamischen Universität Gazas. Mit Hilfe eines gefälschten Ausweises ging er nach Jordanien, flog in den Sudan und von dort weiter in den Iran, wo er an einem intensiven Training für Terror-Offiziere teilnahm. Glücklicherweise wurde er vom israelischen Sicherheitsdienst aufgespürt und konnte festgenommen werden, als er nach Gaza zurückkam. Ein anderer im Iran geschulter Terrorist – ebenfalls Einwohner Gazas – war Hasan Salame, der aufgrund seiner Ausbildung zu einem der gefährlichsten Terroristen der Hamas wurde. Nach Abschluss seines Trainings im Iran ging er nach Syrien, von dort nach Libyen und danach nach Ägypten und in den Gaza-Streifen. Salame erreichte Jerusalem und unter seiner Leitung wurden, nach gründlicher Planung, zwei Terroranschläge von Selbstmordattentätern verübt. Der erste Anschlag fand am 25. Februar 1996 und der zweite eine Woche später, am 3. März 1996, statt. Zwei Tage später sprengte sich ein weiterer Terrorist, Mitglied des Islamischen Dschihad, in Tel Aviv neben dem beliebten Einkaufszentrum in der Dizengoff-Straße in die Luft. Innerhalb von zehn Tagen wurden in Israel 61 Frauen, Kinder, Männer und alte Menschen ermordet. Hasan Salame, der Terrorist, der hinter den Anschlägen auf die Busse in Jerusalem stand, sagte zum Abschluss seines Prozesses vor Gericht: „Ich bereue meine Taten nicht. Es ist mir egal, ob ich hingerichtet werde. Hauptsache, ich komme ins Paradies.“

Der Preis war hoch. In Israel hörten die Menschen auf, über den Frieden zu sprechen. Ministerpräsident Shimon Peres kündigte den Abbruch der Verhandlungen an und erklärte den Krieg gegen die Hamas. „Sie glauben nicht an Gott“, sagte er. Arafat, der nun verstand, dass er den palästinensischen Traum mit eigenen Händen zerstört hatte, sah ein, dass Israel die Verhandlungen nur dann fortführen könne, wenn er den Terror bekämpfen würde. Er befürchtete, in Israel könne eine neue Regierung unter der Führung der Likud-Partei gebildet werden und deshalb entschied er sich, Maßnahmen zu ergreifen, um dem Volk in Israel zu signalisieren, dass der Terror gestoppt werden könne. Er unterschrieb einen Erlass, der die Hamas außerhalb der Grenzen des Gesetzes stellte. Dutzende von Hamas-Terroristen wurden festgenommen und in palästinensischen Gefängnissen inhaftiert. Aber nach einigen Monaten, als sich die Stimmung beruhigt hatte, unternahm Arafat Aktionen nach dem „Drehtür-Prinzip“ und begann, die Hamas-Leute nach und nach aus dem Gefängnis zu entlassen. Parallel dazu nahm er erneut die Beziehungen mit der Führung der Mordorganisation auf.

Wahlen 1996: Sechs Monate nach dem Mordanschlag auf Rabin wählte Israel den Likudchef Benjamin Netanjahu zum neuen Regierungschef.

Im Mai 1996 fanden Wahlen in Israel statt. Dieses Mal hatte nicht die israelische Wählerschaft, sondern der Terror der Hamas die Wahlen entschieden. Shimon Peres verlor und Benjamin Netanjahu von der Likud-Partei gewann die Wahlen und wurde neuer israelischer Ministerpräsident. Netanjahu wollte die Verhandlungen mit Arafat stoppen. Er stellte Bedingungen für die Wiederaufnahme der Verhandlungen und die Umsetzung der Abkommen in Form einer sofortigen Beendigung aller terroristischer Aktivitäten und eines entschlossenen Kampfes Arafats gegen die Hamas, den Islamischen Dschihad und alle anderen Terror-Organisationen. Die Palästinenser sahen sich mit einer neuen Führung konfrontiert und, anstatt etwas gegen den Terror zu unternehmen, versuchten sie Israel mit Waffengewalt unter Druck zu setzen, um Zugeständnisse und die Rückgabe von Gebieten zu erzwingen. Als Israel Ende 1996 einen Tunnel neben der Klagemauer öffnete, wurde das von den Palästinensern als eine Kriegserklärung verstanden. Die Polizisten und die Männer der palästinensischen Armee lieferten sich Gefechte mit israelischen Soldaten, und obwohl sie auf dem Schlachtfeld keine Chance hatten, hofften sie, dass die Gefechte die Länder der westlichen Welt und insbesondere die USA dazu veranlassen würden, Netanjahu und seine Regierung unter Druck zu setzen, sich aus den Gebieten der Westbank und des Gaza-Streifens zurückzuziehen. Die Kampfhandlungen dauerten einige Tage an.

Die Welt lebte in dieser Zeit noch nicht unter der Bedrohung des islamischen Terrors. In den USA und noch mehr in Europa wurde die Gefahr des Terrors allgemein und besonders des islamischen Terrors ignoriert. Die Argumente der Welt wandten sich gegen den israelischen Ministerpräsidenten und nicht gegen Arafat, der den Terror verursacht hatte und sein Volk anspornte, Bomben zu legen und Israelis zu töten. Chaled Mashal, der Chef des politischen Büros der Hamas, erklärte im Mai 1998 das Ziel des Kampfes seiner Organisation: „Unser Ziel ist es, den Zionismus zu vernichten und Palästina zu befreien. Die Hamas weigert sich, mit der durch das Abkommen geschaffenen Realität zu leben, d. h., sie weigert sich, sich dem Weg von anderen (Arafat) zu beugen, weil wir darin einen Fehler und die Abweichung von unserem Ziel sehen. Die Situation in den palästinensischen Gebieten verpflichtet – unserer Meinung nach – nicht zu einer bestimmten Entscheidung zu diesem Zeitpunkt. Wir sind sicher, dass das Vorantreiben der palästinensischen Sache und die Entwicklung der Dinge unter dem Schirm der Fortsetzung des Widerstands und der Weiterführung des Kampfes zu einem natürlichen Wendepunkt führen werden. Diejenigen, die den Weg der Zusammenarbeit mit den Zionisten gehen, werden verschwinden. Demgegenüber steht die Etablierung des Weges, der an die Tatsachen glaubt - an den Widerstand und die Rechte des palästinensischen Volkes. Es handelt sich um eine natürliche Wende und eines Tages wird der Augenblick kommen, an dem das palästinensische Volk auf dem Weg des Widerstands vereint sein wird. Wir sprechen über die Verwirklichung des allgemeinen Ziels, das heißt die Befreiung ganz Palästinas. Wir setzten zwar keinen klaren Zeitraum an, weil es in dieser Zeit nicht leicht ist, angesichts der existierenden Machtverhältnisse einen Zeitrahmen für ein so großes Ziel zu setzen. Aber wir haben einen Plan entworfen, Zeitrahmen und Schritte festgelegt, und ich bin der festen Überzeugung, dass wir dabei erfolgreich sein werden. Das allgemeine Ziel ist die Vernichtung der zionistischen Bewegung und die Befreiung Palästinas. Letztendlich wird unser Weg siegreich sein und die zionistische Bewegung ihr Ende finden.“

Amman 1998: Der politische Hamaschef Chaled Mashal, erklärte im Mai 1998 das Ziel des Kampfes seiner Organisation: „Unser Ziel ist es, den Zionismus zu vernichten und ganz Palästina zu befreien.“

Präsident Clinton setzte sich für Arafat ein. Auch in Europa wollte man den Erfolg des Prozesses sehen, ohne den Versuch zu unternehmen, Arafat zum Kampf gegen den Terror zu ermutigen. Auch die israelische Bevölkerung wollte Frieden. Bei den Wahlen im Jahr 1999 gaben die Wähler in Israel ihre Stimmen für den Frieden und wählten Ehud Barak zum Ministerpräsidenten – in der Hoffnung, dass Barak den Weg Yitzhak Rabins fortsetzen würde, um den Frieden zu erlangen. Am 25. Juli 2000, nach einem vierzehntägigen Verhandlungsmarathon in Camp David zwischen Ehud Barak und Jassir Arafat, unter der Vermittlung von Präsident Clinton, wurden die Gespräche jedoch ergebnislos beendet. Ehud Barak bezichtigte Jassir Arafat der Unnachgiebigkeit, weshalb keine Einigung erreicht werden konnte. In Israel rechnete man schon mit einem Krieg, denn es war klar, dass es nur eine Frage der Zeit bis zum Ausbruch der Gewalt war.

Camp David, Juli 2000: Clinton, Barak und Arafat leiteten in Camp David eine Marathon-Verhandlung, in der Israel den Palästinensern ein „Sonderangebot" von 93% der gesamten so genannten besetzten Gebiete machte. Doch Arafat lehnte Israels entgegenkommendes Angebot ab.

Am 29. September 2000 besuchte Ariel Scharon den Felsendom. Dieser Besuch diente den Palästinensern als Vorwand, um mit den Unruhen beginnen zu können. Sie nutzten die religiösen Emotionen aus und der Besuch diente so als „Funken an der Zündschnur" zum Entfachen des Kriegs. Wenige Tage später war der Krieg bereits in vollem Gange. Die USA versuchten die Situation zu retten. Zwei Wochen nach Ausbruch der Kämpfe sandte Präsident Clinton den Chef der CIA, George Tenet, zu Versöhnungsgesprächen zwischen Israel und den Palästinensern nach Israel. Aber Arafat verschärfte seine Politik in der Annahme, sich auf dem Weg zum Sieg zu befinden. Er sagte Nein zum Waffenstillstand. Am 12. Oktober wurde die israelische Öffentlichkeit geschockt: drei israelische Soldaten hatten sich auf ihrem Weg in Ramallah verirrt. Palästinensische Polizisten brachten sie auf die Polizeistation. Aber dort wurden sie nicht geschützt, sondern brutal ermordet. Zuerst waren es die Polizisten, die damit begannen, sie zu schlagen und zu misshandeln, aber bald, nachdem die Menschen davon erfahren hatten, dass sich in der Polizeistation Israelis befinden, stürmten Hunderte die Polizeistation und lynchten die drei Soldaten. Ihre Leichen wurden durch die Fenster aus dem Gebäude geworfen, und während der Mob jubelte, wurden die Leichen weiter misshandelt. „Ein irrsinniger Hass", sagte Ministerpräsident Barak angesichts dieses Vorfalls. Und 10 Tage später, am 22. Oktober, kündigte er den Abbruch der Verhandlungen mit den Palästinensern an.

Oktober 2000: Drei Wochen nach Ausbruch des Palästinenseraufstandes gab Israels Regierungschef Ehud Barak seinen Rücktritt bekannt.

Anfang Dezember gab Barak seinen Rücktritt vom Amt des Ministerpräsidenten bekannt. Bis zum Zeitpunkt der Wahlen in Israel wurden Versuche unternommen, die Verhandlungen wieder aufzunehmen und die Unterzeichnung eines israelisch-palästinensischen Abkommens zu erreichen. Aber selbst diese Gespräche, die in Taba in Ägypten geführt wurden, scheiterten. Die israelische Bevölkerung – müde vom Glauben an die Palästinenser und Krieg befürchtend – ging zur Wahl und wählte Ariel Scharon zum Ministerpräsidenten.

Selbstmordattentäter

Die Palästinenser können sich die Patentrechte für die „Waffe der Selbstmordattentäter“ als eine Standardwaffe im Krieg eintragen lassen. Es gelang ihnen, diese Waffe zu „exportieren“ und in die „Waffe des Islam“ zu verwandeln. Der Export der palästinensischen Selbstmordattentäter wurde zu einem Teil des Krieges gegen die USA im Irak. „Die Todeskultur der Selbstmordattentäter“ – Made in Palästina – beeinflusst so das kollektive Unterbewusstsein nicht nur der Palästinenser, sondern auch der ganzen muslimischen Welt. Scheich Jassin könnte den fragwürdigen Titel „ausgezeichneter Exporteur“ erhalten – ihm gelang es, die Selbstmordattentäter der Hamas in ein Vorbild zur Imitation für die ganze islamische Welt zu verwandeln.

Palästinensische Selbstmordterroristen filmen sich bevor sie sich in den israelischen Großstädten in die Luft sprengen und so hunderte Israelis mit sich in den Tod reißen.

Am 17. Juni 2002 sprengte sich ein 17-jähriger Terrorist, Mitglied des Islamischen Dschihad, bei einem Selbstmordattentat in Gush Katif im Gaza-Streifen in die Luft. Die israelischen Offiziere, die seine Wunden behandeln wollten, zogen ihm seine Bekleidung aus. Zu ihrem Erstaunen stellten sie fest, dass sein Geschlechtsbereich mit Stoff umwickelt und dadurch geschützt war. Es stellte sich heraus, dass er die Unversehrtheit seines Geschlechtsteils bewahren wollte. Denn nach seinem Tod als Schahid – so versprachen ihm diejenigen, die ihn zu dem Attentat schickten – ständen ihm die Jungfrauen des Paradieses zur Verfügung. Während des Jahres 2003 sendete das palästinensische Fernsehen mehrmals Videoclips, in denen das Paradies darstellende Bilder zu sehen waren: Zwischen großen, grünen Bäumen, Wasserfontänen und Flüssen waren junge, hübsche Frauen in weißen Kleidern zu sehen, „die Schwarzäugigen" – die 72 Jungfrauen –, die im Paradies auf den Schahid warten. Diese zwei Beispiele konkretisieren die Art und Weise, wie der Mythos vom Schahid im Paradies zu einer motivierenden Kraft zu Selbstmordattentaten geworden ist. Der Selbstmordattentäter wurde zu einem Held und Vorbild.

Der Terror durch palästinensische Selbstmordattentäter nahm seinen Anfang mit dem ersten Anschlag im April 1993, bekam Zulauf zwischen den Jahren 1994 und 1996 und eskaliert seit September 2000 weiter, als die Al-Aqsa-Intifada ausbrach. Die Selbstmordattentate haben in ihrer Dimension erheblich zugenommen und wurden zu einem Teil der „Todeskultur" in der palästinensischen Gesellschaft.

Ende August 2004 sprengten sich zwei Attentäter in zwei Bussen in der Stadt Beersheva im Süden Israels in die Luft. Noch sechzehn weitere Israelis mussten der langen Liste von schuldlos Getöteten – von Menschen, die von der Arbeit, dem Markt, einem Besuch nach Hause zurückkehren wollten – hinzugefügt werden.

Die Spur des Todes, die Hunderte von Selbstmordattentätern hinterlassen haben, ist lang. Es ist ausreichend, wenn wir hier nur einige dieser tiefen Narben in der israelischen Gesellschaft hinterlassenden Todesaktionen auflisten:

9.8.2001 – Ein Selbstmordattentäter sprengt sich im Café Sbarro in Jerusalem in die Luft und ermordet 15 Israelis.

1.12.2001 – Ein Selbstmordattentäter sprengt sich am Zionsplatz in Jerusalem in die Luft und ermordet 11 Israelis.

9.3.2002 – Ein Selbstmordattentäter sprengt sich im Café Moment in Jerusalem in die Luft und ermordet 9 Israelis.

27.3.2002 – Ein Selbstmordattentäter sprengt sich während dem „Leil Haseder", dem Pessachfest, im Hotel Park in Netanya in die Luft und ermordet 23 Israelis.

7.5.2002 – Ein Selbstmordattentäter sprengt sich in einem Klub in Rishon-Letzion in die Luft und ermordet 15 Israelis.

18.6.2002 – Ein Selbstmordattentäter sprengt sich im Bus Nr. 32 in Jerusalem in die Luft und ermordet 23 Israelis.

31.7.2002 – Ein Selbstmordattentäter sprengt sich in der „Frank Sinatra"-Caféteria auf dem Campus der Hebräischen Universität Jerusalem in die Luft und ermordet 9 Studenten und Lehrkräfte.

21.11.2002 – Ein Selbstmordattentäter sprengt sich in einem Bus in Jerusalem in die Luft und ermordet 13 Menschen, die meisten der Opfer sind Schüler.

5.1.2003 – Zwei Selbstmordattentäter sprengen sich am zentralen Busbahnhof in Tel Aviv in die Luft und ermorden 24 Israelis.

5.3.2003 – Ein Selbstmordattentäter sprengt sich in einem Bus in Haifa in die Luft und ermordet 20 Israelis.

30.4.2003 – Ein Selbstmordattentäter sprengt sich im Café Mike's Place in Tel Aviv in die Luft und ermordet 3 Israelis.

19.8.2003 – Ein Selbstmordattentäter sprengt sich im Bus Nr. 2 in Jerusalem in die Luft und ermordet 17 Israelis, zumeist Kinder.

9.9.2003 – Ein Selbstmordattentäter sprengt sich im Café Hillel in Jerusalem in die Luft und ermordet 8 Israelis.

5.10.2003 – Eine Selbstmordattentäterin sprengt sich im Restaurant Maxim in Haifa in die Luft und ermordet 19 Israelis.

22.2.2004 – Ein Selbstmordattentäter sprengt sich im Bus Nr. 14 in Jerusalem in die Luft und ermordet 7 Israelis.

Seit Ausbruch des Krieges unterhielten die Palästinenser enge Beziehungen mit dem Iran und bis zum Untergang des Regimes Saddam Husseins auch mit dem Irak. Die Beziehungen mit dem Iran manifestieren sich nicht nur durch Unterstützungserklärungen oder finanzielle Hilfe, sondern hauptsächlich durch die Lieferung von Waffen und die Ausbildung von Terror-Kadern. So versuchte beispielsweise Arafat zusammen mit seiner Führung und mit Unterstützung aus dem Iran und durch die Hisbollah auf dem Seeweg Waffen in den Gaza-Streifen hineinzuschmuggeln. Darunter befanden sich viele neuartige Waffen – einschließlich Katjuscha-Raketen. Das mit Bomben und Raketen beladene Schiff „Karin A" steuerte auf Anweisung Arafats den Hafen von Gaza an.

Mai 2001: Der irakische Diktator Saddam Hussein finanzierte jahrelang die Familien palästinensischer Selbstmordterroristen und im Mai 2001 erhöhte er die Prämie: zuerst auf 15.000 Dollar pro Selbstmordattentäter und danach auf 25.000 Dollar.

Im April 2001 fand in Teheran „die internationale Konferenz zur Unterstützung der palästinensischen Intifada“ statt. Diese Konferenz wurde von der Regierung des Irans organisiert und Delegationen aus 34 Ländern nahmen an ihr teil – einschließlich des Vizeministerpräsidenten Syriens, Muchamad Zaher Musraka, dem Vorsitzenden des libanesischen Parlaments, Nabja Beri, und sogar Michael Anigen, ein Senator aus Irland. Der Ehrengast der Konferenz war Hassan Nasrallah, Generalsekretär der Hisbollah.

Während der Konferenz riefen die Teilnehmer zur Zerstörung Israels auf, zur Fortsetzung des Kampfes, und es wurden sogar politische Mittel zur Bekämpfung Israels erörtert, wie z. B. der Vorschlag des iranischen Präsidenten Chatami, einen internationalen Gerichtshof zu gründen, der die politischen Führer Israels als Kriegsverbrecher verurteilen solle. Er schlug vor, ein Referendum unter all denjenigen, die jemals in Palästina gelebt haben – Araber, Christen und Juden – zu organisieren, um diese über die Gründung eines unabhängigen palästinensischen Staates mit der Hauptstadt Jerusalem abstimmen zu lassen.

Vor dem Ausbruch des Irak-Krieges erfreute sich der Irak im Allgemeinen und Saddam Hussein im Besonderen großer Popularität in der palästinensischen Öffentlichkeit. Während Kundgebungen und Beerdigungen wurde die irakische Flagge gehisst, Arafat schrieb Dank- und Unterstützungsbriefe an Saddam Hussein und bei Demonstrationen wurden Parolen zu seiner Unterstützung skandiert. Die Palästinenser hofften, dass die Amerikaner im Irak eine Niederlage erleiden würden. Neben der großen Sympathie für den Irak waren Parolen der Ablehnung und des Hasses nicht nur gegen Israel, sondern auch gegen die Amerikaner zu hören. Amerikanische und britische Flaggen wurden bei jeder Demonstration verbrannt. Osama bin Laden wurde zum Held der palästinensischen Öffentlichkeit. Als die Zwillingstürme in New York zerstört wurden, wurde in Gaza und der Westbank getanzt und gejubelt.

Der zerstörerische Beitrag des Iraks zur Intifada zeichnete sich hauptsächlich durch die Unterstützung der Selbstmordattentäter aus: Anfang 2001 kündigte Saddam Hussein an, dass folgende finanzielle Mittel für den palästinensischen Kampf vorgesehen seien: 10.000 Dollar für die Familie eines Selbstmordattentäters – ein enormer Ansporn für die palästinensische Jugend. Saddam Hussein hatte sich dazu verpflichtet, für die Kinder von Getöteten und Selbstmordattentätern alle Ausbildungskosten vom Kindergarten bis zur Universität zu finanzieren und verpflichtete sich zur Gewährleistung einer kostenlosen medizinischen Behandlung im Irak oder in Jordanien für die Verletzten der Intifada, als die Selbstmordanschläge zu einer Art Modeerscheinung wurden. Im Mai 2001 erhöhte Hussein die Höhe der Prämie: zuerst auf 15.000 Dollar pro Selbstmordattentäter und danach auf 25.000 Dollar. Das sind riesige Beträge angesichts des Lebensstandards der Palästinenser im Gaza-Streifen und der Westbank. Innerhalb von zwei Jahren transferierte der Irak zur Finanzierung des Terrors mehr als 15 Mio. Dollar in die besetzten Gebiete.

Der Krieg dauert nun schon vier Jahre. Mehrmals, unter Vermittlung der USA und Europas, sind Versuche unternommen worden, einen Waffenstillstand und eine Rückkehr an den Verhandlungstisch zu erreichen, aber Arafat sagte immer wieder Nein. Selbst die internationalen Ereignisse, einschließlich des Anschlags auf die

Zwillingstürme, konnten Arafat nicht dazu bewegen, seine Politik zu ändern. Israel musste sich verteidigen und alle möglichen Maßnahmen ergreifen, um die Anzahl der Terroropfer zu minimieren. Es blieben nicht mehr viele Möglichkeiten übrig, als zu kämpfen und die Bürger des Staates zu schützen.

Pessach 2002: Operation Schutzschild soll den wilden Terror bekämpfen und so marschieren israelische Soldaten in die Palästinenserstadt Jenin ein.

Um zu kämpfen und die Welle der Selbstmordattentäter einzudämmen, musste Israel den Sicherheitszaun errichten. In den letzten acht Monaten ist die Anzahl der Selbstmordanschläge innerhalb Israels massiv zurückgegangen – wegen des Zauns und der präventiven Maßnahmen der israelischen Armee in den Palästinenserstädten. Die Palästinenser versuchen den Zaun zu umgehen. Sie schmuggeln Sprengstoffe aus Ägypten, sie bringen Kassam-Raketen in Stellung und feuern von Gaza aus auf israelisches Gebiet.

Israel 2002: Der israelische Sicherheitszaun soll die palästinensischen Selbstmordterroristen von Israels Großstädten fernhalten.

Am 24. Juni 2002 hielt der Präsident der USA, George W. Bush, eine Rede zum Thema Nahost, in der er seine Vision zur Zweistaatenlösung darstellte und zur Ablösung der palästinensischen Führung aufrief. Anhand dieser Rede veröffentlichten die USA eine „Roadmap“ mit den Schwerpunkten auf der Beendigung des Terrors, der Einstellung von Kampfhandlungen und in der ersten Phase den Rückzug Israels auf die Grenzlinien vom September 2000. Aber der Terror wurde zum Hindernis. Die andauernde Bedrohung durch den Terror und die Untätigkeit Arafats, das Blutvergießen zu beenden, machte die Umsetzung eines Abkommens unmöglich.

Israels Südstadt Sderot 2002: Palästinensische Terroristen beschießen Sderot mit Kassam-Raketen aus dem Gazastreifen.

Ministerpräsident Ariel Sharon war nicht bereit, Verhandlungen aufzunehmen, solange der Terror weiter tobte. Er erklärte, dass Israel zur Akzeptanz von schmerzhaften Zugeständnissen bereit wäre. So entschied er einen einseitigen Rückzug aus Gaza. Aber Arafat und die Mitglieder seiner Führung waren damit noch nicht zufrieden – selbst nach vier Jahren immensen Leids und einer so hohen Anzahl von Opfern glaubte Arafat immer noch, dass er Israel mit dem Terror besiegen wird.

Nach vier Jahren unterstützt die Mehrheit der Bevölkerung in Israel den Frieden, aber gleichzeitig glaubte sie nicht daran, dass mit Arafat Frieden geschlossen werden kann. Der Traum vom Frieden wandelte sich in einen Albtraum des Terrors.

Ronni Shaked

Ronni Shaked ist leitender Korrespondent und Kommentator der größten israelischen Tageszeitung Jediot Achronoth für palästinensische Affären und Terrorismus, der den israelisch-palästinensischen Konflikt seit 1967 verfolgt. Shaked ist ein in Israel anerkannter Islam-Experte für Terrorismus, islamische Bewegungen und israelisch-palästinensische Beziehungen. Seit 1969 diente Shaked im israelischen Sicherheitsdienst Schin Bet, bis er 1982 zum Editorialmitglied von Jediot Achronoth wurde. Er studierte an der Hebräischen Universität in Jerusalem Nahostpolitik und schrieb zwei Bücher: „Hamas – Die palästinensische islamische fundamentale Bewegung" und „Cappuci – Der Sicherheitsdienst auf den Fersen eines Terroristen". (Capucci war der griechisch-katholische Erzbischof von Jerusalem, der vom israelischen Gericht wegen Waffenschmuggels zu zwölf Jahren Gefängnis verurteilt wurde.) Shaked ist Vater von drei Kindern und lebt in Jerusalem, wo er 1946 geboren wurde. Des öfteren schreibt Ronni Shaked auch für **israel heute**.

PARIS UND SEINE JUDEN

Der degradierte Dreyfus mit zerbrochenem Säbel

In Paris in der *rue de Jacob* von *St.-Germain-des-Prés* sitze ich an einem Schreibtisch, der noch aus der Zeit von Ludwig XIV. (franz. *Louis*) stammen könnte. An ihm hat auch schon Ernest Hemingway gearbeitet – mir wäre Heinrich Heine lieber gewesen. Um meinen Laptop anschließen zu können, muss ich einen Stecker auftreiben, der an das alte noch mit Textilfasern umwickelte Stromkabel passt. Die hohe Decke des Zimmers besteht aus Holzbalken; die verzierten Holztüren des Kleiderschrankes sind wurmstichig und die Wände sind mit dem gleichen goldschimmernden Stoff wie die Fenstervorhänge tapeziert. An der Wand hängt eine Kopie des Impressionisten Georges Seurat und ein vor Altersschwäche blind gewordener Spiegel im goldenen Stuckrahmen. Der Kronleuchter erhellt mit sechs Kerzen den für französische Verhältnisse großen Raum von 30 qm. Nur das Plüschsofa scheint erst 50 Jahre alt zu sein. In diesem Gebäude residierte die britische Botschaft und hier wurde 1783 im Beisein von Benjamin Franklin die Anerkennung Amerikas durch England unterzeichnet, daher heißt es *Hotel d'Angleterre*. Von hier aus gehe ich den Spuren der Juden von Paris nach – und die lebten bereits in Paris als die Stadt noch *Lutetia (Lutece)* hieß. Heute beherbergt Paris die größte und vitalste Judengemeinde Europas.

Als David Ben-Gurion am 14. Mai 1948 in Tel Aviv die Unabhängigkeit Israels erklärte, erfüllte sich biblische Prophetie und zugleich Herzls Vision, denn der Wiener Journalist Theodor Herzl schrieb während des ersten Zionistenkongresses 1897 in Basel in sein Tagebuch: „In Basel habe ich den Judenstaat gegründet!“ Dies stimmt nicht ganz, denn das neuzeitliche Israel fand weder 1948 in Tel Aviv noch 1897 in Basel, sondern bereits am 5. Januar 1895 in Paris seinen Anfang und zwar auf dem Gelände der *Ecole Militaire*, als der Jude Alfred Dreyfus wegen angeblichen Hochverrats vom Militärgericht verurteilt wurde. Unweit vom Eiffelturm befindet sich die 1751 von Ludwig XV. erbaute Militärakademie mit acht korinthischen Säulen vor dem Haupteingang. Zu den Kadetten, die hier studierten, gehörte auch Napoleon Bonaparte, dem man bescheinigte: „Sofern es die Umstände gestatten, steht ihm eine große Zukunft bevor.“

Anfang des 19. Jhs. versuchte man ernsthaft, den Status der Juden in Frankreich zu verbessern bzw. zu normalisieren. Doch der Dreyfus-Skandal wurde zum Prüfstein der Gesinnungen und öffnete dem Antisemitismus in Frankreich erneut Tür und Tor. Nachdem die Franzosen 1871 den Krieg gegen Deutschland verloren hatten, verfielen sie in eine Depression und suchten nach Schuldigen, und da kam ihnen die Dreyfus-Affäre gerade recht. Mit beispielloser Leidenschaft fanden sie nicht nur in der Person des reichen assimilierten und ehrgeizigen Juden, in dem Generalstabsoffizier Alfred Dreyfus ihren verräterischen Judas, sondern in allen Juden, was in dem Aufschrei gipfelte: „Mort aux juifs – Tod den Juden!“ Sie forderten also nicht nur den Tod von Dreyfus, sondern den Tod aller Juden. Dabei kam Herzl, der von Oktober 1891 bis Juli 1895 als Korrespondent in Paris tätig war und sonst nur über allgemeine Skandalaffären und Duelle berichtete sowie leichte Theaterstücke schrieb, zu der Erkenntnis, dass das 1790 von der Nationalversammlung verabschiedete Emanzipationsedikt und die von Napoleon 1808 erlassene Gleichberechtigung der Juden nicht dem Gefühl des französischen Volkes entsprachen. Es half auch nicht, dass tausende Juden in den Kriegen für Frankreich ihr Leben geopfert hatten. Gegen den antisemitischen Virus kam auch die Untersuchungsschrift des Bernard Lazare „L´Antisémitisme, son histoire et ses causes“ nicht an. Erst nachdem Dreyfus begnadigt werden sollte und der Franzose Emile Zola mittels seiner Schrift *„J´Accuse!“* (Ich klage an!) den Franzosen ins Gewissen redete, wurde aus der Begnadigung eine offizielle Rehabilitation, da sich Dreyfus´ Unschuld restlos aufklären ließ. Damit war die Ehre von Dreyfus wieder hergestellt.

Doch die Dreyfus-Affäre – so leidvoll sie auch für seine Person war – war nur ein Nebenprodukt, denn Herzl erfuhr dabei hautnah den Antisemitismus des Volkes, und dass es bei dem Prozess nicht so sehr

Dreyfus-Degradierung

um die Person des Dreyfus ging, sondern um die immer wieder aufflammende Judenfeindschaft. Als man Dreyfus auf dem Kopfsteinpflaster des Hofes vom Militärgericht die Orden vom Rock riss und sein Säbel zerbrochen wurde, erkannte Herzl, dass das jüdische Volk einen eigenen Staat braucht, wo es nicht mehr degradiert werden kann.

So erwachte Herzls jüdische Identität im Geschrei des Volkes „Tod den Juden!“ zu neuem Leben. Herzl wohnte in der *rue Cambon 33* in dem Gebäude, in dem heute das Nobelhotel *Castille* ist. Hier machte Herzl seine ersten „Logbuch-Notizen“ für seine Programmschrift „Der Judenstaat“.

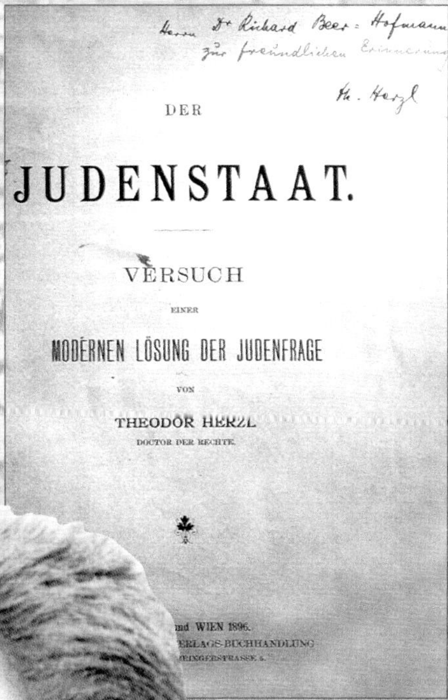
Herrn Dr Richard Beer-Hofmann
zur freundlichen Erinnerung
Th. Herzl

DER

JUDENSTAAT.

VERSUCH
EINER
MODERNEN LÖSUNG DER JUDENFRAGE
VON
THEODOR HERZL
DOCTOR DER RECHTE.

...und WIEN 1896.
...VERLAGS-BUCHHANDLUNG
...EINGERSTRASSE 5.

„Der Judenstaat“

Theodor Herzl

An der Außenwand des Hotels befindet sich eine Marmortafel, die nicht nur besagt, dass Herzl 1895 in diesem Hause wohnte, sondern auch an Herzls prophetische Weitsicht erinnert, denn in Paris begann der assimilierte Herzl, der bis dahin keinen Wert auf sein Judentum gelegt hatte, mit der Propagierung eines Judenstaates. Was er vorher selber nicht besaß, wollte er nun allen Juden zurückgeben: ihre jüdische Identität, verbunden mit dem Exodus in das Land ihrer Väter. So wurde Paris der Ausgangspunkt für Herzls abenteuerliche zionistsche Reise, deren Ziel die Lösung der Judenfrage war. Und immer dann, wenn er aufgeben wollte, weil die Widerstände zu groß waren, halfen ihm Christen wie der britische Rev. William Hechler oder der Gründer des Roten Kreuzes, der Schweizer Henry Dunant und machten ihn auf die biblischen Verheißungen aufmerksam, die ein Wiederentstehen Israels voraussagten, was dann auch im Mai 1948 mit der Staatsgründung Israels geschah.

Marmortafel in der rue Cambon 33

Paris war auch der Sitz zweier bedeutender jüdischer Philanthropen, des Barons Moritz von Hirsch und des Barons Edmond de Rothschild. Sie bewirkten durch ihre großzügigen Spenden, dass zionistische Juden von Arabern Land kaufen konnten, um es urbar zu machen. Damit nahm die jüdische Besiedlung von Eretz Israel nach fast 2000 Jahren Unterbrechung mit Geldern aus Paris ihren Anfang. Viele Ortschaften in Israel, wie z.B. Zichron Jakov wurden von Baron de Rothschild, dem Vater der jüdischen Kolonisation gegründet, der auch die ersten Weinberge anlegen ließ und dafür nicht nur Frankreichs edelste Reben, sondern auch exzellente Fachleute ins Heilige Land schickte. Die jüdische Bankiersfamilie Rothschild wurde mehrmals enteignet, vertrieben, aber immer wieder nach Frankreich zurückgeholt. Doch die Neuzeit ist nicht anders als das finstere Mittelalter, denn auch Charles de Gaulle verstaatlichte 1945 große Teile des Rothschild-Besitzes. Zuletzt enteignete Francois Mitterrand den Rothschilds die Bank im Wert von 39 Milliarden Francs und entschädigte sie mit 504 Millionen Francs, was keine 1,3 % ausmachen. Trotz des drastisch geschrumpften Besitzes unterstützt die Rothschildfamilie noch immer den Aufbau Israels.

Ehe es jedoch zur verheißenen Staatsgründung Israels kam, mussten die Juden noch durch einen Tunnel des Todes. Auch der hatte in Paris seinen indirekten Ausgangspunkt, denn als der 17-jährige Jude Herschel Grynszpan 1938 den deutschen Geheimrat Ernst von Rath in Paris erschoss, weil seine Eltern von den Nazis deportiert worden waren, behauptete Hitler, dass Grynszpan als Mitglied der „jüdischen Weltverschwörung" versucht habe, Europa in den Krieg zu treiben. Mit diesem Alibi läutete Hitler offiziell die Judenverfolgung ein, der 6 Millionen Juden zum Opfer fielen. Der „Holocaust", auf deutsch „Brandopfer", war der Auslöser, damit Herzls Theorie von einem Judenstaat in die Tat umgesetzt werden konnte. Hatte der frühe Zionismus mittels der „Fischer" nur einzelne Juden nach Eretz Israel ködern können, wurden durch Grynszpans Mord die „Jäger“ (Jeremia 16,16) losgelassen, die die Juden in das Land ihrer Väter trieben. So war Paris erstens die Wiege für Herzls geistige Vision, ausgelöst durch den Dreyfus-Prozess; zweitens die Finanzquelle für Israels landwirtschaftlichen Wiederaufbau und drittens der Ort, der durch Grynszpans Mord indirekt den Holocaust auslöste, wodurch die Masseneinwanderung der Juden nach Israel einsetzte.

Ironischerweise wurden in der selben Militärakademie, in der Dreyfus degradiert wurde, hinter den schmiedeeisernen Toren mit den vergoldeten Kürasseriehelmen, auch Israels oberste Militärs Moshe Dayan und Chaim Bar Lev ausgebildet. War die Dreyfus-Affäre für die Antisemiten ein Alibi, kollektiv gegen die Juden vorzugehen, so war sie genauso der Startschuss für die Lösung der Judenfrage, die nach fast 2000-jährigem Exil zur Gründung des Staates Israel führte. So ging auch hier das Wort des nach Ägypten verkauften Josef in Erfüllung, der nach der Errettung seines Volkes sagen konnte: „Sie gedachten es böse, aber Gott machte Gutes daraus!“ Der durch die Dreyfus-Affäre ausgelöste Antisemitismus war relativ rasch überwunden. So plötzlich er auftauchte, so plötzlich verschwand er auch wieder. Doch dieser kurze Moment reichte aus, um Herzls Zionismus ins Leben zu rufen.

Wer an Paris denkt, denkt an die Kathedrale *Notre Dame*, weltbekannt geworden durch Victor Hugos Roman „Der Glöckner von Notre Dame“, in dem es um die schöne Zigeunerin Esmeralda, den buckligen Quasimodo und den eifersüchtigen Claude Frollo geht. Der Grundstein zu dieser Kathedrale mit ihren zwei 69 Meter hohen Türmen wurde im Jahre 1163 von Papst Alexander III. auf dem Fundament eines gallorömischen Tempels gelegt. Sie steht auf der *Seine*-Insel *Ile de la Cité*, die bereits um 200 vor Chr. von dem Keltenstamm der *Parisii* besiedelt war. Als 53 vor Chr. Gallien von den Römern erobert wurde und der Führer der Gallier *Vercingétorix* vor Cäesar kapitulierte, kamen auch die ersten Juden nach *Lutetia*, wie Paris damals hieß. Bald reichte die von Sumpf umgebene Insel nicht mehr aus und wurde als römische Garnisonstadt *Lutetia* mit ihrem Cardo, Forum, Thermen und Theatern auf der Südseite des *Seine*-Flusses erweitert, wo heute der Pariser Stadtteil *Quartier Latin* liegt. Schon der berühmte Rabbi Akiba (70-137), der mit *Bar Kochba* den zweiten jüdischen Krieg gegen die Römer auslöste und von Kaiser Hadrian besiegt wurde, besuchte von Jerusalem aus die Juden in Gallien, die Weinbau und Käsewirtschaft betrieben, ebenso besuchte er die Handel treibenden Juden in Lutetia und nahm etliche von ihnen mit nach Jerusalem. Gallien bzw. Frankreich heißt auf Hebräisch *Zarfat* und die Juden schrieben damals Lateinfranzösisch mit hebräischen Lettern.

285 nach Chr. kamen die Germanen und legten Lutetia in Schutt und Asche. Danach bauten die Römer Lutetia größer und prächtiger wieder auf und unter dem Einluss der Juden aus der Hafenstadt Marseille (damals *Massilia*), die dort ihre Handelshäuser hatten, wurde Lutetia zum gallorömischen Handelszentrum, das im Jahre 360 vom römischen Präfekten Galliens *Julianus Apostata* in Paris umbenannt wurde. Julian sagte sich vom Christentum ab. Als er die heidnischen Götterkulte wieder einführen wollte, wurde er in Paris von seinen Soldaten zum Kaiser von Rom proklamiert. In Paris reifte in *Julian dem Abtrünnigen* die ehrgeizige Idee, den jüdischen Tempel von Jerusalem wieder aufzubauen, um damit die Worte der Propheten und das Wort Jesu, das kein Stein vom Tempel auf dem andern bleiben soll, als Lüge hinzustellen. Doch mitten im Wiederaufbau zerstörte ein Erdbeben in Jerusalem den halbfertigen Tempel

und er selber starb bei einem Rückzugsgefecht in Persien. Seine letzten Worte waren: „Nun hast du doch gesiegt, Galiläer!“ Ausgrabungen auf der Seine-Insel brachten u.a. jüdische *Mikwe*-Ritualbäder aus dem 2.-3. Jh. zu Tage. Man kann sie vor der *Notre Dame* Kathedrale in der *Crypte du Parvis* besichtigen.

Ausgrabungen Lutetia aus römischer Zeit

Die *rue de la Cité*, die als Hauptstrasse die Insel durchschneidet, hieß zur Zeit von König Chilperich I. (582) *rue de la Juiverie* und später bis zur *Französischen Revolution* (1789-1795) *rue des Juifs* (Judenstraße). Im Volksmund hieß die ganze Insel *Ile aux Juifs* - Judeninsel, denn im Mittelstück der Insel, die das Herz von Paris war und noch immer ist, lag das Judenviertel, das von den heutigen Straßen *rue de la Cité*, der *rue de la Corse* und der *rue de Lutece* sowie dem Seine-Fluss eingefasst war. Dieses Viertel war das „abschließbare“ Judenviertel Les Champeaux. Und wo heute auf dem Place Lépine die Blumenstände des Marché aux Fleurs stehen, stand früher eine Synagoge.

Kaiser Karl der Große (768-814), den die Franzosen *Charlemagne* nennen, erfasste die große Bedeutung des jüdischen Handels und begünstigte die Lage der Juden. Daher wurde er von den Juden als ihr Schutzpatron verehrt. Ungeachtet solcher judenfreundlichen Regenten, wurden die Juden als Folge der Kreuzzüge, die in Frankreich ihren Anfang nahmen, grausam verfolgt und massakriert. König Philippe II. August (1180-1223) ließ anlässlich seiner Thronbesteigung am 18. Januar 1180 alle Juden von Paris verhaften und erst nach Zahlung von 15.000 Silbertalern wieder frei und dann ließ er ihre Synagoge 1192 in eine Kirche umwandeln. Doch damit nicht genug. Er ließ zum Zeichen, dass die Synagoge nie mehr in Betrieb genommen wird, vor ihrem Tor 80 Juden bei lebendigem Leibe verbrennen. Heute existiert auch die Kirche nicht mehr. Später ließ er noch einmal alle Juden enteignen, um mit ihrem Geld die dem Märtyrer Dionysius *Saint Denis* geweihte Kirche zu verschönern. In ihr wurden fast alle französischen Könige bestattet. Zuletzt wurde im Jahr 2004 in ihr das Herz von Ludwig XVII. neben seinen von den Revolutionären geköpften Eltern Ludwig XVI. und Marie-Antoinette beigesetzt. Er starb als Zehnjähriger 1795 im Gefängnis.

Nicht weit von der zur Kirche umfunktionierten Synagoge errichtete König Ludwig IX. für die „Dornenkrone“ Jesu, die er 1239 für sehr viel Geld vom Kaiser in

Konstantinopel erwarb, die *Sainte-Chapelle*. Um die Kosten für die Reliquie, die dreimal so viel kostete wie der Bau der Kirche, auftreiben zu können, legte er den Juden eine hohe Sondersteuer auf. Ludwig IX. führte den Juden demütigenden Brauch ein, dass am Karfreitag, zu Weihnachten und am Himmelfahrtstag der Vorsteher der jüdischen Gemeinde von Christen öffentlich geohrfeigt wurde. Und als Auftakt zu dem von ihm betriebenen Kreuzzug ließ er 1236 über 3000 Juden umbringen – ungeachtet all dessen wurde er heiliggesprochen.

Dann kam der Blutwahn über Paris. Im Jahre 1290 lieh der Jude Jonathan seiner Nachbarin Geld. Als er es später von ihr zurückforderte, wollte sie nicht zahlen und brachte das Gerücht in Umlauf, Jonathan habe dafür eine Hostie verlangt, die er zerschnitt, woraufhin die Hostie zu bluten begann. Daraufhin kochte er die Hostie und aus dem Kochdampf habe sich ein Kruzifix gebildet. Das Volk glaubte ihr. Jonathan wurde lebendigen Leibes verbrannt und alle Juden aus Paris vertrieben. An der Stelle seines Hauses wurde die Kirche *Les Billetts* in der *rue des Archives 22-24* erbaut, die heute eine protestantische Kirche ist. Ein Fenster in der Kirche aber weist immer noch auf die vermeintliche Hostienschändung hin und wird neuerdings zur Attraktion für religiöse Antisemiten.

Fenster in der Les Billets Kirche

Wenn wir die Kathedrale *Notre Dame* betrachten und uns nicht von den unzähligen gruseligen Wasserspeiern ablenken lassen, sehen wir über den drei Portalen die Figuren der 28 Könige Judas und rechts vom Haupteingang in Stein gemeißelt die Synagoga, jene Figur, deren Augen verbunden sind und deren Stab zerbrochen und der die Gesetzestafeln aus den Händen gleiten, was daran erinnern soll, dass die Juden blind für das Evangelium sind, deren Pilgerstab zur himmlischen Heimat zerbrochen und denen das Gesetz Gottes verloren gegangen ist.

Synagoga von Notre Dame

Kirchen und Synagogen sind Gotteshäuser, daher besuche ich sie in erster Linie nicht als Bauwerke, sondern um darin einen Gottesdienst zu erleben. Es ist Sonntag, der 16. Mai 2004. Hirte von *Notre Dame* ist der Erzbischof von Paris Kardinal Jean-Marie Lustiger. Er wurde 1926 als Jude Aaron Lustiger in Polen geboren. Als seine Eltern nach Auschwitz verschleppt wurden, wo sie auch umkamen, wurde er von Katholiken gerettet, die ihn 1940 auf den Namen Jean-Marie (Johannes-Maria) taufen ließen. Später studierte er an der Pariser *Sorbonne* und am *Katholischen Institut.* 1954 wurde er zum Priester geweiht und 1981 Erzbischof von Paris. 1983 ernannte Papst Johannes Paul II. den Judenchristen zum Kardinal. Wer in Paris auf Kardinal Lustiger zu sprechen kommt, erfährt, dass er der beliebteste Kardinal sei, den Frankreich je hatte. Er predigt mit heiserer Stimme und hält dabei das Mikrophon in der Hand. Es ist, als schaue er jeden in der überfüllten Kathedrale in die Augen. Er trägt ein purpurrotes Kippa. Seine Gestik verrät seine jüdische Herkunft. Als er das Wort aus Apostelgeschichte 7,55 proklamiert, dass „des Menschen Sohn zur Rechten Gottes steht“, wird aus der relativ kleinen Person eine autoritäre Gestalt.

Erzbischof Kardinal Lustiger

Bevor die Messe beginnt, erhält jeder Gottesdienstbesucher ein Programmheft, in dem der Bibeltext für die Predigt abgedruckt ist: Apostelgeschichte 15,1-2 u. 22-29; Offenbarung 21,10-14 u. 22-23 und Johannes 14,23-29. Was diese Texte aussagen, komprimiert sich in der Person des judenchristlichen Kardinals. Die Texte sprechen von der göttlichen Ordnung zwischen Juden und Christen, dass man als Nichtjude nicht Jude werden muss, um ein besserer Christ sein zu können, und dass die nichtjüdischen Christen von den 613 Gesetzen der Thora befreit sind, bis auf vier, die auch ein nichtjüdischer Christ einhalten muss: er darf kein Götzenopferfleisch und kein Fleisch von erstickten Tieren und kein Blut essen und keine Unzucht treiben. Die an Jesus gläubigen Juden dagegen wurden nicht von den übrigen Gesetzen befreit. Das war – laut Apg. 15 – der Beschluss des „heiligen Geistes und der Apostel". Wer sich daran hält, wird Bewohner des himmlischen Jerusalem, deren zwölf Tore die Namen der zwölf Stämme Israels tragen, d.h. kein Antisemit wird durch diese Tore gehen. Die zwölf Grundsteine des himmlischen Jerusalem tragen die Namen der zwölf Apostel des Lammes, also wird auch kein antichristlicher Mensch in dieser Stadt Wohnrecht haben (Offb. 21). Und alles mündet in der Rede Jesu: „Wer mich liebt, wird mein Wort befolgen!" (Joh. 14). So ist das Gesetz nicht eine überholte alttestamentliche Angelegenheit, sondern eine Frage, was Heidenchristen und was Judenchristen zu beachten haben, um Bürger des himmlischen Jerusalem zu werden. Notre Dames judenchristlicher Kardinal verkörpert damit eine symbolhafte Symbiose.

Auf der Nordseite der Insel befindet sich die *Conciergerie*, in dem heute der Justizpalast untergebracht ist. Die dicken Mauern mit ihren runden Trutztürmen erinnern an den wiederholten Versuch der Kirche, Juden zur Annahme des Christentums zu zwingen. So wollte auch König Ludwig IX., der Heilige, die Juden zur Annahme des Christentums zwingen und veranstaltete 1240 am *Tischa BeAv* (9.Av), dem jüdischen Trauertag um die Zerstörung des Tempels, zwischen dem Juden Nicolaus Donin aus La-Rochelle und vier angesehenen Rabbinern aus Paris ein religiöses Streitgespräch. Nicolaus Donin, der wegen 35 Vergehen durch das Rabbinatsgericht vom Judentum ausgeschlossen wurde und daraufhin zum Christentum konvertierte, wollte nun als Franziskaner Rache an seinen ehemaligen Glaubensgenossen nehmen. Obwohl die Disputation eindeutig zu Gunsten der Juden ausfiel, was auch Nichtjuden bestätigten, wurden danach auf dem *Place de L'Hotel de Ville* bzw. *Place de Gréve,* auf dem heute ein Kinderkarussell mit Leierkastenmusik seine Runden dreht, 24 Wagenladungen jüdischer Bücher, insbesondere Talmudschriften, verbrannt. Von da an mussten die Juden ein Zeichen tragen, so dass der von den Klerikern aufgestachelte Pöbel die Juden sofort erkennen und wie Freiwild verfolgen konnte.

Platz der Talmudverbrennung

Als Ludwig der Heilige 1248 zum Kreuzzug rüstete, legte er den Juden eine zusätzliche Zwangsanleihe auf, um seinen Kreuzzug zu finanzieren. Als dies jedoch nicht ausreichte, ließ er 1253 alle Juden enteignen, beschlagnahmte ihre Güter und Synagogen, verkaufte ihre Friedhöfe und vertrieb alle Juden aus seinem Reich. Als er und das Volk hinterher merkten, dass ohne Juden ihre Wirtschaft dahinwelkte, kam das Lied auf: „Wären die Juden doch im Lande geblieben, hätten die Christen eine Stütze an ihnen." Daraufhin holte er die Juden in sein Reich zurück. Doch die Freiheit währte nicht lange, denn als die Pest ausbrach, wurden die Juden für den „Schwarzen Tod" haftbar gemacht und umgebracht. Dabei hatten sie nur Knoblauch gegessen, was sie gegen die Pest schützten sollte. Der Rest der Überlebenden wurde von der Kirche gemäß der Lehre des Thomas von Aquin (1225-1274) nur geduldet, da die Juden als ewiges Zeugnis für die Wahrheit des Christentums erhalten werden sollen, was die damalige Christenheit darin auslegte, das Gut der Juden an sich zu nehmen und ihnen nur das für ihren Lebensunterhalt Nötige zu belassen, sind doch die Juden – laut dem heiliggesprochenen Thomas von Aquin – zu ewiger Knechtschaft verurteilt.

Wie die Ironie es wollte, warteten in dem *Conciergerie*-Gebäude, das zum Ausgangspunkt der Judenverfolgung wurde, zur Zeit der Revolution mehr als 4000 Franzosen auf ihre Hinrichtung durch die Guillotine. Marie-Antoinette wartete hier ebenso auf ihre Enthauptung wie Charlotte Corday, die den Revolutionsführer Marat im Bad erstochen hatte. Zum Schluss saßen in diesem Gefängnis auch die Initiatoren des Terrors, Robespierre und Danton, denn auch sie verloren unter der Guillotine ihren Kopf nach dem Motto: „Der Terror frisst am Ende seine eigenen Leute!" Heute kleben an der *Conciergerie*-Mauer Poster, die Arafat in arabischer und französischer Sprache als Befreiungshelden preisen.

Point Zéro

Direkt vor der *Notre Dame* Kathedrale befindet sich in den Boden eingelassen ein achtzackiger Messingstern mit der Aufschrift *Point Zéro*. Von hier aus werden alle Entfernungen gemessen, galt doch Paris als „Mittelpunkt der Welt", denn König Ludwig XIV. proklamierte: „In meinem Reich geht die Sonne nicht unter!" Dasselbe behauptete auch die englische Königin Victoria im 19. Jh. und Österreichs Kaiser Franz Josef, der sich „König von Jerusalem" betitelte. Sie alle wetteiferten mit der von Gott erwählten Stadt Jerusalem, dem ewigen Zentrum und Brennpunkt der Welt, die zum Ärger der Vereinten Nationen nun wieder die Hauptstadt Israels ist.

Nicht weit vom Platz der „Pariser Disputation" befindet sich in der *rue du Temple 71* das jüdische Museum *Musée d'Art et'Histoire du Judaisme*, das in dem Palast des Claude d'Avaux untergebracht ist, der unter den Kardinälen Richelieu und Mazarin maßgeblich am Zustandekommen des „Westfälischen Friedens" 1648 beteiligt war. Es zeigt Judaika-Gegenstände, Dokumente und Gemälde der Juden Frankreichs. Wer in diesem Museumsshop jedoch etwas in hebräischer Sprache sucht, wird enttäuscht, denn nicht eine einzige Schrift gibt es dort in hebräischer Sprache. Auf meine Frage, warum es hier nichts in Iwrith gibt, antwortete mir die Madam: „Wozu? Die Israelis lesen sowieso nicht!" Dabei steht der Israeli mit seiner Lesefreudigkeit an vorderster Stelle in der Welt. Die französischen Juden haben mit Israel noch nicht viel im Sinn, denn sie sind zuerst Franzosen, danach sind sie Juden und ganz zum Schluss – wenn überhaupt – auch Zionisten. Sie wollen nicht wahrhaben, dass das Judesein zuerst eine Nationalität ist und danach erst eine Religion, denn als Erstes schuf Gott die jüdische Nation und schloss erst als Folge dessen mit ihnen einen Bund, indem er sie verpflichtete, seine Gesetze zu beachten. Damit erhielt das jüdische Volk als Nation seine eigenständige Religion. Da Gott das jüdische Volk auserwählte (*Am segula*) und in gleicher Weise auch das Land Israel auserwählte, gehören Volk und Land zusammen, so dass die Juden nur in ihrer von Gott bestimmten Heimat zur vollen Entfaltung kommen können. Doch nichts für ungut. Dafür gibt es in Paris, unweit der Metro-Station *Wagram* einen *Place du Israel*.

Israelplatz

An der Ostspitze der *Ile de la Cité* befindet sich das *Mémorial des Martyrs de la Déportation*, das an die 200.000 Männer, Frauen und Kinder erinnert, die während des Vichy-Regimes von deutschen Nazis und ihren französischen Kollaborateuren von dieser Stätte aus in die Vernichtungslager deportiert wurden. Allein in der Nacht des 16. Juli 1942 holten Franzosen auf Befehl der deutschen Gestapo 13.000 Juden aus den Betten, trennten die Kinder von ihren Eltern, um sie in verschiedene KZs zu bringen.

Während des *Vichy*-Regimes, deren judenfeindliche Gesetzgebung in mancher Hinsicht schlimmer war als die der Nazis, waren die Juden die ersten, die man den Wölfen vorwarf und so kamen 80.000 Juden um, viele davon nicht erst in Auschwitz, sondern bereits in Frankreich.

Gitterausgang zur Deportation

Gang der 200.000 Lichter mit Urne

Das Mahnmal ist erdrückend schlicht, es lässt den Besucher, der eine enge steile Treppe hinuntersteigen muss, etwas von der Angst und Ausweglosigkeit erahnen, die die Menschen hier verspürten, ehe sie in Todeslager wie Auschwitz gebracht wurden. Der schroff vergitterte Ausgang ist direkt am Bug der Insel. Von hier aus wurden Juden, Zigeuner und andere, die in den Augen der Nazis nicht lebenswert waren, *Seine* abwärts, angesichts der *Notre Dame* Kathedrale zum *Vélodrome d'Hiver* Sportstadion gebracht, das gegenüber dem Ausgang der Metro-Station *Bir-Hakeim* lag, um von dort aus über das Durchgangslager Drancy in die endgültigen Todeslager getrieben zu werden. In der nüchternen Krypta ruht in einer Urne die Asche eines unbekannten Opfers aus dem KZ Struthof. Der Katakombengang mit den 200.000 Lichtern und die Namen der Konzentrationslager ist mit dem Satz überschrieben: „Pardonne mais n'oublie Pas – Vergib, aber vergiss nicht!"

„Vergib, aber vergiss nicht!"

Wer meint, nach all den Judenverfolgungen in Frankreich müsste Frankreich nun „judenrein" sein, der irrt. Heute leben in Frankreich etwa 600.000 Juden, was einen Bevölkerungsanteil von 1 % ausmacht. Vor der Naziinvasion 1939 waren es nur 300.000. Allein unter den rund 3 Millionen Parisern leben derzeit 380.000 Juden, was ein Bevölkerungsanteil von 12 % ausmacht. Da braucht man nur den Stadtteil *Marais* zu besuchen. Er ist einer der pulsierendsten Stadtteile von Paris. Im 17. Jh. war es das Wohngebiet der Reichen, die, nachdem der Königshof vom *Louvre* nach *Versailles* umgezogen war, die königlichen Villen übernehmen konnten. Ihr Glück währte nicht lange, denn im Zuge der Revolution waren sie dem Volkszorn preisgegeben. Erst die Regierung unter Charles De Gaulle stellte 1962 große Teile der Gebäude unter Denkmalschutz, wodurch *Marais* zu neuem Leben erwachte. Wer das „Pariser Jerusalem" sucht, fährt mit der Metro bis zur Station *St. Paul,* folgt den orthodoxen Juden und dem Geruch von Pastrami und Borschtsch und schon ist man im Herzen des jüdischen Paris – und das befindet sich zwischen der *rue de Rivoli* und der *rue des Rosiers* sowie der *rue des Tournelles* und der *rue Vielle du Temple*. Dieses Viertel heißt auch *Pletzle*, der jiddische Name für „kleiner Platz".

Besonders in der *rue des Rosiers* erlebt man den jüdischen Kleinstadtflair. Hier findet man Geschäfte mit Namen Goldenberg, Finkelstain und Ben Simon. Die Restaurants sind gemäß dem Pariser *Bet-Din* koscher, da gibt es tunesischen *Kuskuss* und polnischen *Tscholent*, aber auch koschere *Indiana-Tex-Mex-Cafés* und *Tutti Frutti Sandwiches*.

Im Judenviertel Marais

In Marais

Als wir im *Café des Psaumes* einkehren, das im überglasten Innenhof von einem riesigen filigranen Kronleuchter beherrscht wird, sitzen neben uns junge Juden und lachen, weil einer schwärmt, dass sein Rabbi so fromm ist und jeden Tag fastet. Als der Rabbi jedoch gesehen wurde, wie er in diesem Restaurant gegessen hatte, antwortet er, dass sein Rabbi nur aus Demut isst, damit die Leute nicht sehen, dass er so fromm ist und fastet. Als ein Bettler kommt, gibt einer der jungen Juden ihm einen Euro. Seine Freunde schütteln den Kopf und meinen: „Was gibst Du solch einem Menschen Geld?“ Darauf antwortet der Spender: „Nu – soll ich wählerischer sein als Gott? Seht Ihr nicht, dass Gott auch mir Geld gibt?“ Einer von den jungen Juden meint, dass Frankreich den Flugverkehr der Überschallmaschine *Concorde* nicht hätte einstellen müssen, wenn man die gefährdeten Stellen an den Tragflächen hätte perforieren lassen. Alle lachen laut los. Daraufhin sagt der Besserwisser: „Habt Ihr je schon erlebt, dass die Briefmarke dort reißt, wo sie perforiert ist?“

Besonders am Freitag ist hier viel Betrieb. In den Bäckereien liegen Berge von geflochtenen Schabbatbroten und überall sieht man Läden mit Gebetsmänteln, Leuchtern und heiligen Büchern. An den Häuserwänden findet man Poster mit dem Aufruf des Lubavitcher Rebben Menachem Schneerson s.A.: „Macht euch bereit, der Messias kommt bald!“ Dazu werden Traktate verteilt, die mit dem Bibelwort aus 5. Mose 32,1 „Merkt auf, ihr Himmel, ich will reden, und die Erde höre die Rede meines Mundes“ für das französische *Thora.tv* werben.

Orthodoxe Juden in schwarzen Anzügen mit Bart und Schläfenlocken fahren mit Motorrädern durch die schmalen Gassen und sprechen Französisch, denn Hebräisch ist für sie heilig. Sie benutzen Hebräisch nur zum Gebet. Doch ob sie immer wissen, was sie beten, ist fraglich, denn wenn ich Juden auf Hebräisch anspreche, können sie mir nur selten antworten. Es ist wie in der katholischen Kirche mit dem Gebetslatein, mit dem auch niemand Brötchen kaufen kann. Frankreichs Juden sind eine eigenartige Mischung, die zur gemäßigten Orthodoxie neigen und eher zu den Rechtsgerichteten gehören als zu den Linken. Ich stellte mir in *Marais* vor, wie es für sie, aber auch für uns Israelis sein wird, wenn sie nach Israel kommen werden und die schwarzgelockten *Rogers* Israel bevölkern. Schon jetzt kaufen französische Juden in Israel Immobilien, denn der wachsende Antisemitismus, ausgehend von den immer militanter werdenden Moslems, hängt bereits wie ein Damoklesschwert über Frankreichs Juden. Gerade hat sich Israel an die Mentalität der russischen Juden und ihre hohe Kultur gewöhnt, nun wird es sich bald an die Lebensart der versnobten französischen Juden gewöhnen müssen. Mitte Juni 2004 wurde bekannt, dass 30.000 Juden aus Frankreich nach Israel einwandern wollen und der französische Nazijäger Serge Klarsfeld rief alle Juden auf, Frankreich zu verlassen, da der Antisemitismus stark an die Zeit vor dem Holocaust erinnere – er selber aber will in Frankreich bleiben, weil er „nicht hebräisch, sondern Latein und Griechisch studiert habe“. Wegen solcher Ausreden haben während der Nazizeit unzählige Juden ihre Rettung verpasst.

Man sollte jedoch *Marais* nicht verlassen, ohne seine jüdischen Bauten zu besuchen. In der *rue Pavée Nr. 10* befindet sich die orthodox-aschkenasische Synagoge. Sie ist die größte Synagoge am Pletzl und wurde 1914 von Hector Guimard, dem berühmten Jugendstil-Architekten gebaut, der auch Paris´ wunderschöne Jugendstil-Metro-Stationen gestaltete. Weil Guimards Frau Jüdin war, verließ er mit ihr vor der Invasion der Nazis Frankreich und zog in die USA. 1940, genau am hochheiligen jüdischen Versöhnungstag, dem *Jom Kippur*, sprengten die Nazis dieses herrliche Jugendstil-Gotteshaus in die Luft. Sie wurde inzwischen wieder aufgebaut und ist heute das Zentrum der *Agudath HaKehilot*.

Synagoge in der rue de Pavée

In der *rue de Geoffroy l'Asnier* befindet sich das Mahnmal an den unbekannten jüdischen Märtyrer *Mémorial du Martyr Juif Inconnu*. Die Ewige Flamme in der Krypta des 1956 errichteten Denkmals bekommt dadurch, dass es mitten im Judenviertel liegt, eine zusätzliche emotionale Ausstrahlung. An der großen Rundung sind die Namen der Konzentrationslager eingraviert. Und in der *rue de Hospitalieres-St.-Gervais Nr. 10* erinnert die Inschrift *„N'Oubliez pas!* - Vergesst nicht!“ an die Überraschungsaktion, als Nazis 165 jüdische Schüler direkt aus der Schule abholten und nach Auschwitz brachten, wo sie alle umkamen.

An dem wunderschön symmetrischen Vogesenplatz *Place des Vosges* mit dem Reiterstandbild *Ludwig XIII.*, auf dem im 17. Jh. klassische Turniere stattfanden, findet man unter Nummer 14 die aschkenasische Synagoge *Temple des Vosges,* deren Fassade völlig den anderen Bauten gleichgestaltet ist. Nur ein kleiner Turm mit einer Uhr zeigt an, dass es sich hier um einen Sakralbau handelt und nicht um eines der 36 Handelshäuser, deren Arkadengalerien heute vorwiegend zeitgenössische Kunst anbieten. In der gleichen Strasse vergnügte sich der legendäre Gegenspieler der Musketiere Kardinal Richelieu mit seinen Mätressen und wohnte auch Frankreichs berühmtester Schriftsteller Victor Hugo, der hier sein Meisterstück *Les Misérables* schrieb.

Synagoge am Place des Vosges

Auf der Rückseite der Vogesen-Synagoge, in der *rue des Tournelles 21* findet man die sefardische Synagoge, die im Jahre 1876 eingeweiht wurde. Der Erbauer des Eiffelturms, Gustave Eiffel, schuf für diese Synagoge die eiserne Statik und ihre Inneneinrichtung, die trotz ihrer filigranen Art für die Stabilität der Synagoge sorgt. Um die eisernen Säulen winden sich in hebräischen Lettern Bibelworte. Diese Synagoge war Gustave Eiffels „Gesellenstück", denn auf Grund dieser gelungenen Eisenkonstruktion erhielt er den Auftrag für den Eiffelturm, der seit der Weltausstellung 1889 das Wahrzeichen von Paris ist und bis zum Jahr 1931 mit seinen 324 Metern das höchste Bauwerk der Welt war. Wer Gustave Eiffels *Tour Eiffel* bestaunt, sollte auch diese Synagoge besuchen, denn sie ist ein wahres Schmuckstück.

Eine weitere berühmte Synagoge findet man in der *rue Notre-Dame-de-Nazareth 15*, die 1864 erbaut wurde und deren Inneres einer Basilika gleicht. Nicht übersehen darf man die Synagoge in der *rue Cadet 9*. Dort treffen sich die geistigen Erben des Frankfurter Rabbiners Samson Raphael Hirsch. Sie ist die Hochburg der jüdischen Orthodoxie in Frankreich. Es würde zu weit führen alle Synagogen von Paris zu beschreiben. Bereits der jüdische Marco Polo *Benjamin von Tudela* (Spanien), der im 12. Jh. die Welt bereiste, nannte Paris „ha-Ir ha-Gedola - die große Stadt", in der sich Juden aus aller Welt trafen.

Uhr in der Cadet-Synagoge

Einer der beliebtesten Touristentreffpunkte von Paris ist der Boulevard *St. Michel* mit seinem St. Michaels-Brunnen. Doch die Wenigsten wissen, dass das Gelände zwischen dem *Boulevard St. Michel* und der *rue Monsieur le Prince* ein jüdischer Friedhof war und dass dort die älteste, im 6. Jh. urkundlich erwähnte Synagoge stand. Genau dort steht heute die griechisch-katholische *St.-Julien-le-Pauvre* Kirche, die als eine der ältesten Kirchen von Paris gepriesen wird. Dass sie früher eine Synagoge war, verschweigt man, das steht auch nicht in der Kirchenbeschreibung, die man vor Ort bekommt. Ein Teil der alten Synagogenmauer ist dabei noch links vom Eingang zu sehen.

Reste der ältesten Synagoge, heute Kirche

Die meisten Paris-Touristen besuchen *Montmartre* und denken dabei an die weiße Basilika *Sacré-Coer* mit dem gewaltigen Christus-Mosaik. Andere zieht es ins Vergnügungsviertel mit Toulouse-Lautrecs berühmten Nachtlokal *Moulin Rouge*. Doch auf *Montmarte*, dem „Märtyrerberg", befand sich vor 150 Jahren ein Judenviertel, das vorwiegend von Juden aus Osteuropa bewohnt war. Über ein Dutzend Synagogen prägten damals und zum Teil auch heute noch das Straßenbild. Eine typische Synagoge findet man in der *rue Buffalt Nr. 28*. Sie wurde 1877 erbaut. Doch die prächtigste Synagoge befindet sich in der *rue de la Victorie Nr. 44*. Ihr Baumeister war kein Geringerer als Aldrophe der Chefarchitekt der Stadt Paris. Sie heißt im Volksmund auch „Rothschild-Synagoge" und wurde im romanisch-byzantinischen Stil erbaut. Ihre herrlichen Fensterrosen tragen in dem nach Jerusalem gerichteten Nartext Davidsterne. Als Hauptsynagoge ist sie der Sitz der Oberrabbiner von Frankreich.

Innenansicht der Synagoge in der rue de la Victorie

Bevor wir das jüdische Leben von Paris verlassen, besuchen wir noch einige Friedhöfe. Dabei muss erwähnt werden, dass in Paris – anders als in Israel – Juden und Christen auf ein und dem selben Friedhof bestattet werden können. Jedes Mal, wenn ich einen Friedhof betrete, ist mir, als würden die dort Begrabenen mir zurufen: „Einst waren wir wie ihr, einst werdet ihr sein wie wir!" Dann kommt mir immer der Vers aus Hebräer 9,27 in den Sinn: „Es ist gesetzt dem Menschen, einmal zu sterben, darnach das Gericht." Wohl den Verstorbenen, die auf ihre himmlische Seligkeit warten und nicht auf das ewige Verderben. Den Friedhof von Montmarte erreicht man am leichtesten mit der Metro bis zur Station *Blanche*, geht an der „Roten Mühle" vorbei und findet ihn dann rechter Hand. Er ist dicht an dicht mit Grabmählern bebaut, die oft kleinen Kapellen gleichen. Gleich am Eingang befindet sich auf erhöhtem Niveau das Grabmahl von Emile Zola (1840-1902), der hier seine Ruhestätte, aber wegen seines heldenhaftes Kampfes um Gerechtigkeit im Panthéon ein Ehrenmal erhielt. Das Grabmal ist aus Rosengranit und seine Büste aus Bronze.

Nicht weit von ihm entfernt ragt eine schlanke weiße Marmorstele mit der Büste von Heinrich Heine (1797-1856) aus dem sonst so grauen Gräberfeld. Links vor ihm befindet sich das Grab eines Juden mit goldenem Davidstern und rechts eine Grabstätte mit einem großen Kreuz. Und genau dazwischen ruht der zum Christentum konvertierte, in Düsseldorf geborene Jude Heinrich Heine, der am Ende seines Lebens wieder zum Judentum zurückkehrte. Auf der weißen Grabplatte stehen Heines Dichtersätze: „Wo

Heines Grabmal

Grab von Alfred Dreyfus

wird einst des Wandermüden letzte Ruhestätte sein? Unter Palmen in dem Süden? Unter Linden an dem Rhein?“ und „Immerhin! Mich wird umgeben Gottes Himmel, dort wie hier, und als Totenlampen schweben nachts die Sterne über mir.“

Auf dem Montmartre-*Cimetiére*, wie Friedhof auf französisch heißt, ruhen u.a. die Komponisten Hector Berlioz und Jacques Offenbach sowie der Tänzer Vaslaw Nijinsky. Wer in die einzelnen Grabkapellen hineinschaut, sieht bleiverglaste Fenster als Davidsterne mit der hebräischen Inschrift „Schalom“ und darunter auf dem Altar französische Orden des Toten – und daneben ein Kruzifix.

Auf dem Friedhof von *Montparnasse* liegt im Distrikt 28 das schlichte Grab von Lieutnant Colonel und Offizier der Ehrenlegion Alfred Dreyfus (9.10.1859-12.7.1935), das man nicht verfehlen kann, weil auf seiner Grabplatte gemäß jüdischer Sitte sehr viele von Besuchern hingelegte Steinchen liegen.

Auf dem Friedhof *Cimtiére du Pére-Lachaise* an dem *Boulevard de Ménilmontant* liegt Frankreichs erster Oberrabbiner David Sintzheim (1745-1812) und die französisch-jüdische Schauspielerin Rachel Felix (1821-1858), die durch ihre Darstellungskunst klassischer Tragödien nicht nur das Volk, sondern auch Kaiser und Zaren begeisterte. Hier ruht auch die Schauspielerin Sarah Bernhardt (1844-1923), die als erste Jüdin Mitglied der *Comédie francaise* wurde und in den USA als erste Europäerin eine Konzerttournee durchführte.

Doch der eigentliche Friehof von Paris liegt 50 Meter bzw. 140 Stufen unter der Erde. In den *Catacombes* unweit des *Denfert-Rochereau* Platzes befinden sich, fein säuberlich in Mustern aufgeschichtet, die Gebeine von 6 Millionen Toten. Ab 1786 wurden 15 Monate lang des Nachts die auf anderen Friedhöfen ausgegrabenen Gebeine mit Karren in diese unterirdische Steingrube transportiert. Als ich mit meiner Frau durch dieses 1,7 km lange unterirdische Totenlabyrinth ging, sagte ich, dass Gott jeden Einzelnen mit Namen kennt. Worauf sie mich an unseren Enkel Tal erinnerte, der als Fünfjähriger einmal sagte, dass das für Gott doch gar kein Problem sei, denn Gott hat ja die Namen aller Menschen und alles, was sie gemacht haben auf seiner (Computer)-Festplatte. Als wir an den Toten vorbeigingen, las ich auf einer Marmorplatte: „HErr gehe mit deinem Knecht nicht ins Gericht, denn vor dir ist kein Lebendiger gerecht!“ (Psalm 143,2)

Katakombe

Beim Stadtbummel entdecke ich das kleine, aber feine Museum *Musée Nissim de Camondo* in der *rue de Monceau 63*. Der jüdische Graf Moise de Camondo schenkte 1935 seinen Palast aus dem 18. Jh. und seine Kunstsammlung in Erinnerung an seinen einzigen Sohn Nissim, der 1917 als 25-Jähriger im Ersten Weltkrieg für Frankreich gefallen war, der Stadt Paris. Dieses klassizistische Schloss war der Privatsitz des jüdischen Grafen. Gleich am Eingang hängt das Foto des für Frankreich gefallenen Nissim, der einer von 6.500 jüdischen Soldaten war, die im Ersten Weltkrieg ihr Leben für Frankreich ließen. Die damaligen Rabbiner waren zuerst Franzosen und danach erst Juden, denn sie verfügten gemäß dem *Organisationskodex der Konsistorien*, dass „die militärische Dienstpflicht eine erhabene Aufgabe sei und dass die Soldaten mosaischen Glaubens während der Zeit, in der sie sich dem Militärdienst widmen, von der Einhaltung religiöser Thora-Vorschriften befreit seien, die nicht mit der Dienstpflicht zu vereinen sind.“ Wenn man davon weiß, schaut man sich das Foto des für Frankreich gefallenen Nissim und seine jüdischen Kameraden mit anderen Augen an. Sehenswert in diesem Hause ist auch das 120-teilige Gedeck, das die königliche Sévres-Porzellanmanufakturei eigens für den Grafen herstellte und auf dessen Wunsch jedes einzelne Stück mit einer anderen Vogelart bemalen ließ.

Nissim, gefallen für Frankreich

Mode in Paris

In Frankreich bekleideten Juden zeitweise angesehene Positionen. So wurde die erste französische Eisenbahnstrecke, die von Paris nach St. Germain führte, 1835 von den jüdischen Brüdern Péreire gelegt. In der französischen Autoindustrie trat der Jude André Citroen hervor. In der für Frankreich wichtigen Parfümindustrie waren die Juden Pinaut, Houbigant und Violet führend. Und wer kennt nicht das Pariser Nobelkaufhaus *Galeries Lafayette*, das von Théophile Bader und Alfonse Khan 1895 auf dem Boulevard Haussmann 40 gegründet wurde? Seine riesige Glaskuppel mit den herrlich verzierten Verkaufsbalkons ziehen Neugierige und Käufer mit viel Geld an. Übrigens: Auch die Berliner Kaufhäuser KaDeWe und Wertheim gehörten den Juden Tietz und Wertheim ehe sie von den Nazis enteignet wurden. Die Hälfte aller berufstätigen Juden in Paris waren jedoch Schneider und Hutmacher, wodurch ein extrem harter Konkurrenzkampf ausgelöst wurde, der wiederum dazu führte, dass Paris zur Modestadt wurde.

Um nur einige jüdische Poeten, Schriftsteller, Musiker und Maler der jüngeren Zeit zu nennen, die in Paris lebten, seien hier Eugéne Manuel (1823-1901); Louis Ratsbonne (1827-1900); Alexandre Weill (1811-1899); André Spire (1868-1966); Edmond Fleg (1874-1963); Georges Perec (1936-1982); Benjamin Fondane (1898-1944); Joseph Roth (1896-1939); Siegfried Kracauer (1889-1966) und Marc Chagall (1887-1985) erwähnt.

Die Franzosen haben eine Passion für gute Küche, Essen gehört zu ihren größten Vergnügen. Daher ist Paris bzw. Frankreich ein Paradies für Gourmet-Freunde. Jedes Menü ist eine Komposition. Für das Essen nimmt man sich viel Zeit. Frankreichs Sonnenkönig Ludwig XIV. erbaute nicht nur Europas größtes Prunkschloss *Versailles*, sondern war auch der Urheber der französischen *Cuisine*. Wenn der Sonnenkönig dinierte, ließ er 15 Vorspeisen, 12 Hauptgerichte und 15 Nachspeisen auftischen. Das heißt nicht, dass er alles aß; nein, er probierte nur von allem etwas. Der Rest wurde am Tor seines Palastes als *Restes du Roy* (Reste des Königs) bzw. als *Restes au Roy* (Reste *vom* König) an das Volk verkauft. Daraus formte sich im Laufe der Zeit der Begriff *Rest-au-rant*. Wer heute in Paris in einem der unzähligen Restaurants die „Reste des Königs“ ißt, wird dabei arm, denn die Preise sind oft höher als der Eiffelturm.

Dementsprechend ist auch die Küche der französischen Juden auffallend delikat, denn Frankreichs Juden fanden einen raffinierten Kompromiss zwischen lukullischem Gaumenkitzel und der Einhaltung religiöser Vorschriften – und was nicht koscher ist, wird *koscher* gemacht, Hauptsache es erfreut Herz und Gaumen. In den Restaurants sind die Tische sehr klein und dicht an dicht gestellt, so dass man seinen Nachbarn mit Ellbogen und Knien berührt. Erstens, damit viel Gäste untergebracht werden können, denn jeder Tisch bringt Geld und zweitens, damit das Servierte proportional zum Minitisch recht groß erscheint. Im wahrsten Sinne des Wortes wird in Paris geschlemmt. Das erinnerte mich an den jüdischen Arzt, Philosophen und Bibelexegeten Maimonides (1135-1204), der als Leibarzt des ägyptischen Sultans angesichts der aufgetischten Speisen einmal sagte: „Von einem Drittel dieser Speisen lebt der Mensch, von den zwei übrigen Dritteln leben die Ärzte!" Die medizinische Fakultät der Pariser Universität hat an ihrem Gebäude Maimonides durch ein Relief geehrt. An dieser Straßenecke treffen sich auch die *rue Jacob* und die *rue des Saints Peres*. Bis dahin wusste ich nicht, dass Israels Arbeiterparteichef Schimon Peres ein „*Saints*-Heiliger" ist.

Als ich in einem Straßencafé meinen doppelten Expresso trinke, sitzt neben mir ein junger Mann. Er fragt mich, ob ich aus den USA käme, worauf ich ihm antworte, dass ich aus Israel komme. Sofort sagt er mir einige hebräische Sätze und erzählt, dass er Politikwissenschaft studiert und daher etwas Hebräisch gelernt habe. Bald jedoch *outet* er sich als Jude, denn er schwärmt von dem jüdischen Schabbatessen seiner Mutter. Er macht sich Sorgen über den wachsenden Antisemitismus in Frankreich, der nicht mehr der klassische Antisemitismus ist, sondern eine von Arabern ausgehende Mischung von Antisemitismus und Antizionismus. Die französische Regierung hat dies zu spät erkannt und fängt erst jetzt an, etwas dagegen zu unternehmen, doch sie kommt nicht mehr gegen die Moslems an. Die französische Regierung weiß noch nicht einmal, wie viele Moslems in Frankreich leben, ob 600.000 oder 6 Millionen, denn es gab seit 30 Jahren keine Zählung mehr. Die Synagogen werden rundum von Polizei bewacht. Das jüdische Viertel in *Marais* wird von Polizisten in Zivil kontrolliert. Frankreichs Oberrabbiner David Messas und Joseph Sitrak empfahlen den Juden, auf der Straße keine jüdische Kippa-Kopfbedeckung mehr zu tragen, weil dies zu gefährlich sei. Uralte, längst widerlegte Anschuldigungen, wie z.B. die *„Blutlüge von Damaskus"*; Beschuldigung der Brunnenvergiftung und die *„Protokolle der Weisen von Zion"* werden frisch aufgetischt und vom Volk geglaubt. Und auch die Medien schüren bewusst oder unbewusst den Antisemitismus. Als bei einem Bombenanschlag in Paris vier Passanten umkamen, unter denen auch ein Jude war, berichteten die Zeitungen: „Unter den vier Opfern waren drei unschuldige französische Bürger", so als wäre der umgekommene Jude nicht unschuldig. In Herrlisheim wurden im April 2004 127 jüdische Gräber zerstört, auf die Synagoge von Villers-le-Bel sollte ein Bombenanschlag verübt werden und das Denkmal für jüdische Kämpfer, die für Frankreich gefallen sind, wurde mit der Parole „Juden raus!“ beschmiert. Der Politologe Jean-Yves Camus stellte fest, dass das „Niveau des Antisemitismus in Frankreich so hoch sei wie nie seit 1944 und ein Besorgnis erregendes Ausmaß erreicht habe.“ Mein Gesprächspartner ist sichtlich froh, dass er jemandem aus Jerusalem seine Sorgen mitteilen kann. Zum Abschied gibt er mir auf beide Wangen einen Kuss. Dabei wünsche ich ihm, Mut zu fassen und in das Land seiner Väter heimzukehren.

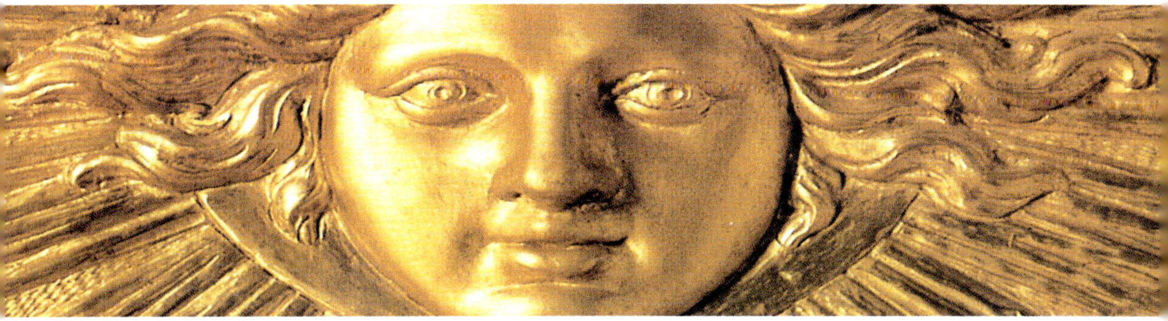

Wer Paris besucht, besucht auch *Versailles*, das vom Sonnenkönig Ludwig XIV. von 1661 bis 1682 erbaute Prunkschloss, das am Rande von Paris liegt. König Ludwig XIV. (1643-1715) war den Juden gut gesonnen und nahm sie unter seinen persönlichen Schutz. Dafür aber verlangte er von ihnen eine hohe Schutzgebühr. Er forderte von den Juden bis zu 70 % ihrer Zinseinnahmen, wodurch die Juden ihrerseits die Zinssätze erhöhen mussten, was ihnen den üblen Ruf einbrachte, Wucherer zu sein. In seinen über 50 Regierungsjahren führte er 17 Kriege und baute u.a. das Prunkschloss *Versailles*, das 2000 Zimmer hat, von denen er die meisten an Adlige vermietete, so dass er 3000 Mieter hatte, um auf diese Weise an Geld zu kommen. Für die in der Nähe des Königs wohnenden Adligen war es ein Privileg, das sie wiederum für lukrative Geschäftsbeziehungen einsetzten, denn wer wohnte schon mit dem Sonnenkönig unter einem Dach. Wie bereits beschrieben, verkaufte Ludwig XIV. sogar die Speisereste seiner Tafel. Und um seine Söldner auszahlen zu können, damit seine Kriege zum Sieg führten, ließ er sogar seinen Thron einschmelzen, um die 120 Kilo Gold „versilbern“ zu können. Weil er bereit war, sogar das Symbol seiner Herrschaft zu opfern, gewann er die Kriege und konnte zu recht sagen: „In meinem Reich geht die Sonne nicht unter!“ Doch etwa ein Drittel der Kriegskosten – so wird geschätzt – trieb er von den Juden ein, die dafür in Frankreich eine bis dahin nicht gekannte Freiheit genaßen. So waren zu allen Zeiten die Juden die „Sparschweine“ von Kaiser und Könige, von Päpsten und Bischöfen.

Zur Zeit der Revolution von 1789 gab es in Paris nur einige Hundert Juden, denn die zahlenmäßig größte Gruppe in Frankreich bildeten die jiddischsprachigen Aschkenasim in Elsaß-Lothringen mit ihren starken Beziehungen zu Deutschland. Im Süden hatten die Juden des Comtat Venaissin um Avignon in Ghettos unter päpstlicher Herrschaft mit einer südeuropäisch-mittelalterlichen Kulturtradition überlebt. Mit der Revolution erhielten sie alle die gleichen staatsbürgerlichen Rechte und Pflichten. Als Ergebnis der Französischen Revolution wurde in der Nationalversammlung 1790 ein Emanzipationsdekret verabschiedet. Damit erfolgte am 27. 9. 1791 die bürgerliche Gleichstellung von etwa 40.000 französischen Juden. Doch 1796 erklärte die

Nationalversammlung der Batavischen Regierung: „Die Juden seien aus dem Lande Kanaan verbannt worden und leben in der Hoffnung, in das Land ihrer Väter heimzukehren. Deshalb sind sie Fremde und unwürdig, Bewohner einer Republik zu sein, da sie mit ihrem ganzen Herzen die Ankunft des Messias ersehnen, der ein mächtiger König sein wird.“ So förderte die Emanzipation nicht eine Religionsfreiheit, sondern eine Freiheitsreligion, so dass es damals in der *Univers Israélite* hieß: „Verlassen ist der Tempel (Synagoge), verlassen der Glaube, der an die hebräische Sprache und die alten Symbole gebunden ist. Vergebens würde man ihn in den französisch sprechenden Familien suchen, die sich für den Sonntag, nicht für den Schabbat schmücken. Was man unter Freiheit der Bekenntnisse versteht, ist die Freiheit, an nichts zu glauben, die Kinder ohne Religion aufzuziehen, das Recht, überhaupt kein hebräisches Buch, auch kein französisches Buch über jüdische Geschichte und den jüdischen Glauben zu besitzen.“

Natürlich waren mit solchen Freiheitsverführungen auch Erleichterungen verbunden. So schaffte 1846 der Kassationshof nach mehreren Prozessen den Judeneid *more judaico* ab. Bis dahin wurde einem Juden, wenn er gegenüber einem Nichtjuden einen Eid leistete, ein Dornenkranz um den Leib gebunden. Damit musste er ins Wasser steigen und dreimal auf sein männliches Glied spucken und folgenden Spruch sagen: „Bei dem *Bereschit bara* (Schöpfer), der Israel trockenen Fußes durchs Meer geführt hat, bei dem Gesetz, bei dem Anspucken des beschnittenen Gliedes und den Dornen, womit ich meine Hüfte umgürtet habe: Ich schwöre nicht falsch beim Namen des Herrn Zebaoth. Wenn ich aber falsch schwöre, so seien verflucht die Sprösslinge meines Leibes; ich soll tappen wie ein Blinder an der Mauer und wie ein Augenloser hinfallen. Zugleich soll die Erde ihren Mund auftun und mich verschlingen wie Datan und Abiram.“

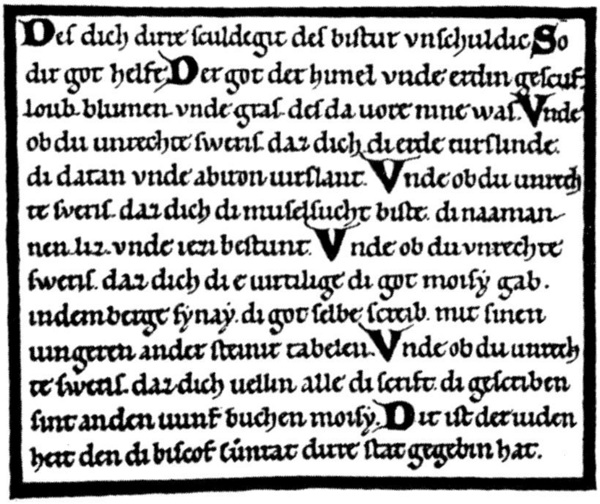
Des dich dirre ſculdegit des biſtur vnſchuldic. So
dir got helfe. Der got der himel vnde erdin geſcuf.
loub. blumen. vnde gras. des da vore nine was. Vnde
ob du vnrechte ſweris. daz dich di erde uirſlinde.
di datan vnde abiron uirſlant. Vnde ob du vnrech
te ſweris. daz dich di muſelſucht biſte. di naaman
nen liz. vnde iezi beſtunt. Vnde ob du vnrechte
ſweris. daz dich di e uirtilige di got moiſy gab.
in deme berge ſynay. di got ſelbe ſcreib. mit ſinen
uingeren ander ſteinir tabelen. Vnde ob du vnrech
te ſweris. daz dich vellin alle di ſcrifte. di geſcriben
ſint an den uunf buchen moiſy. Diz iſt der iuden
heit den di biſcof cunrat dirre ſtat gegebin hat.

Judeneid

Jedes Mal wenn ich in Paris bin, besuche ich im *Dom des Invalides* das Grabmal von *Napoleon Bonaparte*. Wenn ich vor seinem Sarkophag aus porphyrrotem Aventurinquarz stehe, denke ich immer daran, dass Napoleon I. einen jüdischen Nationalstaat in Eretz Israel ins Auge fasste, in der Hoffnung, dass dann der Messias als Herrscher von Jerusalem aus die gesamte Welt regieren und vereinen wird. Er war davon überzeugt, dass unter der Regie eines Judenstaates, der vom Messias universal regiert wird, die Menschheit ihre Reife und edelsten Ziele erreichen würde. Napoleon hatte erkannt, dass die Menschheit ohne Messias und ohne Judenstaat zu keinem Frieden kommen kann. Kaiser Napoleon war es auch, der den Juden in seinem Reich erstmals volle Freiheit zusicherte, ohne dass sie dafür Schutzgelder zahlen mussten. Napoleon berief 1807 den „Großen Sanhedrin“ (jüdischer Gerichtshof) ein, der Paris zum jüdischen Verwaltungsmittelpunkt seines Reiches machte. Napoleon setzte ein Konsistorium ein, an dessen Spitze ein *Grand Rabbin* und drei weltliche Vertreter standen. Der erste Großrabbiner war David Sintzheim. Damals lebten in Paris etwa 3000 Juden. Napoleon gefiel sich in der Rolle des großen jüdischen Reformators. Solange Napoleon judenfreundlich war, führte er Frankreich von Sieg zu Sieg.

Gedenkblatt auf das Dekret Napoleons

Dann aber, trotz der anfänglichen Weitsicht, verfügte Napoleon, dass die Juden sich völlig in Frankreich integrieren sollten, wie es auch im Schlussparagraphen des *décret infame* heißt: „Die Anordnungen in diesem Dekret sollen für eine Dauer von zehn Jahren gültig sein, in der Hoffnung, dass die Juden sich bis nach Ablauf dieser Frist von den übrigen Mitbürgern in Unserem Kaiserreich nicht mehr unterscheiden." Damit wurden alle religionsgesetzlichen Pflichten hinter die staatsbürgerlichen gestellt. Man wollte den Juden als Individuen alles gewähren, nur damit sie im Staat weder eine politische Körperschaft noch eine religiöse Gemeinschaft bilden. Diese für das Judentum „gefährlichen Freiheit", weil sie den Untergang des jüdischen Volkes durch Assimilation anstrebte, wurde, ehe die Frist von zehn Jahren erreicht war, durch den Sturz Napoleons ein jähes Ende gesetzt, denn durch die von Napoleon angestrebte Emanzipation der Juden war der Weiterbestand des jüdischen Volkes gefährdet, da das jüdische Volk als Gesamtheit aufhören sollte zu existieren. Keine andere Heimat sollte mehr für die Juden existieren als das Land, das sie als Bürger aufgenommen hatte. Damit widerrief Napoleon seine anfangs gemachte Idealvorstellung vom Messias. Nun sollte kein Messias mehr die Juden in das Land ihrer Väter zurückführen, denn „nun sind die Juden keine Nation mehr, da sie in das Gefüge der *Grande Nation* eingefügt worden sind. Das jüdische Volk sollte gänzlich aufgelöst und als Volk begraben werden, verfügte Napoleon. Von da an begann Napoleons Niederlage. Dass Napoleon sich irrte, beweist die Existenz des Judenstaates Israel.

Die Juden verloren nach Napoleons Sturz zwar ihre Rechte und mussten zurück ins Ghetto. Doch das Ghetto war nicht nur böswillige Absonderung der Juden durch

Antijüdische Hetze in Paris 1941

judenfeindliche Machthaber, sondern in Wahrheit ein Schutz vor der Assimilierung. Dabei darf man nicht vergessen, dass Frankreich in weniger als 100 Jahren vier Revolutionen durchmachte, worunter besonders die Juden zu leiden hatten. Napoleons Nachfolger waren gegenüber den Juden tolerant, was soweit ging, dass *Louis-Philippe*, der von 1830-1848 regierte, es ablehnte, mit der Schweiz zu verhandeln, solange die Schweiz nicht die Emanzipation der Juden einführte. Und unter *Napoleon III*. (1852-1870) erlebten die Juden eine äußerst glückliche Zeit, in der Achille Fould 1852 als erster Jude Senator wurde. Doch auch diese Freiheit währte nur kurz, denn keine 25 Jahre später brach mit der Dreyfus-Affäre erneut der Antisemitismus aus, was damit anfing, dass man jüdische Offiziere wie Freiwild ermordete. Vor dem I. Weltkrieg beruhigte sich die Lage der französischen Juden, so dass in der französischen Armee acht jüdische Generäle, 14 Obersten, 68 Majore und 150 andere Offiziere dienten. Und in der Depurtiertenkammer waren 20 jüdische Abgeordnete. Dann kam der II. Weltkrieg und in Frankreich erneut eine Judenverfolgung als Teil des Holocausts.

Der 6. Juni 1944, dem *D-Day* an Frankreichs Normandieküste, wurde zum Anfang vom Ende der deutschen Nazi-Herrschaft und damit auch zum Neuanfang der Juden in Frankreich.

Paris ist nicht nur eine riesige Collage aller Stilrichtungen, angefangen vom römischen Klassizismus, mittelalterlicher Gotik über Barock und der *Belle Epoque* bis hin zur Moderne des *Centre Pompidou*, sondern bewegte sich auch in einer seltenen Regelmäßigkeit zwischen Judenliebe und Judenhass. Die Juden Frankreichs erlebten in den 1960er Jahren nach der Aufgabe der französischen Kolonien einen enormen Zuzug sefardischer Juden aus Algerien, Tunesien und Marokko. Das während der deutschen Besatzungszeit gebildete „Repräsentativkomitee der Juden Frankreichs" (*Crif*) wurde wieder zum Leben erweckt, desgleichen das „Zentralkonsistorium" und ferner eine neue Wohlfahrtsorganisation, der „Vereinigte Jüdische Sozialfonds" gebildet. Von der Mitte der 1950er Jahre bis hin zum Sechstage-Krieg 1967 war Frankreich Israels wichtigster Waffenlieferant. Auch Israels Nukleartechnologie kam anfänglich aus Frankreich. Nachdem Präsident Charles de Gaulle den Algerienkrieg beendete hatte, suchte Frankreich jedoch wieder engere Kontakte zu den arabischen Staaten, daher kritisierte De Gaulle das israelische Vorgehen im Sechstage-Krieg und verhängte sogar ein Embargo gegenüber Israel. Die Tatsache, dass Frankreich bis in unsere Tage hinein zum wichtigsten westlichen Waffenlieferant vieler arabischer Staaten wurde, verschlechterte die Beziehungen zu Israel noch weiter.

Ungeachtet dessen bemüht sich Frankreich seit Präsident Francois Mitterand und Jacques Chirac um bessere Beziehungen zu Israel, was die französischen Juden in ihren jüdischen Publikationen *Le Monde Juif* und *Droit et linerté* sowie in *L´Arche* immer wieder selbstberuhigend stark hervorheben, was jedoch, wenn man den wachsenden Antisemitismus wahrnimmt, Selbstbetrug ist, denn allein von März bis August 2004 wurden in Frankreich acht Anschläge auf jüdische Einrichtungen gezählt (in Toulon, Herrlisheim, Boulogne-Billancourt, Epinay-Sur-Seine, Saverne, Lyon und zwei Mal in Paris). Wer sich als Franzose für Israel interessiert, liest die monatlich erscheinende französischsprachige Zeitung *Israel Magazine* oder *NAI´s* englische Ausgabe *israel today*. Nissim Zvili, Israels Botschafter in Frankreich, ist ein sehr beliebter Repräsentant Israels und die französisch-jüdische Sängerin *Shirel* und der israelische Sopranist *David D´Or* begeistern die Franzosen, so dass wer will, Israel von der schönen Seite kennen lernen kann.

Shirel

Als ich von der letzten Besichtigung in mein Hotelzimmer zurückkehre, setze ich mich wieder an den alten Schreibtisch und lasse die Geschichte der Juden von Paris noch einmal an mir vorüber ziehen. Dabei erinnere ich mich an eine jüdische Mutter, die mit ihren drei Kindern mit uns auf dem Schiff eine Seine-Rundfahrt machte oder an den Mann, der mit fünf Knaben, die ihre Kippot unter einer Sportmütze versteckt hatten, in den Tuileries, den königlichen Gärten vor dem Louvre, spazieren gingen. Dort, wo Menschen aus aller Welt und allen Hautfarben und Religionen die Springbrunnen, Figuren und Irrgärten bewundern, fielen die Juden als Fremdkörper aus der allgemeinen Menschenvielfalt auf. Und was haben die Juden doch alles versucht, nur um so zu sein, wie alle anderen Menschen auch; sie wollten immer ein Volk wie alle anderen Völker sein. Das ist ihnen selbst im toleranten Frankreich nicht gelungen. Und wenn ich sie auf Hebräisch ansprach, schreckten sie auf und wenn ich dazu noch sagte, dass ich aus Jerusalem komme, wandten sie sich verstohlen ab. Was muss noch alles geschehen, damit auch Frankreichs Juden nach Zion heimkehren werden, denn Gott verhieß, dass alle Juden nach Israel heimkehren werden, vom Sonnenaufgang bis zum Sonnenniedergang, also auch aus dem Reich, in dem einmal die Sonne nie unterging. Dabei schlug ich meine Bibel auf und las die Verse aus Hesekiel 36,22-23 in französisch-abgewandelter Weise:

„Nicht um euretwillen, Haus Israel, greife ich ein,
sondern um meines heiligen Namens willen,
den auch ihr französischen Juden in Frankreich entehrt habt.
So will ich denn meinen heiligen Namen wieder zu Ehren bringen,
damit die Heiden, in eurem Fall die Franzosen, erkennen, dass ich der HErr bin,
wenn ich mich vor ihren Augen an euch Israel als den Heiligen erweisen werde,
indem ich euch aus den Heidenvölkern und auch aus Frankreich heraushole
und euch wieder in euer Land nach Israel zurückbringen werde.“

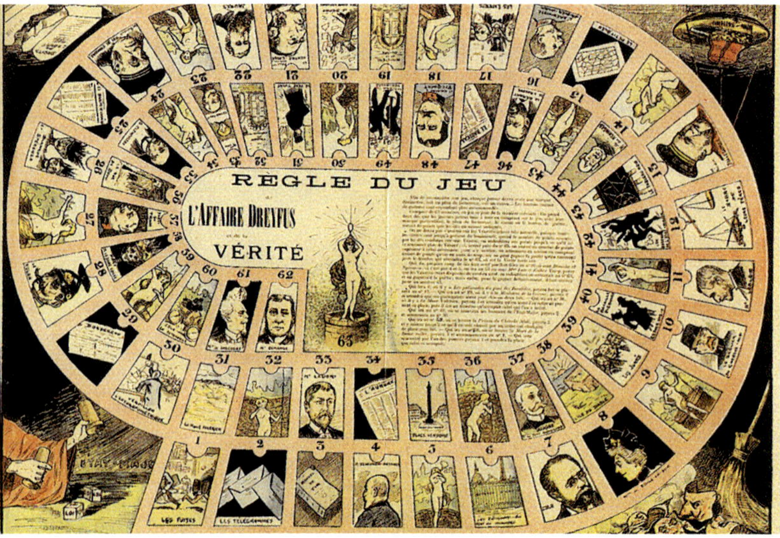

Gesellschaftsspiel aus dem Jahr 1898 zur Dreyfus-Affäre

Marc Chagalls Eiffelturm „Juden in Paris", 1924

Für diesen Bericht benutzte Literatur (Auswahl):

„Patrimoine Juif Parisien", Dominique Jarrassé
"The complete Jewish Guide to France", Toni L. Kamins
"The Musée d'art et d'histoire du Judaisme"; Laurence Sigal-Klagsbald
"Paris", Reiseführer von Dorling Kindersley Vis-á-Vis
„Paris", der Grüne Reiseführer von Michelin
„Paris", Reiseführer von Dumont
„Versailles", Béatrix Saule und Daniel Meyer
„Geschichte des jüdischen Volkes", Haim Hillel Ben-Sasson
„Encyclopaedia Judaica", Dr. Jakob Klatzkin
„Jüdisches Lexikon", Dr. Georg Herlitz u. Dr. Bruno Kirschner
„Jüdische Welt", Nicholas de Lange
„Neues Lexikon des Judentums", Prof. Dr. Julius Schoeps
„Die Juden in der Welt", Mark Wischnitzer
„Die Judenfrage", Alex Bein

WAS SIE SCHON IMMER ÜBER ISRAELISCHE COMICS WISSEN WOLLTEN

Die vergangenen zwanzig Jahre werden als die Anfangsjahre des israelischen Comics, die bis dahin lediglich als eine temporäre Erscheinung in Zeitschriften für Kinder existierten, in die Geschichte eingehen.

Die bildende Kunst entwickelte sich in Eretz-Israel bereits vor Gründung des Staates und dann nach der Staatsgründung durch die Einwanderung aus Zentral- und Osteuropa. Im Jahr 1904 wurde „Bezalel", die erste Kunst-Akademie, gegründet. Diese Akademie wurde zu einem Dreh- und Angelpunkt der europäischen Art nouveau und hiesigem Orientalismus. Lilien und Abel Pann gehören dieser Epoche der Pionierzeit an. Die meisten dieser Künstler haben ihre berufliche Ausbildung in Bezalel erhalten, was für sämtliche wichtigen Schaffensformen der Kunst zutrifft: Malerei, Bildhauerei, Architektur und Design.

Die Architektur wurde auch später durch die Einwanderung von aus Nazi-Deutschland geflohenen Absolventen der Bauhaus-Schule, die Tel-Aviv aufgebaut haben, geprägt.

Die Karikatur an sich wurde schon in den hebräischen Printmedien unter der Regierung des britischen Mandats entwickelt. Der bekannteste Künstler war Arye Navon. Nach der Gründung des Staates begannen Künstler wie Dosh Zeev, Schmulik Katz und Friedel Stern sich einen Namen zu machen. Im Bereich der Kinderbuchillustration nahm insbesondere Nachum Guttmann, der sowohl großes Talent im Zeichnen als auch im Schreiben besaß, eine herausragende Stellung ein: Generationen von Kindern sind mit seinen zahlreichen Büchern aufgewachsen.

Comics jedoch waren nicht vertreten! Der Grund dafür mag vielleicht darin liegen, dass Comics in erster Linie als ein Produkt der westeuropäischen und amerikanischen Kultur angesehen wurden. Die raren Versuche, israelische Comics zu schaffen, waren nicht von Dauer, und die Übersetzungen von „Tarzan" und „Tex der Cowboy" waren ebenfalls nicht erfolgreich.

Man kann also nicht über eine „israelische Comic-Schule" reden, und es existiert kein typisch israelischer Stil oder Geist wie etwa bei typisch belgischen, französischen, amerikanischen oder japanischen Comics. Jeder Schöpfer von Comics wird in Israel als Sonderling behandelt. Der folgende Artikel widmet sich systematisch allen Sonderlingen – Comic-Künstlern – und versucht dabei eine Regel aufzustellen.

DUDU GEVA ODER DER „SABRE“, DER SEIFENBLASEN BLÄST

Anfang der 80er-Jahre begann Dudu Geva unter dem Titel „Ahlan Wa’Sahlan gegen die Humusbande“ Comics in einer Jerusalemer Lokalzeitung zu veröffentlichen, deren Geschichten von seinem Freund Kobi Niv geschrieben wurden. Die schwarz-weißen Comics hatten ein halbseitiges Format, erschienen einmal wöchentlich und genossen sofort die Sympathien der jungen Leserschaft – Heranwachsende und Studenten. Der Stil war „freakig“ und sehr zugänglich, die Geschichten wurden vom Alltagsgeschehen in Jerusalem inspiriert und waren umgangssprachlich im lokalen Dialekt verfasst. Die Zusammenarbeit Geva/Niv war sehr fruchtbar und hielt lange an, so dass sie einen starken Eindruck bei einer ganzen Generation von Lesern hinterließen. Geva und Niv werden als die Generation des Yom-Kippur-Kriegs definiert, eine Generation, die auf eine sehr traumatische Art nach der naiven Euphorie des Sechs-Tage-Krieges in einer neuen Realität aufgewacht ist. Sie sind zynisch, scharf und desillusioniert. Ihre Comics entsprechen dem Zeitgeist und der minimalistische, flippige Stil passt zum Bruch mit den Idealen. Als die einzigen Comicproduzenten waren sie als Schöpfer in der Strömung des neuen israelischen Humors integriert. Auf diese Art und Weise haben sie sich zusammen entwickelt und schufen einige legendäre Bücher wie „Joseph und sein Bruder“, „Der verpasste Elfmeter“, „Das Buch von Lächerlich“, „Der Sohn von Lächerlich“, „Lächerlich hinter feindlichen Linien“. All diese Bücher sind eine stechende Satire auf die israelische Gesellschaft, über die Welt der Bürokratie und des zionistischen Mythos. Nach zehn Jahren endete die Zusammenarbeit zwischen den beiden, aber Dudu Geva setzte seine Arbeit bis heute fort. Geva ist zweifellos der „israelischste“ Comic-Zeichner, der eine Art von Nonchalance mit grenzenloser Vorstellungskraft verbindet, wenn er sich über die „jüdische Mama“, den Hypochonder, das Exil und die moderne Geschichte des Staates Israel mit einer frechen und wilden Attitüde lustig macht. Dudu Geva und Kobi Niv prägten die Anfänge des Comics in Israel und beeinflussten zahlreiche lokale Künstler.

MICHEL KISHKA ODER GASTON IMMIGRIERT

Michel Kishka wanderte 1974 aus Belgien nach Israel ein und studierte vier Jahre lang Grafik und Malerei an der Bezalel-Akademie in Jerusalem. In seinen Arbeiten als Maler beschreibt er humorvoll die israelische Gesellschaft auf farbigen Postern, die voll von lustigen Menschen und Situationen sind. Als jemand, der mit „Tintin" („Tim & Struppi"), „Lucky Luke", „Gaston" und „Asterix" aufgewachsen ist, war es sein Traum, israelische Comics für Kinder zu schaffen. Er zeichnete den ein oder anderen Comic, bis sich eines Tages ein neues Kindermagazin namens „Maschehu" an ihn wandte und anfragte, ob er eine Serie von Episoden unter dem Titel „Mister T" schaffen könne. Kishka nutzte die Gelegenheit, um einen lachenden, weisen und starken Protagonisten zu kreieren, welcher zahlreiche Abenteuer im In- und Ausland erlebt.* Unter anderem wird der Held in eine von Professor Einstein – Alberts Cousin – erfundene Zeitmaschine gesetzt und erlebt im Jerusalem des Jahres 1099, wie die Kreuzfahrer die Stadt besetzen, oder er trifft 1900 zusammen mit russischen Immigranten in New York ein. „Maschehu" erreichte alle zwei Wochen Tausende Kinder und Kishka fühlte sich, als ob er eine besondere Berufung habe: nämlich die junge Generation im Sinne des klassischen Comics zu erziehen. Die Geschichten wurden in Fortsetzungen erzählt und bestanden aus spannenden und heroischen, im europäischen Stil sehr detailliert und farbig gezeichneten Abenteuern. Zusätzlich startete er nachschulische Aktivitäten mit Comic-Kursen für Kinder und Jugendliche und stellte Comics landesweit in Galerien aus. An der Bezalel-Akademie bot er 1990 einen Kurs für Comics an – der erste dieser Art in Israel. Die Mehrzahl der Studenten war eher von amerikanischen Comics und deren „Super-Heros" geprägt und für sie war die Begegnung mit den qualitätsvolleren Comics aus Belgien, Frankreich und Italien ein nachhaltiger Kulturschock. Er unternahm mit den Studenten eine Reise in das Zentrum der europäischen Comic-Kultur: nach Frankreich zum Festival in Angouleme und nach Belgien zum Comic-Museum in Brüssel. Dort trafen sie auf hochrangige Künstler wie Cabanes, Rossi, Denis, Juillard, Bouca, Hermann und Loustal. 1988 war Michel Kishka einer von 40 belgischen Zeichnern, die von einem belgischen Herausgeber ausgewählt wurden, um Comics über die großen Chansons des verstorbenen Jacques Brel anlässlich seines 10. Todestages zu gestalten.

Die Absolventen des Comic-Kurses der Bezalel-Akademie begannen sich auf dem Markt zu etablieren und schufen Comics für alle Kinderzeitschriften. Kishka war darüber sehr glücklich, weil er daran geglaubt hatte, dass es nur dadurch möglich sein könne, Generationen von Comic-Lesern zu gewinnen, wenn man eine junge Leserschaft begeistert, die dann auch noch im Erwachsenenalter Comics mag. Nur so könnten Comics Bestandteil der Lesegewohnheiten und der Kultur in Israel werden.

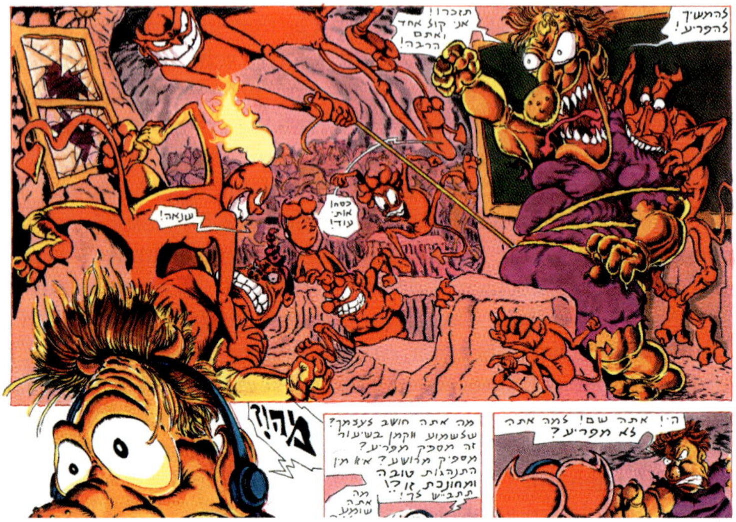

„Maschehu" wurde nach fünf Jahren eingestellt und „Mr. T" beendete seine Reisen.

URI FINK ODER DIE INDUSTRIELLE REVOLUTION

Der damals 15-jährige Uri Fink wurde 1978 zum „Comic-Wunderkind", als er das Heft „Sabraman" – der erste israelisch-zionistische Super-Hero-Comic auf Hebräisch (!) – allein herausgab. Er studierte an der Bezalel-Akademie und als Abschlussarbeit reichte er ein satirisches Comicbuch ein, das von einem Superman handelt, der sich für den Messias hält. Bereits während seines Studiums gestaltete er in dem Jugendmagazin Maariv La'Noar eine Comic-Serie mit dem Titel „Zbeng!". Die Serie wurde legendär und wird von ihrem Schöpfer immer noch weitergeführt. Hunderttausende sind mit ihr aufgewachsen. Die Kontinuität der Popularität verlieh Zbeng eine außergewöhnliche Bedeutung. Die Geschichten konzentrieren sich auf eine Gruppe Jugendlicher in einem typischen israelischen Gymnasium mit ihren lebhaften, hormongeladenen Aktivitäten, lächerlichen Lehrern und besorgten Eltern. Es ist ein Fest voller Groteske, Humor und Akne – geschrieben in einer aktuellen, frischen Sprache. Aber unter der Oberfläche tauchen politische Ereignisse und die weltliche Denkweise Finks auf. Jugendliche mögen die Serie und identifizieren sich mit ihr. Bis jetzt sind ca. 15 Comic-Alben herausgegeben worden und jährlich gibt es einen „Schülerkalender" von Zbeng. Der zweite Kanal des israelischen Fernsehens kaufte sogar die Rechte an Zbeng und die Serie verzeichnet hohe Einschaltquoten. Neben Zbeng schuf Fink auch andere Serien für jüngere und ältere Menschen, sowohl in Heftform als auch als Internet-Comic. Zudem schrieb er drei politische Bücher mit dem Titel „Dschungelbuch“, in denen er mit den Extremisten unter den Siedlern, den Ultra-Orthodoxen und mit den Politikern abrechnet. Finks Stil wurde von amerikanischen Comics inspiriert, tendiert aber mehr in Richtung Karikatur und enthält eine etwas barocke Attitüde. Seine Comicseiten sehen manchmal wie Mangas (japanische Comics) aus und sein Arbeitsrhythmus ist ebenso rasant wie seine Produktivität.

Fink ist, wie seine Protagonisten, ein ewiger Teenager, der in seinem Zeitgeist und seiner Gegenwart lebt – mit Handys und Internet, mit Intifada und mit dem Mord an Rabin. Er gibt Comic-Kurse für Jugendliche und veröffentlichte sogar ein Buch mit dem Titel „Zeichnen wie Uri Fink“, mit dem schon viele Kinder gelernt haben.

NOAM NADAV ODER DIE LIEBE ZU MICKY MOUSE

Noam Nadav studierte ebenfalls an der Bezalel-Kunstakademie und Anfang der 80er-Jahre begann er in den Bereichen Animationsfilm, Buchillustration und Comic zu arbeiten. Heute lehrt er in Bezalel Drehbuchschreiben in der Abteilung Animationsfilm. Er schuf zahlreiche Comic-Serien mit einer humorvollen Sichtweise, unter anderem „Die Geschichte der Pioniere“ – fiktive Geschichten über die Hauptfiguren der ersten Einwanderungswellen (Aliya) und über die neuen israelischen Mythen. Eine weitere Serie heißt „Familienkontakte“ und in ihrem Zentrum steht ein prähistorischer Stamm, dessen Probleme die existenziellen Alltagssorgen der modernen Israelis widerspiegelt; eine witzige Parodie auf die israelische Gesellschaft. In der Serie „Schlomi und Schaul” geht es um einen einfachen Soldaten, der seinen Wachdienst am Eingang zur Kaserne leistet. Schlomi schließt Freundschaft mit einer Kakerlake, die ein Quatschkopf und Philosoph ist und ihm dabei hilft, sich die Zeit zu vertreiben. Parallel hat Nadav mehrere Kinderbücher gezeichnet und arbeitet als Drehbuchautor für die israelische Film- und Animationsfilmindustrie. Sein Stil ist eine sehr persönliche Synthese mehrerer Einflüsse: von der israelischen Malerei bis zu Walt Disney und von europäischen bis zu amerikanischen Comics.

Shay Charka kam aus der national-religiösen Strömung zum Comic; er macht hauptsächlich Arbeiten zum Bereich Judentum und jüdische Tradition. Er ist Autodidakt und wurde von Asterix und anderen Comics aus Europa und den USA beeinflusst. Sein erster Protagonist, „Baba“, wurde der Welt der Mishna – Talmud und Bibel – entnommen. Fünf Baba-Comic-Alben und auch eine „Haggada für Pessach“ sind bereits erschienen. Die Baba-Geschichten veröffentlichte Charka als Folgen in einem Magazin für religiöse Kinder namens „Otiot“. Mit seinen Geschichten möchte Charka die Kinder durch Comics erziehen und wesentliche Inhalte aus der jüdischen Kultur für sie darstellen. Die Aufgabe ist keineswegs leicht, weil zu jüdischen Texten wegen des Verbots der Darstellung von Menschen, die ja nach dem Abbild Gottes geschaffen wurden, keine Illustrationen bestehen. Charka glaubt daran, dass für den Transfer von Botschaften an Kinder eine visuelle Konkretisierung notwendig sei; in noch höherem Maß, wenn es sich um heilige und religiöse, stark mit Symbolen geladene Texte handelt. Ein interessantes Beispiel bietet die Auseinandersetzung Charkas mit der grafischen Darstellung des Todesengels in der „Haggada für Pessach“. Zunächst versuchte er ihn als ein Skelett, das mit einem schwarzen Gewand bekleidet ist und eine Sichel in der Hand hält, zu zeichnen – wie das von den Künstlern des Mittelalters häufig getan wurde. Aber als er das Thema weiter erforschte, fand er im Talmud einen Text, in dem der Todesengel als alter Mann mit zerrissenen Kleidern und schwarzen, wie Nägel aussehende Bartstoppeln beschrieben wird. Das war die Lösung, die er suchte, um die „jüdische“ Darstellungsweise von der „christlichen“ unterscheiden zu können. In seinem letzten, im September 2004, erschienenen Buch mit dem Titel „Pitka'ot Mi'Shamaim“ (Zettelchen vom Himmel) wird von einem jüdischen Soldaten in der Armee Napoleons erzählt, der mysteriöse Zettel vom Himmel bekommt, die seinen Halt im Glauben festigen.

Der zeichnerische Stil Charkas ist stark durch Asterix und von den traditionellen französisch-belgischen Comics beeinflusst und die Dialoge verfasst er manchmal sogar auf Althebräisch. Charka zeichnet Parallelen zwischen der biblischen Zeitepoche und unserem Zeitalter. Viele Lehrer sehen in seinen Arbeiten ein geeignetes Lehrmittel für ihre Schüler. Für Charka stellt die Verbindung seiner jüdischen Wurzeln mit seiner Liebe zu den Comics eine homogene, unzertrennliche Einheit dar.

SHIMON WASSERSTEIN ODER TINTIN IM KIBBUZ

Wasserstein kam aus Paris in den Kibbuz Regavim – mit einem Koffer voll französischer Comics aus den 70er-Jahren. Er zeichnet Comics für Kinder als Nebenjob; in seinem Hauptberuf ist er Möbeldesigner und Bühnenbildner. Seit den 80er-Jahren gestaltet er im Auftrag der Naturschutzgesellschaft Comics für Kinder, in denen Geschichten über Natur- und Umweltschutz erzählt werden.

Ende der 90er-Jahre schuf er eine Serie mit dem Titel „Die wunderbaren Geschichten Onkel Jankels". Die Geschichten sind dabei ein Aufhänger, um Comics zeichnen zu können. Sie haben keinen Bezug zum Judentum, zu Politik oder Geschichte im Allgemeinen. Mit der Ausnahme einer besonderen Geschichte, in der eine Jugendbande versucht, einem Ex-Naziverbrecher seinen, in den Tiefen des Mittelmeers liegenden Schatz zu entreißen. Der Großteil seines Schaffens beinhaltet Abenteuergeschichten, die als Möglichkeit zur Flucht vor der komplizierten, harten und existenziellen Realität Israels dienen sollen. Weil er Tischler und Comic-Zeichner zugleich ist, bezeichnet sich Wasserstein selbst als Dr. Jackyl und Mr. Hyde, aber er verrät nicht, wer von den beiden für die Schaffung der Comics verantwortlich ist.

ACTUS ODER DIE ALTERNATIVEN HOCH'S

Die Gründung von „Actus“ ist zweifellos das interessanteste Phänomen in der israelischen Comic-Landschaft im letzten Jahrzehnt. „Actus“ ist ein unabhängiger Comic-Verlag von fünf Künstlern: Yirmi Pinkus, Mira Friedmann, Ruti Modan, Batia Kolton und Itzik Rennert. Sie veröffentlichen einmal jährlich ein gemeinsames Comic-Heft, das auf den alternativen, englischsprachigen Weltmarkt zielt. Sie sind alle Absolventen der Bezalel-Akademie – mit Ausnahme von Kolton, die ihren Abschluss bei „Vital“ in Tel Aviv erlangte. Sie besitzen einen großen gemeinsamen Nenner und ihre Biographien weisen viele Gemeinsamkeiten auf. Sie sind alle aschkenasischer Herkunft und ihr familiärer Hintergrund ist mit den Traumata des Holocaust verbunden. Sie wuchsen in Tel Aviv auf und stammen aus einem kleinbürgerlichen, gebildeten Hintergrund. Ihre zentraleuropäisch-jüdischen Wurzeln machen sich in ihren Werken und Geschichten deutlich bemerkbar.

„Actus“ agiert als Quintett, in dem jeder eine Rolle einnimmt: der eine im künstlerischen Bereich, der andere in der Kommunikation, der dritte in der Produktion... Ihre Werke sind dank der internationalen, alternativen Ausrichtung der Comics sehr bekannt und wurden schon in der Schweiz, Deutschland und den USA ausgestellt. Mehrere Artikel über sie sind in der berühmten amerikanischen Zeitschrift „Comics Journal“ erschienen und sie waren sogar für den „Eisner-Preis“ nominiert. Nachdem sie internationale Anerkennung erlangten, haben sie damit begonnen, ihre Comics auch auf Hebräisch zu veröffentlichen! Alle Mitglieder von „Actus“ sind an verschiedenen Hochschulen Dozenten im Fachbereich Zeichnung und Comics.

Ihr Teamwork dient dank der gegenseitigen Inspiration und der Gruppendynamik als Motor für das gemeinsame Schaffen. Sie zeichnen vieles nach Geschichten, die der Schriftsteller Etgar Keret – ein Autor, der als „Shooting Star" der zeitgenössischen Literatur Israels gilt – für sie verfasst hat. Zwischen Keret und „Actus" herrscht eine konzeptuelle und begriffliche Harmonie. Die Verbindung von Literatur und Comics erweckt im israelischen Verlagswesen und auch außerhalb der Grenzen viel Interesse.

Die zeichnerischen Stile der einzelnen „Actus"-Mitglieder sind sehr unterschiedlich, und der narrative Charakter eines jeden ist eigentümlich. Ihr Schaffen unterscheidet sich sehr von einem allgemeinen, minimalistischen und sanfteren israelischen Stil.

Der ästhetisch gepflegte Stil und die hochqualitativen Produktionen von „Actus" sind unverwechselbar. Sie begeben sich mit ihren Comics auf eine Reise zu den Wurzeln, auf die Suche nach der eigenen Identität. Diese Suche ist in Israel typisch für die zweite Generation nach dem Holocaust – für die Kinder von Flüchtlingen, die einen Zufluchtsort im entstehenden jüdischen Staat suchten. Jeder der fünf Gruppenmitglieder unternimmt seine persönliche Reise: Ruti Modan untersucht mit ihrem halb naiven, halb realistischen Stil, der sich auf reiche Dokumentationen stützt, Familien- und Liebesbeziehungen. Ihre Geschichten sind voll von autobiographischen, halb verborgenen Erinnerungen. Yirmi Pinkus ist ein herausragender Ästhetiker, der die Linie und die Komposition auf eine feine Art untersucht. Der Charakter seiner Arbeit bezieht seine Inspiration aus Westeuropa. Er behandelt Themen wie Privatsphäre, Voyeurismus und Altern mit besonderem Augenmerk auf alte Frauen und der Oper. Itzik Rennert diskutiert Fragen der Moral und Spiritualität in einem etwas härteren Stil. Mira Friedmann, eine erfahrene Zeichnerin, stellt die Rolle der Frau als Opfer der Gesellschaft oder sich selbst in den Mittelpunkt. Batia Kolton demontiert das Skelett des klassischen Comics und baut auf starke, computergestützte Bilder. Modan und Pinkus stehen der klassischen, linearen Narration des europäischen und amerikanischen Comics nahe und ihre Sprache ist zugänglich und leserfreundlich.

Zuletzt initiierten sie spezielle Projekte im Verlagsbereich, indem sie herausragende Künstler der alternativen Strömung wie Art Spiegelman und andere zusammenbrachten. Sie organisieren ebenfalls jährlich ein alternatives Festival, an dem sie Künstler unterschiedlicher Disziplinen teilnehmen lassen. Sie sind medial sehr stark präsent und ihr „Sonderstatus" verstärkt sich von Jahr zu Jahr.

ASAF HANUKA ODER ALLE EHRE FÜR DIE ISRAELISCHE ARMEE

Der ultimative Vertreter des Nachwuchses, ein verheißungsvolles Versprechen für den jungen Comic ist zweifellos Asaf Hanuka, dessen professionelle Laufbahn ziemlich beeindruckend ist. Asaf und sein Zwillingsbruder Tomer sind Absolventen des angesehenen Kunst-Gymnasiums „Thelma Yellin" in Tel Aviv. Sie dienten in der israelischen Armee, wo ihr Talent erkannt wurde und sie dann auch als Zeichner für „Ba'Machane", dem Wochenmagazin der Armee, arbeiteten. Ihre Liebe zu amerikanischen Comics brachte sie dazu, in diesem Magazin eine regelmäßig erscheinende Sparte für Comics zu starten. Für viele Leser war dies eine erfrischende, überraschende und pionierhafte Novität. Während ihres Militärdienstes erhielten sie die Erlaubnis, an der Reise von Kishka und seiner Studenten nach

Frankreich und Belgien teilzunehmen. Der Kulturschock war enorm für sie und beeinflusste fortan ihr Leben. Asaf fuhr nach seiner Entlassung aus der Armee nach Frankreich und wurde an der Hochschule für Comics in Lyon aufgenommen. Tomer schrieb sich an der „School of Visual Arts“ in New York ein, arbeitet dort auch und publiziert regelmäßig im „New Yorker“ und dem „Rolling Stone Magazine“. Asaf blieb einige Jahre in Frankreich und etablierte sich danach in Tel Aviv. Er publizierte in Zusammenarbeit mit Etgar Keret die Comic-Alben „Gassen des Zorns“ und „Pizzeria Kamikaze“ auf Hebräisch und in Zusammenarbeit mit Didier Daeminck brachte er die Alben „Gelbes Ticket” und „Off Limits“ in französischer Sprache heraus.

Asaf und Tomer publizieren zusammen im Eigenverlag einen Comic mit dem Titel „Bipolar“ im Comicbuch-Format. Das Buch ist experimental und zeigt ihr Zwillingsein auf eine sehr persönliche und originäre Weise. Asafs neorealistischer Stil wird von den französischen Klassikern beeinflusst. Seine Comics durchlaufen ein strenges Lektorat und seine Werke stützen sich auf eine gründliche Recherche. Sein Durchbruch auf dem Comic-Markt ist meteorenhaft und ihn erwartet eine glänzende Zukunft.

DIE „DIMONA"-GRUPPE ODER DIE NEUE WELLE

Vor zwei Jahren kamen fünf junge Künstler zusammen, die allesamt frische Absolventen von israelischen Kunstakademien waren, und gründeten – inspiriert von „Actus" – eine Gruppe namens „Dimona". Mitglieder der Gruppe sind Amitai Sandy, Gay Morad, Michal Baruch, Yifat Cohen und Meirav Shaul. Wie „Actus" geben sie im Eigenverlag jährlich ein Comicheft heraus. Ihre Geschichten und ihr Arbeitsstil kombinieren klassische und alternative Comics. Ihre Initiative zeigt den Mangel an Taten seitens der Buchverlage, die zögern, in diesem Bereich zu investieren und bisher nur von privaten Initiativen junger Künstler profitiert haben. Die „Dimona"-Gruppe wurde bereits zur Teilnahme an Comic-Messen in Deutschland und Frankreich eingeladen. Deshalb veröffentlichen sie gegenwärtig in englischer Sprache, um ihren internationalen Bekanntheitsgrad zu erhöhen.

ANDERE COMIC-KÜNSTLER

Rund um das Schaffen der bisher beschriebenen Künstler agieren auch andere. Ihre Anwesenheit in der Comic-Szene ist etwas weniger spürbar, weil sie parallel als Zeichner, Grafik-Designer und oder im Bereich Animationsfilm arbeiten. Jedoch fügen ihre Arbeiten als Comic-Künstler dem Gesamtbild des israelischen Comics weitere Facetten hinzu. Man kann sie nicht alle an dieser Stelle aufzählen, jedoch sollen einige hier erwähnt werden. Dovi Keich z.B. zeichnet bezaubernde Comics für Kinder und veröffentlichte bereits zwei Bücher. Sein Protagonist ist der „Bär Arthur“, der zusammen mit einem Vogel auf einer einsamen Insel lebt. Die Geschichten sind voller Zauber, Humor und Poesie. Tsahi Farber malt politische und autobiographische Comics mit Wasserfarben. Seine Sprache zeichnet sich durch einen persönlichen, faszinierenden Stil aus. Shahar Navot und Yuval Rubichek zeichnen ebenfalls für Kinder. Ihre Abenteuer-Comics sind voll von ausgefeiltem Humor. Daniela London-Dekel, sozial-politische Karikaturistin und Comic-Zeichnerin, veröffentlichte ein Buch über die Beziehung zwischen einer Mutter und ihrem süßen Baby, in dem das Baby die Führung der Mutter übernimmt.

Es ist natürlich möglich, dass ein neuer Künstler seinen Durchbruch auf dem Markt erlebt, während diese Zeilen verfasst werden. Denn dieser Bereich ist ständig in Bewegung und neue Kräfte werden herangezogen. Alle Zeichner und Künstler treffen sich jährlich anlässlich eines Comic-Festivals, das unter der Leitung von Nissim Hizkiyahu seit vier Jahren in Tel Aviv stattfindet. Anders als in Frankreich, Belgien, den USA und Japan besitzt der israelische Comic keine lange Tradition und sein Platz in der Kulturszene ist keine Selbstverständlichkeit. Das ging so weit, dass weltberühmte Comic-Klassiker in Israel nicht angenommen wurden: „Tintin“ („Tim & Struppi“) beispielsweise scheiterte in seiner hebräischen Ausgabe. Der Mizrachi-Verlag übersetzte in den 60er- und 70er-Jahren eine kleine Anzahl von Titeln, aber das Echo war sehr bescheiden, der Enthusiasmus zögerlich und der Verkauf enttäuschend. Deshalb sind lediglich sechs Bücher übersetzt worden und das Projekt wurde eingestellt. Anfang der 80er-Jahre übersetzte der Peled-Verlag die Asterix-Bände. Ihr Erfolg in Israel war, im Vergleich zur großen Popularität in Europa, begrenzt. Deshalb wurde auch dieses Projekt bedauerlicherweise gestoppt. Anfang der 90er-Jahre übersetzte der Zmora-Bitan-Verlag den ersten Band von „Maus“ ins Hebräische. „Maus“ ist der Comic von Art Spiegelman über seinen Vater, einen Überlebenden des Holocaust. Dieser Comic, der bereits in 17 Sprachen übersetzt und mit dem angesehenen Pulitzer-Preis in den USA ausgezeichnet wurde, sollte eigentlich auf Grund seiner speziellen Qualität und des so zentralen und sensiblen Themas in der Geschichte des jüdischen Volkes einen großen Erfolg in Israel erleben, aber ob sie es glauben oder nicht, „Maus“ fand keinen Platz in den Bücherregalen der Israelis.

Der Misserfolg war so groß, dass der Verlag auf einer großen Anzahl unverkaufter Bücher sitzen blieb und der zweite Band nie ins Hebräische übersetzt wurde, was vielen völlig absurd erscheint! In den 90er-Jahren veröffentlichte der Modan-Verlag eine israelische Ausgabe der erfolgreichen und altbekannten amerikanischen Zeitschrift „Mad“. Die Resonanz war gering und der Versuch wurde nach weniger als einem Jahr beendet!

Es gibt zahlreiche weitere Beispiele und die Schlussfolgerung kann nur die folgende sein: Die Comic-Kultur ist kein normales Konsumgut wie Musik, Mode oder Film, die dank globaler Werbekampagnen durch die Massenmedien grenzüberschreitende Beachtung erfahren. Comics sind mit der Literatur verwandt und ihr Konsum bedarf eines aktiveren Teils seitens der Leserschaft. Das Lesen ist ein aktiver, volontärer und intimer Akt. Israel befindet sich zurzeit in einer Phase der Verfestigung seiner Fundamente. Die Rede ist hier vom künstlerischen und nicht vom industriellen Schaffen. Wenn die einheimische Comic-Produktion auf eigenen Beinen steht und wenn das Leserpublikum größer und vielfältiger wird, dann kann es möglich sein, internationale Comic-Klassiker darin zu integrieren.

ZWISCHENBILANZ

Der israelische Comic ist ein Produkt der heutigen, postzionistischen Zeitepoche, er wirft einen kritischen Blick auf die verklärte Vergangenheit und bevorzugt Antihelden statt mythologischer Heroen. Er zieht es vor, sich von der Realität und Aktualität wie auch von der Geschichte zu entfernen. Er schielt in Richtung Weltmarkt und versucht, universell zu sein. Ich bin mir nicht sicher, ob das die richtige Richtung ist, und nur die Zukunft wird es zeigen.

Zweifellos wurden zwanzig Jahre lang große und bedeutsame Schritte auf einem jungfräulichen Boden getan. Es gibt verdienstvolle Leistungen und ein bemerkenswertes Schaffen. Dennoch, die Zeichner und Autoren sollten ihre Schaffenskraft auf besondere Stoffe konzentrieren, die unsere Existenz hierzulande ausmachen, in Richtung existenzieller Inhalte, die unserer harten, kontroversen Realität entnommen sind.

Michel Kishka

Shachar Navot

Ich wurde in Beer Sheva geboren.

Nach einem 4-jährigen Militärdienst, u.a. als Offizier, zog ich nach Jerusalem.

Dort begann ich mit einer Ausbildung für Grafischen Entwurf an der Kunstakademie „Bezalel".

Der Kurs zum Zeichnen war eigentlich eine nebensächliche Angelegenheit während der Ausbildung, aber schon damals erkannte ich, dass dies (das Zeichnen) mein Lebensweg sein wird.

Zum Ende des letzten Ausbildungsjahres im Jahr 1994 kamen Aviel Schneider und Michel Kishka zur Ausstellung der Abschlußarbeiten der Absolventen. Sie suchten nach einem Nachfolger für Michel Kishka, der bis dahin die Comics für nai gezeichnet hatte.

Michel, mein Lehrer und Freund, zu dem ich bis zum heutigen Tage bewundernd aufschaue, stellte mich Aviel vor und seither zeichne ich den Janai-Comic.

Heute im Zeitalter der computerisierten Zeichnungen male ich alles direkt in den Computer, nur Janai ist meine einzige Möglichkeit, einmal im Monat zu altmodischen Pinseln und Tusche zurückzukehren, was mich sehr erfreut und mir Spaß macht.

Außer Janai zeichne und male ich noch Karikaturen für verschiedene Zeitungen und Zeitschriften, für Werbeagenturen, erstelle Zeichnungen für Kinderbücher sowie für Webseiten.

Ich wohne im Moschaw Moledet, im Norden Israels, zwischen dem See Genezareth und dem Berg Tabor, mit meiner Frau und drei Kindern und einem kleinen Hund, der sich sicher ist, dass Autos nur fahren, weil er ihnen hinterher rennt...

Email:
navots@zahav.net.il

JANAIs Purimspiel
SHACHAR NAVOT
Auf Beschluss der Jury geht der erste Preis in unserem Verkleidungswettbewerb in diesem Purimfest an den jungen Mann, der sich als Held in den Janai-Comics verkleidet hat!
Du da, komm doch 'mal auf die Bühne. Keine falsche Scham!
Da liegt ein Irrtum vor. Das ist keine Verkleidung, ich bin wirklich Janai.
Der junge Mann ist ja sogar noch ein Spassvogel!
Nein, nein, ich bin wirklich Janai ...
Ja, schon gut, ich bin in Wirklichkeit Napoleon...
Cartoon: Shachar Navot
israel heute
Februar 2002
39
Da ist der Trainer der israelischen Nationalelf...
Herr Nielsen, was ist Ihre Meinung hinsichtlich des Spielausgangs?
Das war absolut unfair. Der Schiedsrichter war gegen uns, der Ball war gegen uns und das Wetter war auch gegen uns.
Vielleicht können die Israelis nicht Fussballspielen?
Da sieht man es, selbst die israelischen Medien sind gegen uns.
Cartoon: Shachar Navot
israel
Heute geht man in den Laden und kauft eine „Ewige Laubhütte" mit Alu-Rahmen. Sogar die Laubdecke ist haltbar.
Die Alu-Stangen werden ineinander gesteckt und an ihnen wird der Wand-stoff befestigt. Eine Hütte im Hand-umdrehen, die jahrelang hält...
...oder bis der erste Windstoss sie wegbläst...
Cartoon: Shachar Navot
israel heute
September 2002
39

JANAI's FAMILIENCHRONIK
SHACHAR NAVOT
Papa, wir müssen für die Schule eine Chronik unserer Familie schreiben.
Ach, ja, das war vor etwa 25 Jahren und 300 Ausgaben...
...als Opa die NAI in Jerusalem gründete. Damals gab es nur die blauen Blätter.
Deine Mama lernte ich 1993 kennen, als wir zum neuen Format überwechselten...
...32 Seiten und vierfarbig. Etwas später kamen dann weitere 16 Seiten dazu.
Wenn du als Janai eine Komikfigur bei nai bist, wie kam ich dann zur Welt?
israel today
Das ist unwichtig! Frag nicht so viel, sondern lerne lieber Englisch und Japanisch!
israel heute
September 2003 39

SHACHAR NAVOT
Als ich zur Arbeit fuhr, gab es keine Staus.
Am Abend im Fernsehen war in der Knesseth gähnende Leere, niemand weit und breit.
Da gibt es nur zwei Möglichkeiten: entweder ist der Messias gekommen...
...oder: die Fussballweltmeisterschaft hat begonnen.
Juni 2002

JANAI's neue Arbeit
SHACHAR NAVOT
Heiratsvermittlung für Rentner im Rathaus Tel Aviv
Schalom, bist du der neue Volontär?
Guten Abend, meine Dame. Was für einem Mann suchen Sie?
Etwa 75 Jahre, eine lange Nase, schmale elipsenförmige Augen, Schläfenlocken und eine gestreifte Mütze?? Warum gerade Streifen?
Und wie ist bitte Ihr Name?
Jawohl Frau Janai... Mutter?!!!
Cartoon: Shachar Navot
nai
August 2001 39

16 RESTAURANTS

IM LAND, WO MILCH UND HONIG FLIESST

56 Jahre sind nun schon seit der Ausrufung des Staates Israels im Jahre 1948 vergangen. Jahre, in denen Israel ständig zwischen Krieg und Frieden im Nahen Osten und ebenso auch zwischen jiddischer und orientalischer Kultur des Orients hin und her pendelte. Doch trotz all dieser Probleme drängt sich immer wieder die unbeantwortet gebliebene Frage in Sachen „Kulinarisches" auf: Was ist eine typisch israelische Küche? Wie schmeckt die israelische Küche? Sind *Humus* (Kichererbsen) und *Falafel* die einzigen Klassiker der israelischen Küche? Im Ausland werden die meisten dem zustimmen, doch in Israel sieht man das ganz anders, denn beide Gerichte stammen aus der arabischen Küche, zu einer Zeit, als es den Staat Israel – und damit die israelische Küche – noch gar nicht gab. Sind dann vielleicht *Gefilte Fisch* (jiddisches Fischgericht) und *Tscholent* eher israelische Küchenklassiker? Ich erinnere mich noch genau an ein Pessachmahl, an dem Juden jemenitischer Herkunft über israelische Gerichte diskutierten, wie z. B. über *Gefilte Fisch* und *Knödelech*, die aus der jüdisch-osteuropäischen Küche stammen. Die Frage ist: Sind jüdische Gerichte, die in den verschiedenen Ländern der Diaspora über Jahrhunderte hinweg gekocht wurden, auch automatisch der israelischen Küche des jungen Staates Israel zuzuordnen?! Oder findet man da nicht doch eher in der Gänseleber mit Dattelsoße aus der Jordansenke die lang gesuchte Definition der israelischen Gourmetküche? Existiert überhaupt eine israelische Küche im biblischen *Eretz Israel*, wo Honig und Milch fließt?

In Israel gibt es mehr als Falafel im Pitabrot

Um dieser Frage auf den Grund zu gehen, wurde einer der anerkanntesten Küchenchefs in Israel befragt, **Mosche Basson** aus dem Jerusalemer Restaurant *Äkalyptus*. Seit nunmehr über 30 Jahren bestimmt Basson mit, was auf einen israelischen Essenstisch gehört. Berühmt wurde er u.a. wegen seiner einmaligen Gewürzkräuter in seinen Gerichten sowie für seine biblischen Speisen, und natürlich nicht zuletzt machte er sich einen Namen als Weltmeister für den köstlichsten *Kus-Kus* (tunesisches Grießgericht mit Fleisch und Gemüsesuppe). Seine Antwort: „Ich verwende diesen zusammengesetzten Begriff *israelische Küche* nicht, denn es gibt sie noch nicht. Die israelische Küche befindet sich noch in der Entwicklung. Ich koche und serviere Gerichte aus *Eretz Israel*, Speisen, die aus Gemüse und Früchten zubereitet werden, die hier im Land wachsen. Produkte also, die für dieses Land und seine Bewohner, Juden und Araber, typisch sind."

Auf der Suche nach den Quellen der israelischen Küche muss man in den alten jüdischen Schriften nachschauen, wie z. B. der Bibel. Dort werden die *Sieben Früchte des Landes (Schivat Ha'Minim)* als die biblischen Früchte von *Eretz Israel* erwähnt, die bis heute in Israel gedeihen und neben Honig und Milch die kulinarischen Grundpfeiler der israelischen Küche sind. *„Der Herr, euer Gott, wird euch in ein schönes und fruchtbares Land bringen. In der Ebene wie im Bergland gibt es dort Quellen und Bäche, die unerschöpflich aus der Tiefe hervorsprudeln. Es gibt Weizen und Gerste, Trauben, Feigen und Granatäpfel, Oliven und Datteln (Honig). Ihr werdet keinen Mangel kennen und es wird euch nichts fehlen.... Ihr werdet euch satt essen können und werdet dem Herrn, eurem Gott, aus vollem Herzen danken für das gute Land, das er euch gegeben hat."* (5. Mose 8, 8–10) Aus eben diesen Früchten kreiert Basson seine biblischen Speisen.

Wenn heute von dem klassischen und klein geschnittenen israelischen Gemüsesalat die Rede ist, so muss man auch überdenken, dass dieser Salat eine Art Neueinwanderer in *Eretz Israel* ist, denn die Tomate, die in diesem Salat den Speisenden anlächelt, wuchs nicht zu biblischer Zeit in *Eretz Israel*, sondern ist erst Jahrhunderte später nach Israel eingeführt worden. Israelische Köche, egal ob in jüdischen oder arabischen Restaurants, benutzen daher für ihre Gerichte viel lieber die typischen Früchte des Landes wie Datteln, Feigen, Weizen, Weintraubenzucker, Granatäpfel und die im Geschmack so vielfältigen Gewürzkräuter aus den Bergen Jerusalems und Galiläas.

Im Gegensatz zur arabischen Küche im Land wird in der jüdischen Küche zumeist noch koscher gekocht. „Die Juden in den arabischen Staaten, aber auch die in Europa, haben ihre Gerichte auf eine andere Art und Weise gekocht als ihre Nachbarn", erklärte Küchenchef Basson. „Die Speisen der Juden aus Nordafrika waren hauptsächlich für Juden typisch und nicht für ihre arabischen Nachbarn, u. a. weil sie koscher kochten. Dies ist auch der Grund dafür, dass die ausländische jüdische Küche die israelische Küche von heute beeinflusst." Man darf nicht vergessen, dass die Juden in den letzten 100 Jahren aus über 140 Ländern nach Israel zurückkehrten und jede Familie ihre eigene Art zu kochen mitbrachte.

Da ist zum Beispiel eine Speise mit Namen „Kugel". Es handelt sich hier um ein ursprünglich süßes Nudelgericht, das in der jüdischen Küche Osteuropas beheimatet war. Daraus wurde im letzten Jahrhundert die bekannte „Jerusalemer Kugel", die nicht mehr wie früher süß, sondern eher scharf ist. Wie es dazu gekommen ist, erklärt Basson so: „Dieses Kugelgericht wurde in den alten Jerusalemer Gassen nicht nur von aschkenasischen und sephardischen Juden zubereitet, sondern auch arabische Familien gewöhnten sich an dieses Gericht. Jeder hat seine eigenen Gewürze hinzugegeben, bis es schließlich zur heutigen Jerusalemer Kugel geworden ist, also ein Mix dieser drei unterschiedlichen Küchen. Und so kochen auch orientalische Juden den typischen *Gefilte Fisch*, der eigentlich aus Osteuropa stammt und süß ist, etwas oder sogar viel schärfer als ihre aschkenasischen Geschwister." Küchenchef Basson sieht in dem scharfen *Gefilte Fisch* eines der ersten Gerichte der typischen israelischen Küche in *Eretz Israel*.

Der *koschere* Genuss gehört mit zur Grundlage der israelischen Küche, doch immer mehr israelische Restaurants führen *nichtkoschere* Küchen, weil sie u. a. auch am Wochenende, am heiligen Schabbat-Ruhetag, Gäste einladen möchten. Bei der koscheren Ernährungsweise werden alle Speisen entsprechend den traditionellen jüdischen Gesetzen ausgewählt, zubereitet und kombiniert. Grundlage für die koschere Küche bildet das *Kaschruth*, die Speisevorschrift der Heiligen Schrift, der Thora. Ihre Wurzeln liegen in der Bibel. Die jüdischen Speisegesetze sind streng: *Koschere* Gerichte müssen „rein" sein. Großer Wert wird auch auf die sorgfältige Zubereitung der Speisen und auf die Hygiene gelegt. Deshalb werden Restaurants und die Arbeitsgänge in der Lebensmittelproduktion von Rabbinern überwacht.

Koschere Tiere können nur Vierfüßler sein, die ihre Nahrung wiederkäuen und gespaltene Hufe haben. Rind-, Kalb-, Lamm-, Reh- und Ziegenfleisch entsprechen diesen Anforderungen. Das Fleisch von Schweinen, Pferden, Kamelen, Kaninchen, Wildgeflügel oder Hasen ist nicht *koscher*. Geflügel ist erlaubt, nicht jedoch das Fleisch von Aasfressern. Damit das Fleisch am Ende *koscher* ist, muss das Tier von einem Schlachter auf traditionelle Weise mit einer scharfen Klinge geschächtet werden und so gut wie möglich ausgeblutet sein. Es werden nur die Teile des Tieres gegessen, die überhaupt kein Blut mehr enthalten. Zudem ist es verboten, Milch und

Milchprodukte gemeinsam mit Fleischprodukten zu sich zu nehmen. Traditionell wartet man nach einer Fleischmahlzeit sechs Stunden, ehe man Nahrungsmittel zu sich nimmt, die Milch enthalten. Umgekehrt ist nach dem Verzehr eines Milchgerichts allerdings nur eine Stunde Wartezeit nötig, bevor man wieder Fleisch essen darf. Wer die strengen Speisegesetze bis ins Kleinste befolgen will, der kommt nicht drum herum, auch die Küchengeräte sowie das Geschirr, Besteck usw. danach zu trennen, sich also gewissermaßen 2 Küchen anzuschaffen. Für das Zubereiten von Cremes und Saucen verwendet man häufig Milchersatzprodukte wie z.B. Sojamilch. *Koschere* Fische müssen Flossen und Schuppen haben. Aale sind als Aasfresser nicht koscher. Schalentiere, Krebse und Fische ohne echte Schuppen wie etwa Hai, Steinbutt und Stör (also auch Kaviar) werden ebenfalls nicht gegessen.

In den letzten 10 Jahren hat sich auf dem kulinarischen Gebiet in Israel sehr viel getan und überall im Land schießen neue Restaurants, in denen zum Teil *koscher* und zum Teil *nicht koscher* gekocht wird, wie Pilze aus dem Boden. Neuerdings gibt es auch *koschere* Restaurants, die am *Schabbat* geöffnet haben, um den Tausenden von Wochendausflüglern eine warme Mahlzeit zubereiten zu können. Obwohl ihre Speisen *koscher* sind, werden diese Restaurants aber vom jüdischen Rabbinat als *nicht koscher* angesehen. Vielen Israelis genügt aber die weniger strenge *Kaschrut* des Restaurants.

Überall in Israel – auf den Golanhöhen, in Tel Aviv, am See Genezareth, bei Latrun, in Israels Hauptstadt Jerusalem, in der Nähe von Beit Guvrin, im Süden auf der Wüstenfarm Sde Boker und ganz unten in Eilat – haben Israelis die köstliche und warme Küche ihrer Eltern schätzen und lieben gelernt, und das, was sie von zu Hause kennen, suchen sie heute in den Restaurants. Aus diesem Grund gibt es so viele verschiedene Restaurants im Land, die alle den Geschmack der israelischen Feinschmecker treffen wollen. Aber egal ob es eine billige Imbissbude im Jerusalemer Industriegebiet oder ein ausgefallenes Restaurant an der Tel Aviver Strandpromenade ist, das Essen schmeckt immer, schließlich kommt es darauf an, wer in den Töpfen herumrührt. Im Folgenden wollen wir Ihnen nun 16 israelische Restaurants im Land wo Milch und Honig fließt, vorstellen. Wenn Sie wieder mal in Israel sind, besuchen Sie doch mal eines dieser Restaurants und genießen Sie dort ein köstliches Essen.

Be'te'Avon! בתאבון! *Guten Appetit!*

More veKinamon - Golanhöhen

Küche: Israelische & Tiberias-Küche
Koscher: Nein
Adresse: Landstraße 789, von der Kursi-Kreuzung zu den Golanhöhen hinauf
Tel: 04-6822166

Das Restaurant am östlichen Abhang der Golanhöhen heißt auf Deutsch „Myrrhe und Zimt" und ermöglicht den Gästen einen wunderschönen Blick auf den See Genezareth. Man hält sich an die Küche der Seestadt Tiberias, d.h. es wird weniger in Fett gebraten, sondern mehr durchgekocht, ein deutlicher Einfluss der libanesischen und arabischen Küche. Besonders der St.Peter-Fisch aus dem See Genezareth ist ein populäres Gericht. Aber auch den klassischen "Gefilte Fisch" findet man auf der Menükarte, sowie an jedem Dienstag das nordafrikanische Gericht Kus-Kus und an jedem Freitag „Kubbe". Aber hier ist nicht nur das Essen köstlich, auch die Umgebung ist atemberaubend, besonders im Frühling, wenn alles blüht und grünt, dann schmeckt alles noch leckerer. Also, wer sich in der Gegend des Sees Genezareth aufhält, sollte auf keinen Fall ein Essen bei "More veKinamon" versäumen. Es lohnt sich!

Dag Al ´Dan - Nordgaliläa

Küche: Israelischer Fisch
Koscher: Ja
Adresse: Kibbuz Mayan Baruch
Tel: 04-6950225

Wer einen Fisch fein angerichtet haben möchte und sich „aus Versehen" im Norden des Landes befindet, dem empfehle ich eine Mahlzeit direkt am Ufer des Flusses Hazbani. Im Sommer, wenn es besonders heiß ist, kann man es sich hier im Schatten der Bäume am Flussufer oder am Tisch auf einer kleinen Holzbrücke gemütlich machen und eine geräucherte Forelle, die kurz vorher aus dem Fischbecken gefischt wurde, genießen. Frische Fische in der Natur Galiläas und nicht weit von der libanesischen Grenze entfernt. Auf der Landstraße 99, die Israels Nordstadt Kirijat Schemona mit dem Fuße des Berges Hermon verbindet, liegt das Fischrestaurant „Fisch auf dem Dan". Wenn ich mit meiner Familie einen Ausflug in den Norden mache, essen wir immer dort, erstens weil meine Kinder Fisch lieben, und zweitens, weil ein Freund von mir dieses Restaurant leitet. Sobald die Kinder ihr Essen runter geschlungen haben, gehen sie direkt an den Fluss, um sich auszutoben. Der nicht unbedeutende Nebeneffekt dabei: Die Eltern haben ihre Ruhe, was zugleich unser „Nachtisch" ist.

Decks - Tiberias

Küche: Südamerikanische Fleischküche
Koscher: Ja
Adresse: Tiberias, an der nördlichen Einfahrt, direkt am See
Tel: 04-6792564

Nenne mir jemanden, der kein Fleisch mag! In Israel liebt man das Grillen und erst recht, wenn man noch so schön bedient wird wie im Decks, direkt am Seeufer. Die reiche Auswahl an Fleisch zwischen Rind und Lamm, Würste und Geflügel, lässt dieses Restaurant immer zu einem Volltreffer für israelische Familien werden. Das Lokal bietet sich geradezu als Kompromiss an, wenn die lieben Kleinen Mc Donald´s auf ihrer Wunschliste haben und die Eltern es in ein gutes Restaurant zieht. Man einigt sich dann auf Decks, wo es für die Kinder Hamburger und Pommes gibt und auch die Eltern auf ihre Kosten kommen. Auch im Winter, wenn es regnet und der See randvoll ist, kann man das Essen auf der mit Glas umschlossenen Veranda genießen und dabei auf den See und die Golanhöhen blicken.

Boja - Tel Aviv

Küche: Israelisch-Französisch
Koscher: Nein
Adresse: Tarucha-Str. 3, Alter Hafen von Tel Aviv
Tel: 03-5446166

Das Boja befindet sich direkt am Tel Aviver Mittelmeerstrand, dort, wo der Yarkon-Fluss ins Meer fließt. Die Farben des Sonnenuntergangs auf der Terrasse zu bewundern, mit dem Rauschen der brechenden Wellen im Ohr, deren Spritzer sogar bis an den Essenstisch gelangen, ist auf alle Fälle ein Highlight für Paare, die einen romantischen Abend verbringen möchten. Ein bezauberndes Gourmetrestaurant mit einer Menü- und Weinkarte voller Delikatessen. Die Gänseleber in israelischer Feigensoße ist als Appetitanreger ein absolutes Muss! Wer Kinder hat, dem würde ich empfehlen, diese bei den Großeltern zu lassen, und wer als Tourist im Land ist, der sollte ein Genie in Sachen "alternativer Kinderbetreuung" sein, um die Romantik genießen zu können ...

Brewhouse - Tel Aviv

Küche: Brauhaus, Fleisch und vieles mehr
Koscher: Nein
Adresse: Rothschild-Str. 11
Tel: 03-5168666

Das Tel Aviver Brauhaus ist die einzige Brauerei im Heiligen Land. Vier verschiedene Biersorten werden vor Ort hergestellt und direkt aus den Fässern in die Gläser gegossen. Das Brauhaus befindet sich im Herzen Tel Avivs, der Stadt, die nie schläft und für ihr Nachtleben weltberühmt geworden ist. Ein außergewöhnliches Restaurant, dessen Räume, die aus 300 Jahre altem Akazienholz, Natureisen und Kupfer gestaltet wurden, zum Wegweiser in Sachen Design wurden. Die Gäste sitzen neben und zwischen den Kupferrohren und Behältern, durch dic das israelische Bier fließt bzw. in denen es gebraut wird. Auf dem Menüplan stehen Fleisch, Fisch, Meeresfrüchte und vegetarische Speisen. Am Freitagmittag bis zum Schabbateingang unterhält eine israelische Jazzband die Gäste. Bei Beginn der Abenddämmerung löst sich das gesellige Beisammensein auf und jeder geht zwecks Schabbatessen in seine eigenen vier Wände. Nach 21 Uhr beginnt dann das Tel Aviver Wochenende.

Rina & Sakarija Jechié - Tel Aviv

Küche: Jemenitisch
Koscher: Ja
Adresse: Ha ´Kovschim Str. 22
Tel: 03-5177612

Diese kleine Eßstube bietet noch die alte jemenitische Küche an, die ihrer kulinarischen Tradition treu blieb und sich nicht zu einer Restaurantkette entwickelte. Am besten ist, man beginnt mit der pikanten Haussuppe und danach bestellt man den in Fett gebratenen Malauách (wie dünner Pfannkuchen) und scharfen Fisch. Auch die Fleischgerichte mit Reis und vor allem die gewürzte Soße, der Seele des Gerichts, weiß Familie Jechié täglich neu anzurichten. Nicht vergessen werden darf das Hilbe, das Saluf-Brot und die anderen scharfen Vorspeisen. Das einzige Problem an dieser Essstube ist, dass sie klein und immer überfüllt ist. Aber das beweist lediglich, wie begehrt dieses Familienrestaurant ist.

Kela David - Beit Guvrin

Küche: Israelisch-Südländisch
Koscher: Nein
Adresse: Moschav Givat Jesaja
Tel: 02-9994848

„Davids Bogen", so heißt das romantische, an der Landstraße 38 zwischen Beit Schemesch und Beit Guvrin gelegene Restaurant. Dieses allein stehende rosafarbene Haus inmitten eines Weingartens zieht wegen seiner beliebten Menükarte am Wochenende viele Israelis an, besonders im Frühling, Sommer und Herbst. Die verschiedenen Fleischgerichte und die selbst gebackenen Brote, die kurz vor der Mittagszeit gebacken werden, so dass sie noch warm auf den Tisch kommen, haben auch uns oft dorthin gezogen. Auch die kleinen Extrazutaten, wie die bunten israelischen Salate und die in gewürzter Milch gebratenen Bratkartoffeln, haben uns sogar davon überzeugt, die Bat Mitzwa unserer Tochter Eden dort zu feiern. An den Wochenenden besteht zudem die Möglichkeit, klassische Musik oder Jazz neben dem kulinarischen Vergnügen zu genießen. Das Restaurant liegt nur 30 km südlich von Jerusalem entfernt und ist auf dem Weg nach Beit Guvrin als Mittagspause ein sehr guter Vorschlag. Das Flair gleicht dem der italienischen Toskana.

Abu Schukri - Abu Gosch

Küche: Humus
Koscher: Nein
Adresse: Arabisches Dorf Abu Gosch, neben der Moschee
Tel: 02-5334963

Das arabische Dorf Abu Gosch, am Weg nach Jerusalem gelegen, ist für seine vielen Grillrestaurants bekannt. Besonders an den Wochenenden strömen Israelis aus dem ganzen Land hierher, um bei den Arabern zu essen. Familie Abu Schukri ist für ihren Humus (Kichererbsen) berühmt geworden und zieht deshalb alle Humusliebhaber an wie ein Magnet. Es ist keine Frage, der selbst gemahlene Humus schmeckt dort wirklich am besten, aber eine Frage ist dennoch ungeklärt und birgt auch Streitereien mit sich: Denn es gibt zwei Abu Schukris im Dorf. Wer ist aber nun der echte. Die Geschichte erzählt uns, dass keiner der beiden Abu Schukris mit dem legendären Abu Schukri aus der Jerusalemer Altstadt verwandt ist, aber dennoch ist der arabische Humus von Abu Schukri gleich neben der Dorfmoschee in Abu Gosch die Nr. Eins im Großraum von Jerusalem.

Shonka - Jerusalem

Küche: Französisch-Israelisch
Koscher: Nein
Adresse: Soreg-Str. 1
Tel: 02-6257033

Im Shonka gehe ich oft essen, denn der Eigentümer Ronny und ich kennen uns noch von der Hochschule. Besonders seine „Geschäftsessen" zwischen 12 und 17 Uhr sind angesichts des vorzüglichen Angebots und dem guten Service relativ günstig: 9 Euro für Vorspeise und Hauptmenü. Das Restaurant, das sich im alten Gebäude der israelischen Staatsbank befindet, gehört zu den führenden Bar-Restaurants in der israelischen Hauptstadt. Ich bestelle gerne Carpacio (dünn geschnittene Scheiben Fleisch mit Olivenöl) als Vorspeise und das saftige Entrecôte-Steak mit Pfeffersoße nach Art des Hauses. Aber die Auswahl von Ronnys Lokal ist noch viel größer, erst recht sein Weinkeller, der heute im alten Geldtresor versteckt liegt. Ein Besuch bei Shonka zeigt Ihnen das neue und moderne Jerusalem, dort, wo die Jugend – zu der ich mich noch immer zähle – gerne hingeht.

Asura - Jerusalem

Küche: Orientalisch
Koscher: Ja
Adresse: Machane-Jehuda-Str. 8, Jerusalemer Gemüsemarkt
Tel: 02-6235204

Asura ist ein legendäres Jerusalemer Restaurant, das sich in den kleinen Gassen des Jerusalemer Gemüsemarkts versteckt befindet und genauso alt ist wie der Gemüsemarkt selbst (besteht seit den 50er-Jahren). So einfach das kleine Restaurant auch aussehen mag, seine Küche ist überaus erlesen, und dies erklärt auch, warum während der Mittagszeit keine freien Stühle zu finden sind. Die Töpfe werden auf Petroleumkochern warm gehalten und dem Gast so direkt in einer langen Topfreihe

in der Küche angeboten, wo dieser dann nur noch die Qual der Wahl hat. Mussaka (Aubergine mit Gehacktem und Tomatensoße) und handgefüllte Würste, selbst gemachter Humus, Kubbe (Suppe mit fleischgefüllten Grieskugeln) sowie marokkanischer Fisch (scharf) gehören zu der dortigen Speisekarte. Wenn ich auf dem Markt bin, dann gönne ich mir immer ein Mittagessen bei Familie Asura.

Wer nicht bei Asura gegessen hat, war nicht in Jerusalem!

Emza Ha´Derech - Ness Ziona

Küche: Jüdisch-Osteuropäisch
Koscher: Ja
Adresse: Süd-Ness Ziona
Tel: 08-9404022

Es ist nicht gerade leicht, in Israel die typisch jüdische Küche zu finden, und aus diesem Grund ist Arieh Assayag besonders stolz auf sein Restaurant mit dem Namen „Auf der Wegmitte". Er hat sich zum Ziel gesetzt, die jüdische Küche seiner Eltern und Verwandten aus Osteuropa zu bewahren, von denen einige nach Israel eingewandert sind und andere im Holocaust ums Leben kamen. An den Wänden hängen alte schwarzweiße Bilder seiner Verwandten, die dem Restaurant mit den köstlichen Menüs eine nostalgische Atmosphäre verleihen. Hühnersuppe mit Kreppelech, Gefilte Fisch, gefüllter Gänsehals und Tscholent an jedem Freitag sind Ariehs jüdische Spezialitäten. Wie gesagt: ein Restaurant mit jüdischer Küche, das im Judenstaat Israel schon fast befremdender wirkt als in Manhattan, wo dies allerdings wohl noch häufiger zu finden ist.

Boker Farm - Wüste Negev

Küche: Israelische Farm- und Käseküche
Koscher: Nein
Adresse: Wadi Boker, Landstraße 40 zwischen Kreuzung Telalim und Sede Boker
Tel: 08-6573438

Mosche träumte von einer Landwirtschaftsfarm irgendwo auf der Welt und seine Frau Hilda schwärmte von einer Farm in Südfrankreich. Letztendlich landete die Familie Zohar in der Negev-Wüste, wo sie heute eine Farm und ein Restaurant leiten. Neben der hauseigenen Weinkellerei stellen Mosche und Hilda auch pikanten Ziegenkäse her, der zum „Wüstenmenü" dazugehört. Die wilde Gegend rundherum und der weite Blick auf die grünen Weingärten, der sich einem durch das große Panoramafenster des Restaurants bietet, lassen den Gast beim Essen jegliche Sorgen und Probleme vergessen. In der heißen Wüste sind kleine Gerichte mit gewürzten Salaten und reifem Olivenöl mit Käse und Brot mehr als genug. Diese einfache Mahlzeit schmeckt prima und ist jedem, der dort zufällig unterwegs ist, unbedingt zu empfehlen. Also, auf jeden Fall auf zur Farm.

Mosche Zohar vor seiner Farm

Ha ´Beit Schel Rafa

Küche: Französische Pionierküche von Rosch-Pina
Koscher: Nein
Adresse: Rosch Pina
Tel.: 04 6936192

Rosch Pina ist ein über 120 Jahre altes Dorf und eines der ersten jüdischen Dörfer in Galiläa. Noch heute ist jeder Besuch in der pastoralen Dorfstraße zwischen den uralten Steinhäusern und bunten Vorgärten ein außergewöhnlicher Ausflug in Israels Pionierzeit. Israelische Künstler, Schriftsteller und normale Ausflügler – wie ich sie mit meiner Familie darstelle –, die in den Bergen die Ruhe und Atmosphäre suchen, fliehen gerne nach Rosch Pina. Warum? Dort gibt es wunderschöne Zimmer zu mieten und ausgezeichnete Restaurants. Unser Lieblingsrestaurant hat den ins Deutsche übersetzten Namen „Das Haus von Rafa". Spezialitäten des Hauses sind die im Kessel gekochten Fleischgerichte wie Lamm, Osso Buko und Assado. Einfach köstlich, gemütlich und romantisch. Ein altes Steinpflaster führt durch eine enge Gasse mitten durch einen Garten zum Restauranteingang. Die Toilette befindet sich, wie man es von früher gewohnt ist, außerhalb des Gebäudes. Und wenn es regnet, was bei unseren letzten Besuchen dort oben meistens der Fall war, dann kommt man wieder pitschnass ins Restaurant zurück. Vorsichtig, alte und nasse Steine sind rutschig! Aber dennoch, es lohnt sich Rafas Küche in Rosch Pina zu genießen.

Chance Acheron

Küche: Israelische Grill- und Beduinenküche
Koscher: Ja
Adresse: Am Toten Meer, Almog-Kreuzung vor Jericho
Tel.: 02 9409414

„Letzte Chance" heißt ein Beduinenrestaurant am Toten Meer, das von einer jüdischen Familie verwaltet wird. Es befindet sich 200 Meter nach der Almog-Kreuzung (von Jerusalem aus kommend, links geht es nach Jericho) Richtung Totes Meer auf der linken Straßenseite. In diesem Restaurant sitzt man auf Matratzen und Kissen und isst wie Beduinen von tiefen, runden Tischplatten. Grill, Humus und Labane (weicher Ziegenkäse) mit Ysop und Olivenöl in einem großen Pitafladen werden dort gerne bestellt. Meine Kinder lieben das runde Zelt an der tiefsten Stelle der Erde, denn es liegt nur 20 Minuten von unserem Haus in Maale Adumim entfernt. Da ich zum Rettungsteam der judäischen Wüste – zwischen Jericho und Ein Gedi – gehöre, habe ich mit meinen Kameraden oft des Nachts Rettungseinsätze bis in die frühen Morgenstunden. Bevor wir dann nach Hause fahren, stoppen wir meist – verschwitzt und müde – bei diesem Zelt und erholen uns bei einer kleinen Mahlzeit oder trinken einfach nur einen Kaffee. Auf ihrer nächsten Israelreise fahren Sie bestimmt ans Tote Meer oder nach Eilat; gönnen Sie sich dann doch einfach eine letzte Chance, bevor Sie weiter gen Süden fahren.

Tandoori

Küche: Indisch
Koscher: Nein
Adresse: Hotel Laguna
Tel.: 08 6333879

In Israels südlichster Stadt Eilat am Roten Meer gibt es eine relativ große Auswahl an Restaurants mit den unterschiedlichsten Küchen, denn Eilat ist zweifellos Israels begehrtester Ferienort. Und das indische Restaurant Tandoori gehört garantiert zu den beliebtesten Restaurants in dieser Stadt, u. a. weil die indische Küche ebenso wie die orientalische eine überaus würzige Küche verspricht und dieses Lokal bereits seit 20 Jahren israelische Gäste bedient. Hinter Tandoori steht eine Frau namens Rina Pushkerna, die 1958 in New Delhi geboren ist. Sie ist die Tochter eines hochrangigen indischen Offiziers und einer Mutter jüdischer Abstammung mit dem Familiennamen Hesekiel aus dem Irak. Mit 16 Jahren heiratete sie einen Israeli, der auf einem Schiff der israelischen Handelsflotte als Kapitän arbeitete. Neun Jahre verbrachten sie ihr Leben auf dem Meer, bis sie dann endlich in Tel Aviv strandeten. Zuerst eröffneten sie 1981 eine kleine Essstube namens Ischikidana in Tel Aviv und kurz danach das Tandoori in Eilat. Heute besitzt Rina fünf Restaurants in Israel, darunter auch das Kohinor (Koscher) in Jerusalem. Im Tandoori habe ich zum ersten Mal während meiner Militärzeit in den 80ern mit meiner damaligen Freundin Anat gegessen, die heute meine Frau und Mutter unserer vier Kinder ist. Wenn wir uns an „Those were the days" erinnern wollen, dann essen wir, wenn wir in Eilat sind, im Tandoori.

Zu Hause bei Anat

Küche: Die Beste!!!
Koscher: Ja
Adresse: Maale Adumim
Tel.: Lass´ ich besser weg, sonst krieg´ ich Ärger …

Das beste Restaurant habe ich bei mir zu Hause, nämlich bei meiner Frau Anat. Glaubt mir, das ist kein Witz, es ist absolut ernst gemeint! Es stimmt, meine Frau und ich gehen gerne auswärts essen, aber am liebsten essen wir in unserer Küche zu Hause mit unseren vier Kindern. Täglich ein warmes Essen, oft nach unserer Wahl, aber nicht immer. Früher war ich der einzige Tischgast, heute hat Anat noch weitere vier zu bekochen. Anat muss sozusagen für eine ganze Kompanie kochen, denn meine drei Söhne haben einen Hunger, einfach Wahnsinn. Meine Frau macht und kann alles, was wir mögen, angefangen von der orientalischen Küche über die chinesische bis hin zur europäischen Küche, und hier speziell die italienische, Grillgerichte oder Pizzen. Besonders das Schabbatmahl nach dem Kerzenanzünden und dem Kiddusch sind bei uns reine Gourmetessen – Hühnchen oder Ente in köstlicher Soße, Kalb, Lamm oder Fisch auf dem Grill im Garten. Gefüllte Zwiebeln mit Fleisch oder in Weinblätter gewickelter Reis sind mehr als nur eine Vorspeise. Sie sättigen und schmecken zudem fantastisch. Auch die zahlreichen kleinen Beilagensalate, wie z.B. selbst eingemachte Oliven, Gurken und Auberginen, gehören zum Repertoire meiner Frau. Was ich im Laufe der Zeit festgestellt habe, ist: „Die Soße ist die Seele des Mahls". So genießen wir zusammen mit Freunden und einer Flasche israelischen Weins den Schabbatabend. Schabbat Schalom!

Anat kocht im Freien

JERUSALEMS BERGQUELLEN

Die schattigen Kiefernbäume und versteckten Obstgärten locken viele Israelis am Wochenende in die Jerusalemer Berge – auf Hebräisch „Hare Jeruschalayim“. Auch die pastoralen Feldwege zwischen den hohen Bäumen und die Abenddämmerungen mit dem freien Blick auf die untergehende Sonne über der Küstenebene sind weitere Gründe, die dafür sprechen, mit Frau und Kind in die Wälder zu entfliehen. Wer es romantischer haben will, dem empfehle ich – als Vater von vier Kindern –, die Kinder bei den Großeltern zu lassen. Ganz besonders reizen zudem die etwa 60 Wasserquellen, die ganz einfach zwischen den Büschen oder tiefer in den Wäldern gelegen zu finden sind. Nur wenige Kilometer westlich von Jerusalem sprudelt frisches Quellwasser aus Höhlen, Felsbrüchen oder einfach aus der Erde hervor. Man muss nur wissen, wo sich diese Wasserquellen verbergen. Ein Tagesausflug in diese wunderschöne Landschaft, die mit ihren lebendigen Wasserquellen eine altertümliche Bibellandschaft in den Bergen Jerusalems wieder belebt, lohnt sich allemal. Der HErr sagt in Joel 4,18: „Zu jener Zeit werden die Berge von Wein triefen und die Hügel von Milch, und die Bäche Judäas werden das ganze Jahr über Wasser haben.“

Wasserquelle: Ein Lavan

Das Wasserbecken und der ausgegrabene unterirdische Eingang zur Quelle.

Als die Kinder Israel das von Gott verheißene Land vor über 3.500 Jahren anfingen zu besiedeln, mussten sie feststellen, dass die fruchtbaren Täler im Gelobten Land bereits von den Kanaanitern besetzt waren. So blieb ihnen nichts anderes übrig, als auf die hohen Felsen- und Buschhügel Judäas und Samarias auszuweichen. Josefs Nachkommen beklagten sich bei Josua und sagten: „Das Bergland ist nicht groß genug für uns und in der Ebene sind dic Kanaaniter“ (Josua 17). Ferner sagten die Feinde Israels über Gott, dass Er „ein Gott der Berge sei und nicht ein Gott der Täler“ (1. Könige 20,28). So ist es dazu gekommen, dass sich die heiligste Stadt der Welt, Jerusalem, oben in den Bergen Judäas befindet, dort, wo der Geist Gottes gemäß jüdischer Tradition die Glaubenswerte formte und wo der Erlöser Jesus in Bethlehem geboren wurde.

Aussicht auf die Berge Jerusalems

Auf den Bergen Jerusalems, in Judäa und Samaria, entstand die erste jüdische Siedlung. Doch bevor dort ein neues Leben begonnen werden konnte, mussten die Kinder Israel zuerst den steinigen Boden fruchtbar machen und deshalb zuallererst Steine bzw. Felsen für den beabsichtigten Ackerbau beseitigen. Diese wurden dann schließlich für die Terrassen verwendet, die die in Stufen angelegten, schmalen Ackerflächen am Berghang stützten. So ist in den Bergen Jerusalems der biblische Terrassenbau zu sehen, der sich zum Teil versteckt in den Wäldern oder in waldfreien Bergmulden findet. Von den übrig gebliebenen zerschlagenen Steinen wurden auch Farmhäuser und Wachtürme, von denen aus man die fruchtbaren Felder bewachte, errichtet. In Jesaja 5 lesen wir von dem Weinbergbau einer typischen Farmersfamilie in den Bergen Jerusalems. „Auf fruchtbaren Hügeln, da liegt mein Stück Land, dort hackte ich den Boden mit eigener Hand, ich mühte mich ab und las Felsbrocken auf, baute Wachturm und Kelter, setzte Reben darauf."

Wasserquelle Ein Usi in der Nähe von Sataf

Solch ein Weinberg ist bei der Wasserquelle Sataf und an anderen Stellen in den Bergen Jerusalems zu finden. Dort wurden zum Beispiel 26 verschiedene alte Weinreben entdeckt, Terrassenäcker, ein Wachturm und eine Kelter. Auf den Ackerböden wurden zu biblischer Zeit hauptsächlich Wein, Olivenbäume, Feigen, Granatäpfel und Beerenbüsche angebaut bzw. angepflanzt. Aber dafür wurde auch viel Wasser benötigt und daher war es üblich, diese Terrassenäcker immer in der Nähe von Wasserquellen zu positionieren. Sobald man eine Wasserquelle zwischen den Steinen oder im Felsen ausfindig machte, wurde dort eine Höhle oder ein unterirdischer Tunnel hinein gegraben, um den Wasserstrom aus dem Felsen zu verstärken. Das aus dem Felsen strömende Wasser wurde dann zuerst in ein ein bis zwei Meter tiefes Steinbecken (Fläche dieses Beckens: 3 x 3 m) umgeleitet und von dort aus per Wasserleitungen zu den umliegenden Terrassenäckern gebracht. So findet man in den Bergen Jerusalems zahlreiche versteckte Wasserquellen, die damals die Ackerböden israelischer Familien bewässerten und heute zu Zufluchtsorten israelischer Ausflügler geworden sind. Im Hohelied 4, 12 ist von den Gartenquellen die Rede: „Aber noch sind mir Garten und Quelle verschlossen!" Daher war es auch ganz natürlich, dass die Häuser der Familien und Dörfer immer oberhalb der Quellen errichtet wurden, damit das Wasser zu den Terrassenäckern abfließen konnte.

Wasserquelle: Ein el Balad

Nicht weit von der Wasserquelle Ein Lavan sprudelt auch die Wasserquelle Ein el Balad, die heute den Namen des vor drei Jahren ermordeten Itamar trägt. Palästinensische Terroristen aus dem nahe gelegenen Palästinenserdorf Batir haben den damals 20-jährigen Itamar während seiner jüdischen Ritualtaufe, der Mikwe, ermordet.

Das Quellwasser kommt tief aus der Erde, welches im vorangegangenen Winter vom Himmel regnete. „Die Quellen der Tiefe brachen aus der Erde aus und die Schleusen des Himmels öffneten sich" (1. Mose 7, 11). Je regenreicher der Winter, desto stärker ist der Quellwasserstrom im folgenden Jahr. Die sprudelnden Quellen im Spätsommer zeugen daher sozusagen von einem gesegneten Winter. Rabbiner sagen, dass die Wasserquellen, die aus dem Inneren der Berge Jerusalems heraussprudeln, nicht nur kristallklares und frisches Trinkwasser sind, sondern wegen der ehemaligen Wasserversorgung des jüdischen Tempels doppelt so wertvoll bzw. bedeutungsvoll sind. Aus diesem Grund sieht man häufig orthodoxe Juden in den versteckten Quellbecken, die sich dort siebenmal untertauchen und sich so vor Gott in einem natürlichen Mikwe (Taufbecken) reinigen. Besonders vor den jüdischen hohen Feiertagen suchen sie die versteckten Quellen in Becken, Höhlen und Brunnen auf. Aber diese Quellen werden nicht nur von Juden genutzt, sondern auch von Arabern aus den umliegenden Palästinenserdörfern, die oft mit ihren Schafherden oder allein auf ihrem Esel zu den Quellen kommen. Dort kommt es dann entweder zu einem ruhigen Gespräch zwischen den Anwesenden oder man streitet sich. Der Jude Itamar wurde sogar, wie schon erwähnt, vor drei Jahren von palästinensischen Terroristen an der Wasserquelle Ein el Balad erschossen.

An dieser Wasserquelle im Tal der Geister (Emek Refaim), zwischen Jerusalem und dem Palästinenserdorf Batir gelegen, wurden 1929 die Überreste einer byzantinischen Kirche ausgegraben. Archäologen gehen davon aus, dass an dieser Stelle Philippus auf der einsamen Straße Richtung Süden, von Jerusalem nach Gaza, dem hoch angesehenen Mann aus Äthiopien begegnete (Apostelgeschichte 8, 26).

Wilde Obstgärten liegen versteckt in den Bergen Jerusalems.

Wasserquelle: Ein el Chanié

Schafherde aus dem nahe gelegenen Araberdorf Batir

Wenn man heute mit seiner Familie einen Ausflug in die Berge Jerusalems unternimmt, hat man immer die biblische Vergangenheit vor Augen: alte Ruinen zwischen blühenden Obstgärten, die ununterbrochen über die ganzen Jahre hinweg von den lebendigen Wasserquellen bewässert wurden. Man erlebt eine ruhige Atmosphäre wie zu biblischer Zeit – die Stille, das ruhige Sprudeln des Wassers aus der Höhlenquelle, der Wind zwischen den Bäumen und die alten Felsbrocken, die auf eine lebendige Vergangenheit hindeuten. Eine pastorale Landschaft mit biblischer Geschichte, Ruinen von alten Farmen, Weinpressen, Käsereien und Wald. Die zahlreichen Wasserquellen, Zisternen, altertümlichen Terrassenlandwirtschaften und archäologischen Ausgrabungen zeichnen ein Bild eines lebendigen Hügelgebietes.

Mittagspause im schattigen Obstgarten von Ein Kobi mit selbst gemachtem Ziegenkäse und israelischem Wein. Mehr als köstlich!

Wasserzisterne von Ein Kobi, dort, wo sich gemäß Talmud (Sanhedrin 95) einmal das jüdische Dorf Kobi befand. Neben der Wasserquelle sind Überreste einer alten Moschee zu sehen, die wiederum auf byzantinischen Überresten errichtet wurde.

„Provence Zions" nennen wir Judäas Waldhügel, und aus diesem Grund liebe ich das Hügeldreieck zwischen Jerusalem, Bethlehem und Bet Schemesch, das ideal für Tagesausflüge mit meiner Familie ist. Mittags machen wir eine Pause und genießen im Schatten der Kiefernbäume israelischen Ziegenkäse (z.B. von Familie Selzer) und ein Glas israelischen Weins (Ramat Rasiel oder andere), die damals wie heute in den Bergen Judäas nach den Richtlinien alter Traditionen erzeugt werden. Glaubt mir, dort schmecken sie am köstlichsten! Heute beherbergen die Berge Jerusalems nicht mehr einzelne Farmen wie zu biblischer Zeit, sondern größere Ansiedlungen wie Moschawim und Kibbuzim, die ihr Wasser sogar den Berg hochgepumpt bekommen. Diese Moschawim und Kibbuzim haben sich der pastoralen Bibellandschaft angepasst und verkaufen den israelischen Ausflüglern selbst gemachten Ziegenkäse und köstlichen Wein aus ihrer eigenen Weinkellerei. Auch die drei Klöster Latrun, Beit Jamal und Dir Rafah haben sich dem israelischen Trend angepasst und laden die israelischen Gäste am Wochenende zu kulinarischen Erlebnissen ein.

Moschaw Even Sapir auf den Bergen Jerusalems

Höhle Johannes des Täufers gefunden

Die im Jahr 2004 entdeckte Höhle von Johannes dem Täufer ist eine der vielen Höhlenwasserquellen in den Bergen Jerusalems. Reuven Kalifon, der im Kibbuz Zoba zu Hause ist, wusste von der Höhle in der Nektarinen-Plantage seines Kibbuzes, die allerdings fast vollständig mit Erde zugeschüttet ist bzw. war. Im Jahr 1999 wandte sich

Kalifon an den in Jerusalem lebenden britischen Archäologen Dr. Shimon Gibson mit der Bitte, die Höhle einer genaueren Untersuchung zu unterziehen. Gibson, der schon seit drei Jahrzehnten in Israel Ausgrabungen durchführt, fand sich gerne dazu bereit. Nachdem man die Erde aus der Höhle geschafft hatte, eröffnete sich den Archäologen Gibson und Rafi Lewis eine 24 x 4 x 4 Meter große Höhle. 28 Stufen führen auf den 4 Meter tiefer gelegenen Grund derselben, wo sich ein jüdisches rituelles Mikwe-Tauchbad, auch Baptisterium genannt, befindet. An den Wänden der Höhle entdeckten die Forscher eingeritzte „Zeichnungen". Zu sehen ist ein Mann, gekleidet in Tierhäuten, mit einem Stock und einem abgeschlagenen Kopf, sowie eine Hand, die die Hand von Johannes darstellen soll. Diese Zeichnungen stammen nach Annahmen von Gibson und des israelischen Archäologen Rafi Lewis aus der Zeit der Byzantiner, also etwa 300 Jahre nach der Wirkungszeit Jesu und Johannes des Täufers.

Die Höhle selbst, die aus der Eisenzeit stammen soll, liegt nur etwa 4 km Luftlinie von Ein Karem, nahe Jerusalem, entfernt, wo Johannes der Täufer gelebt und getauft haben soll. Man fand auch einen Stein in der Höhle, auf dem man seinen Fuß zur Waschung desselben abstellen konnte (der darauf befindliche Fußabdruck entspricht in etwa der heutigen Schuhgröße 45), sowie 250.000 Tonscherben, die wahrscheinlich von kleinen Wasserkrügen, die für Taufen genutzt wurden, stammen. Da man keine weiteren Inschriften an den Höhlenwänden oder auf dem Boden entdeckte, geht man ziemlich fest davon aus, dass es sich bei dieser Höhle wirklich um eine von Johannes genutzte Stätte zum Taufen oder auch zur Abhaltung seiner „Stillen Zeit" handelt. Während der fünfjährigen Ausgrabungszeit schrieb Gibson ein Buch darüber, das den Titel trägt „The Cave of John the Baptist" (Die Höhle des Johannes des Täufers). Das Buch wurde vor kurzem veröffentlicht. Sollten sich die Beweise in Richtung Johannes des Täufers erhärten, dann wäre dieser Fund als einer der bedeutendsten in Hinblick auf biblische Geschichte zu bewerten.

Bisher konnten schon einzelne Touristengruppen und natürlich auch Journalisten diese Höhle besuchen. Der breiten Öffentlichkeit ist sie aber noch nicht zugänglich gemacht worden, da noch einige Studien an bzw. in ihr durchgeführt werden müssen. Zudem ist sie auch nicht so einfach zu erreichen, da sie, wie gesagt, inmitten einer Plantage liegt, erklärte Rafi Lewis.

Schmale Feldwege in den Wäldern auf den Bergen Jerusalems.

Wasserquelle: Ein Yoel

Die Wasserquelle trägt den Namen von Yoel Potovobitz, der 1950 von arabischen Fadajeins im Wadi getötet wurde. Heute wird das Quellwasser in ein größeres Betonfass (siehe Pfeil) geleitet, wo man mit einer Leiter ins kühle Wasser hinein steigen kann. Danach legt man sich aufs Dach und trinkt Kaffee.

Wasserquelle: Ein Saádim

Jerusalems einzige Stadtquelle ist der Gihon:

Der Gihon, was auf Hebräisch „Hervorsprudeln“ heißt, ist die einzige Ganzjahresquelle in Jerusalem. Sie entspringt in einer Grotte zwischen der Davidsstadt und dem Kidrontal. Sie wird heute von den Christen „Marienquelle“ genannt, bei den Moslems heißt sie „Quelle der Mutter der Stufen“, da 32 Stufen zu ihr hinaufführen. Der Name ist wohl darauf zurückzuführen, dass Wasser früher fast in der Art einer Springquelle zwischen 30 bis 40 Minuten empor sprudelte und danach für mehrere Stunden ruhig blieb. Da die Mauern von Jebus, der von den Jebusitern bewohnten Vorgängerstadt Jerusalems, nicht bis ins Kidrontal und um die Quelle Gihon gezogen werden konnten, trieben die Jebusiter einen Tunnel von der Quelle bis unter das Stadtgebiet. Innerhalb der Stadt war dieser Tunnel durch einen 13 Meter tiefen, treppenlosen Schacht (Warren-Schacht) zu erreichen, aus dem Wasser mit an Seilen hängenden Eimern geschöpft werden konnte. Es wird angenommen, dass König Davids Befehlshaber Joab um 1000 v. Chr. durch diesen - 1867 entdeckten - Schacht in die als uneinnehmbar geltende Jebusiterstadt gelangte und so die Eroberung von Jebus ermöglichte (2. Sam 5,6 und 1. Chronik 11,4-9). Davids Sohn Salomo wurde an dieser Quelle noch zu Lebzeiten Davids zum König gesalbt (1. Könige 1,33-34).

Tunnelbau zum Teich Schiloach:

Während des Assyrerangriffs am Ende des 8. Jh. v. Chr. ließ König Hiskija den oberen Abfluss der Quelle zustopfen und leitete das Wasser nach Westen in die Davidsstadt, um so auch bei einer feindlichen Belagerung die Wasserversorgung der Stadt sicherzustellen: „Als Hiskija sah, dass Sanherib herankam und sich zum Krieg gegen Jerusalem anschickte, überlegte er mit seinen Obersten und Helden, ob man nicht die Wasserquellen außerhalb der Stadt verstopfen solle. Sie unterstützten sein Vorhaben. Man holte viel Volk zusammen und verstopfte alle Quellen, und den Bach, der mitten durch das Tal fließt“ (2 Chronik 32,2-4).

Der etwa 530 m lange Tunnel, der in der Stadt am Teich Schiloach endet, wurde an der Stelle gebaut, wo noch zu Zeiten von Hiskijas Vorgänger Ahas eine offene Wasserleitung den Südost-Hügel entlanglief. Der in den Felsen gehauene S-förmige Tunnel hat ein Gefälle von etwas mehr als 2m, die Höhe variiert zwischen zwei und mehr als 5 Meter, die Breite um 60cm. Etwa in der Mitte des begehbaren Tunnels kann man Blindstollen sehen, die vom Bemühen der Bergleute zeugen, in die richtige Richtung zu hauen. Das Wasser wurde durch den Tunnel von der Gihonquelle zum Teich Schiloach innerhalb der Stadt geleitet. Das Wort Schiloach kommt von der Wurzel lischloach, was auf Hebräisch "senden" heißt. Daher bezeichnet Schiloach auch einen Kanal, später erst den Teich. Wie der Teich zu Zeiten Jesu aussah, ist nicht bekannt; nach Lukas 13,4 hatte in seiner Nähe ein Turm gestanden („Turm von Schiloach"). Hier heilte Jesus einen Blinden, indem er ihm die Augen bestrich und ihn anwies, sich im Teich Schiloach zu waschen (Johannes 9). Wegen dieses Wunders galt das Wasser des Teiches - dem schon durch die rabbinische Tradition Heilkraft zugesprochen worden sein muss - später auch den Christen als heilkräftig.

Fastentage im jüdischen Kalender

Das jüdische Kalenderjahr, beginnend mit dem Neujahrsfest *Rosch Haschana*, enthält sechs Fastentage. Die beiden wichtigsten sind der Versöhnungstag *Jom Kippur* und der Gedenktag an die Tempelzerstörung *Tischa be'Aw*. Die restlichen vier Fastentage werden als „kleine Fastentage" bezeichnet. Sie wurden von den Propheten Haggai, Sacharja und Maleachi eingesetzt, um bestimmten nationalen Tragödien des jüdischen Volkes zu gedenken. Im Folgenden sollen nun alle sechs Fastentage in der Reihenfolge ihres Auftretens im Kalender etwas näher erläutert werden.

DAS GEDALIAH-FASTEN

Direkt nach dem zweitägigen Neujahrsfest folgt das Gedaliah-Fasten. Es wird immer am dritten Tag des Monats Tischri begangen und in der Bibel (Sacharja 7,5) als das „Fasten des Siebten" bezeichnet, denn der Monat Tischri ist der siebente Monat des jüdischen Kalenders (im ersten Monat, Nissan, wird das Pessachfest gefeiert). Fällt der dritte Tag im Monat Tischri auf einen Schabbat, so wird der Fastentag auf den Sonntag verlegt (4. Tischri), da außer an Jom Kippur nie an dem wöchentlichen Ruhetag gefastet wird.

Das Fasten beginnt mit Anbruch der Dämmerung und endet mit dem Erscheinen der Sterne.

Wer war Gedaliah?

Nachdem König Nebukadnezar aus Babylonien den Ersten Tempel zerstört und das jüdische Volk ins Exil getrieben hatte, erlaubte er einer kleinen Zahl von Juden in Eretz Israel zu bleiben. Als Gouverneur setzte er Gedaliah ben Achikam ein. Die Juden, die in die Nachbarländer Moab, Edom und Ammon geflohen waren, kamen daraufhin nach Israel zurück und bestellten die landwirtschaftlichen Flächen, die ihnen Nebukadnezar zugestanden hatte. Hauptsächlich bauten sie Wein an und erfreuten sich an der nun ruhigen Zeit, die der vorherigen Unterdrückung folgte. Sie sollte aber nicht lange andauern. Denn der König von Ammon war ihnen feindlich gesinnt und neidisch auf die Israeliten, weswegen er den Jischma'el sandte, der Gedaliah töten sollte.

Im Monat Tischri kam schließlich Jischma'el in die Stadt Mitzpeh, wo Gedaliah sich aufhielt. Obwohl der Gouverneur über die Absichten dieses Mannes vorgewarnt war, empfing er ihn mit großen Ehren, was Jischma'el auch sofort ausnutzte und Gedaliah, seinen Leibwächter sowie viele der anwesenden Juden ermordete.

Da die in Eretz Israel lebenden Juden nun die Rache Nebukadnezars fürchteten, der schließlich Gedaliah als Gouverneur bestimmt hatte, flohen sie nach Ägypten und das Land Israel lag von nun an brach.

So legten die Weisen des jüdischen Volkes den 3. Tischri – den Tag der Ermordung Gedaliahs – als Fastentag fest. Einige der jüdischen Bibelausleger sind der Meinung, dass der Mord am 1. Tischri stattgefunden habe, aber da am Neujahrsfest das Fasten verboten ist, dieses auf den 3. Tag des Monats verschoben wurde.

Im Talmud-Traktat Rosh Haschana 18b heißt es dazu:

„Dies lehrt uns, dass der Tod der Gerechten dem Verbrennen des Hauses Gottes – des Tempels – gleichkommt, denn genauso wie für den Tag der Tempelzerstörung ein Gedenkfasten eingesetzt wurde, wurde auch ein Fasten zum Gedenken an Gedaliah festgelegt."

Das Gedaliah-Fasten bildet den dritten der zehn Bußtage zwischen Rosch Haschana und Jom Kippur (die beiden Festtage und der Versöhnungstag eingeschlossen). Diese Tage werden auch „bein keseh l´asor – zwischen Verborgenheit und dem Zehnten (10. Tischri – Versöhnungstag)" genannt, um den Menschen an das Essenzielle dieser Tage zu erinnern: Er befindet sich nämlich zwischen den zwei Tagen des Gerichts – an Rosch Haschana wird die Zukunft eines Menschen durch Gott vorherbestimmt und niedergeschrieben und an Jom Kippur wird dies durch den Allmächtigen besiegelt. Wer sich dessen bewusst ist, wird die Furcht vor dem Gericht und die Pflicht zur Buße immer vor Augen haben.

Zu dem Vers aus Jesaja 55,6 „Suchet den Herrn, solange er zu finden ist; rufet Ihn an, solange Er nahe ist", kommentieren die jüdischen Weisen folgendes:

„Dies lehrt uns, dass es Zeiten gibt, an denen Gott zu finden/sichtbar ist, und Zeiten, an denen er nicht zu finden ist. Zeiten, an denen er nahe ist, und Zeiten, an denen er ferne ist. Wann ist der Allmächtige nahe und sichtbar? In den zehn Bußtagen zwischen Rosch Haschana und Jom Kippur."

Obwohl Gebet und Buße nie fehl am Platz sind, werden sie besonders in den zehn Bußtagen vom Allmächtigen wohlwollend angenommen.

Während dieser Tage werden im Morgengrauen zusätzliche Bußgebete – die Selichot – gesprochen und man ist darauf bedacht, die Gebote (Mitzwoth) noch genauer zu beachten und auszuführen. Außerdem sollte man die Beschäftigung mit weltlichen Dingen zurückstellen und sich mehr dem Studium der Thora und dem Geben von Spenden an Bedürftige widmen.

Im Traktat Schabbat 1 des Jerusalemer Talmuds steht geschrieben:

„Rabbi Chija ha-Gadol wies Rav an: Wenn du alle Tage des Jahres in ritueller Reinheit (koscher) essen kannst, tue es. Wenn nicht, dann wenigstens an sieben Tagen des Jahres."

Dazu kommentierte Avi ha-Ezri, dass sich die genannten sieben Tage auf die zwischen Neujahr und Versöhnungstag beziehen. Und Rosh schreibt dazu: „Deshalb wurde in den aschkenasischen Gemeinden (in Deutschland und den Ländern, die nach deutschem Ritus beteten) an der Tradition festgehalten, dass auch die Personen, die das ganze Jahr über von Nichtjuden gebackenes Brot aßen, während der Bußtage Brot vom jüdischen Bäcker aßen."

Rabbenu Jonah schreibt, dass Teschuwa (Buße) auf drei Dinge beruht: Reue, Sündenbekenntnis und dem Verlassen der Sünde.

Im Midrasch zum 3. Buch Mose (Vajikra Rabbah 3) wird angemerkt:

Rabbi Bibi bar Abbaje lehrte: Wie soll jemand seine Sünden am Vorabend des Versöhnungstages bekennen? Er/Sie solle sagen: Ich bekenne jede böse Tat, die ich vor Dir begangen habe. Ich habe den falschen Weg begangen. Alles, was ich getan habe, werde ich nicht wieder tun. Möge es Dein Wille sein, Gott, dass Du mir alle meine Sünden vergibst, mich von allen meinen Vergehen freisprichst und mir Vergebung für alle meine verkehrten Taten zusprichst, wie es geschrieben steht (Jesaja 55,7):

„Der Gottlose lasse von seinem Wege und der Übeltäter seine Gedanken und bekehre sich zum HErrn, so wird er sich seiner erbarmen, und zu unserem Gott, denn bei Ihm ist viel Vergebung."

Die jüdischen Weisen sprachen auch über die große Bedeutung der Umkehr:

"Groß ist die Buße, denn sie ändert den Gerichtsspruch Gottes über den Menschen ab." (Traktat Rosch Haschana 17)

"Die Tore des Gebets sind manchmal offen und manchmal geschlossen. Das Tor der Buße jedoch ist stets geöffnet." (Midrasch Devarim Rabbah 2)

"Sie fragten die Weisheit: Was ist die Strafe für den Sünder? Die Weisheit antwortete: Unglück verfolgt die Sünder. (Sprüche Salomos 13,21). Sie fragten den Heiligen, gelobt sei er, (und er antwortete): Lasst ihn Buße tun." (Jerusalemer Talmud Traktat Makkot 2)

"Einer, der Buße tut, wird dem gleichgestellt, der nach Jerusalem hinaufpilgerte, den Tempel erbaute und den Altar errichtete und darauf die vorgeschriebenen Opfer darbrachte." (Midrasch Vajikra Rabbah 7)

"Die Macht der Buße ist so gewaltig, dass wenn eine Person nur daran denkt Buße zu tun, diese Person sofort auf eine höhere geistige Stufe gelangt ... nicht nur zum ersten oder zweiten Firmament, sondern direkt in die Gegenwart des Thrones Gottes." (Pessikta Rabbasi 44)

Buße jedoch bereinigt nur die Sünden zwischen Mensch und Gott, jedoch nicht die der Menschen untereinander. Deshalb sollte man in den Bußtagen diejenige Person aufsuchen, der man Unrecht getan hat, um deren Vergebung zu erhalten. Und wenn wir von jemandem aufgefordert werden, diesem sein Vergehen an uns zu vergeben, sind wir dazu verpflichtet, dieser Person sofort zu vergeben.

Unsere Weisen lehrten: *Rabbi Elieser sagte: Tue Buße einen Tag bevor du stirbst. So fragten ihn seine Schüler: Weiß jemand, wann sein Todestag kommt? Rabbi Elieser antwortete: Gerade deshalb. Jeder sollte heute Buße tun, denn er weiß nicht, ob er morgen vielleicht stirbt. Und so verbringt der Mensch sein ganzes Leben in Buße und Umkehr.*

SCHABBAT SHUVAH

Der in die zehn Bußtage fallende Schabbat wird Schabbat Shuvah – Schabbat der Umkehr – genannt. Er erhielt seinen Namen von der Haftara-Prophetenlesung aus Hosea 14, 2–10: „Bekehre dich, Israel, zu dem Herrn deinem Gott ...". In den jüdischen Gemeinden und Synagogen ist es Brauch, dass an diesem Schabbat der

Rabbiner insbesondere über Umkehr und Buße predigt. Der Schabbat wurde gegeben, um auszuruhen, aber auch um die Thora zu studieren, wozu man in der heutigen hektischen Zeit kaum noch kommt. Deshalb soll besonders der Schabbat Shuvah dem Thorastudium sowie dem Nachsinnen über die Umkehr/Buße und dem Gebet gewidmet sein, wodurch Vergebung für Fehlverhalten an anderen Schabbattagen erreicht wird.

DER VERSÖHNUNGSTAG

Am Vorabend des Versöhnungstages vollzieht man das Kapparoth-Ritual, bei dem man ein Huhn in die rechte Hand nimmt und einen kurzen Text (siehe weiter unten) aufsagt, während man das Huhn dreimal um seinen Kopf herumführt. (Ein Mann nimmt einen Hahn, eine Frau eine Henne, eine schwangere Frau einen Hahn und eine Henne.) Dieses Ritual bringt dem Menschen natürlich nicht die Versöhnung, sondern stellt nur eine symbolische Vergebung dar. Es dient dazu, den Menschen daran zu erinnern, dass ihm für seine Sünden eigentlich der Tod zusteht, was wiederum zur Umkehr motivieren soll und zur Erbittung der Gnade Gottes. Es ist üblich, die Hühner durch Geld auszulösen, das dann den Armen zukommt.

Viele nehmen statt der Hühner jedoch schon von vornherein Geld, das dann aber auch gemäß dem Ritus um den Kopf geführt wird. Dabei wird folgender Vers dreimal laut gesprochen:

„Dies ist meine Kappara-Auslösung, dieses Geld soll an Arme abgegeben werden."

Hat man dies vor dem Neujahrsfest nicht getan, spricht man sich nach dem Morgengebet vor drei männlichen Zeugen in der Synagoge von leichtfertig gemachten Gelübden frei. Am Nachmittag gehen die Männer ins Mikweh-Tauchbad, um sich vor dem Fastentag rituell zu reinigen. Dieser Brauch stammt aus der Zeit der Propheten.

Eine Mitzwah (Gebot) besagt, dass man im Laufe des Tages gut essen und trinken soll, um für das 25 Stunden andauernde Fasten gewappnet zu sein. Manche essen zum Frühstück Fisch. Dazu steht im Midrasch (Bereschit Rabbah 11) geschrieben:

"Rabbi Tanchuma lehrte: Es geschah einst an einem Vorabend des Versöhnungstages in Rom, als ein jüdischer Schneider zum Markt ging, um Fisch zu kaufen. Es gab aber nur einen Fisch und noch einen Käufer – der Diener eines römischen Gouverneurs. Die beiden überboten sich im Preis, bis der Schneider 12 Dinar bot, die der Diener nicht überbot. Bei der Mahlzeit fragte der Gouverneur seinen Diener, warum er keinen Fisch gekauft habe, woraufhin Letzterer den Hergang erzählte. Der Diener fragte seinen Herrn, ob er zwölf Dinar für einen Fisch hätte ausgeben sollen. Der Gouverneur ließ den Schneider vor sich bringen und fragte ihn, warum er sich einen Fisch für zwölf Dinar gekauft hätte. Dieser wiederum antwortete: „Mein Herr! Wir haben einen Tag im Jahr, an dem uns alle unsere Sünden vergeben werden. Sollten wir nicht diesen Tag ehren, wenn er vor der Tür steht?" Der Gouverneur nahm die Erklärung des Schneiders an und schickte ihn nach Hause. Wie „revanchierte" sich Gott gegenüber dem Schneider? Als dieser den Fisch aufschnitt, fand er in dessen Bauch einen wertvollen Stein, der ihm ein Leben ohne finanzielle Not bescherte."

Nach dem Nachmittagsgebet wird die letzte Mahlzeit vor dem Fasten mit leicht verdaulichen Speisen eingenommen, die etwa eine halbe Stunde vor Sonnenuntergang beendet werden muss.

Beim Anzünden der Festtagslichter werden folgende Segenssprüche aufgesagt:

„Gelobt seist Du, Ewiger, unser Gott, der uns durch seine Gebote geheiligt hat und uns geboten, die Kerzen für den Versöhnungstag anzuzünden."

„Gelobt seist Du, Ewiger, unser Gott, der uns belebt hat, uns erhalten und uns diese Zeit hast erreichen lassen."

Bevor man in die Synagoge geht, segnet der Vater seine Kinder mit folgenden Worten:

„Möge dich der Ewige wie Efraim und Menasse machen“,

bzw. für Mädchen:

„Möge dich der Ewige wie Sara, Rebekka, Rahel und Leah machen“.

„Und möge es vor unserem Vater im Himmel wohlgefällig sein, die Liebe zu Ihm in dein Herz zu legen; die Furcht des HErrn ruhe alle Tage deines Lebens auf deinem Angesicht, dass du nicht sündigst; dein Verlangen sei nach der Lehre und den Geboten; deine Augen mögen geradeaus schauen, dein Mund spreche Weisheit, dein Herz sinne Ehrfurcht, deine Hände mögen sich mit den Geboten beschäftigen, deine Füße eilen, den Willen deines Vaters im Himmel zu erfüllen.

Er gebe dir fromme Söhne und fromme Töchter, die sich alle ihre Tage mit der Lehre und den Geboten beschäftigen; deine Quelle sei gesegnet; und Er lasse dich deine Nahrung auf erlaubte und leichte Weise und im Überfluss aus Seiner reichen Hand finden und nicht durch die Gabe von Fleisch und Blut, eine Ernährung, bei der du für den Dienst des Ewigen frei bist. Mögest du zu glücklichem und langem Leben inmitten aller Frommen Israels eingeschrieben und besiegelt werden.“

Bei vielen ist am Versöhnungstag der Brauch zu finden, weiße Kleidung zu tragen, um den Engeln ähnlich zu sehen. Zudem ist es auch Brauch, ein weißes, dem Totenkleid ähnliches Gewand – genannt Kittel – über die Kleidung zu ziehen, um sich daran zu erinnern, dass der Mensch nicht unsterblich ist und Buße nötig hat.

Noch vor dem Sonnenuntergang ziehen die Männer sich den Tallith-Gebetsmantel über, um den Segensspruch über den Tallith sagen zu können.

In der Synagoge wird vor dem Beginn des Abendgebets das Gebet „*Tefillah Sakkah* – Reines Gebet“ rezitiert, das den Beter geistig auf den Versöhnungstag vorbereiten soll.

Danach beginnt man mit dem „*Kol Nidrei*“ – „Alle Gelübde“-Gebet. Dazu wird der Thora-Schrein geöffnet und zwei Thorarollen entnommen, die durch die Synagoge getragen und dann neben dem Gebetspult von ihren Trägern gehalten werden. Das „Kol Nidrei“ wird dreimal aufgesagt, um leichtfertig gemachte Gelübde des alltäglichen Lebens zu annullieren.

Danach folgt das Abendgebet für den Versöhnungstag und schließlich wünscht man sich gegenseitig „Gmar Hatima Tova – Gute Versiegelung (zum Leben)“.

An Jom Kippur sind folgende Tätigkeiten, die dem Körper Freude bereiten, verboten:

- man isst und trinkt nicht,
- man wäscht sich nicht und cremt sich auch nicht ein,
- man zieht keine Lederschuhe an
- und Mann und Frau dürfen an diesem Tag nicht zusammenkommen.

Das mündliche Bekennen der Übertretungen ist ein Hauptbestandteil der Gebete des Jom Kippur und wird insgesamt zehnmal wiederholt, für den Fall, dass der Betende sich zu Beginn geistig noch nicht von seinen Sünden getrennt hat, was eine

Vergebung verhindert. Außerdem steht die zehnfache Wiederholung für die Übertretung der zehn Gebote. Das Sündenbekenntnis, das im Plural geschrieben ist, wird stehend aufgesagt und enthält verschiedene Sünden in alphabetischer Reihenfolge der zweiundzwanzig Buchstaben des hebräischen Alphabets. Man sagt die ganze „Liste" herunter, selbst wenn man davon überzeugt ist, nicht alle diese Sünden selbst begangen zu haben. Bei jeder dieser Sünden schlägt man sich mit der rechten Faust an die Brust.

Die Thoralesung des Versöhnungstages unterscheidet sich wesentlich von der der anderen Festtage. Unter anderem werden an Jom Kippur sechs Personen zur Lesung aufgerufen, statt der an anderen Fastentagen üblichen fünf. Man liest den Abschnitt über den Opferdienst im Tempel am Versöhnungstag (3. Mose 16). Die Maftir-Lesung wird aus Paraschat Pinchas (4. Mose 29,7–11) und die Haftara aus dem Buch Jesaja Kap. 57,14 – 58,14 gelesen.

Beim Nachmittagsgebet werden drei Personen, wie dies auch am Schabbat der Fall ist, aufgerufen. Aus der Thora wird der Abschnitt über verbotene sexuelle Beziehungen (3. Mose 18) gelesen, wobei die dritte Person auch die Haftara-Prophetenlesung – das Buch Jona – vornimmt. Dieses Buch lehrt uns, dass der Mensch Gott nicht entrinnen kann, genauso wie Jona nicht seiner Berufung entfliehen konnte. Außerdem soll die Geschichte der Umkehr der Bewohner von Ninive uns als Beispiel der Buße und Umkehr dienen.

Für jemanden, der an einer Krankheit leidet, bei der ein Fasten lebensgefährlich werden könnte, ist das Fasten verboten. Kinder unter 9 Jahren dürfen nicht den ganzen Tag über fasten, bei ihnen sind nur einige Stunden am Abend des Versöhnungstages vorgesehen. Ab dem 9. Lebensjahr sollten sie dieses Fasten um eine bis zwei Stunden verlängern. Erst ab dem Alter von elf Jahren sind Jungen und Mädchen verpflichtet, den ganzen Tag über zu fasten, sofern ihre Gesundheit dies zulässt.

Insgesamt werden am Versöhnungstag fünf Gebete gesprochen: das Abendgebet *Ma'ariv*, das Morgengebet *Schaharit*, das Zusatzgebet *Mussaf*, das Nachmittagsgebet *Minchah* und kurz vor Ende des Versöhnungstages die letzte Gebetseinheit, das Ne'ilah. *Ne'ilah* bedeutet Abschluss, denn in Kürze werden die Tore der Barmherzigkeit geschlossen werden. Zu diesem Zeitpunkt sollte das Gebet mit größter Inbrunst gesprochen werden, um die Barmherzigkeit Gottes bis zum Äußersten auszuschöpfen.

Zum Abschluss sagt der Vorbeter den Vers „*Schma Israel, Adonai Elohenu Adonai Echad* – Höre Israel, der Ewige, unser Gott, der Ewige ist einzig!" einmal, was die Gemeinde einmal laut wiederholt.

Darauf folgt dreimal: „*Baruch Shem kevod malchuto le'olam va'ed*"„Gelobt sei der Name der Herrlichkeit seines Reiches immer und ewig", das auch die Gemeinde dreimal wiederholt. Die dreimalige Rezitation bezieht sich auf das dreimalige Vorkommen des Wortes „Gott" im Vers „Gott regiert, Gott hat regiert und Gott wird auf ewig regieren".

Dann sagt der Vorbeter sieben Mal:

„*HaSchem hu Ha Elohim* – HaSchem (bedeutet „der Name" und steht für den Eigennamen Gottes) ist Gott", das die Gemeinde auch sieben Mal laut und voller Inbrunst wiederholt. Diese siebenmalige Rezitation soll an die sieben Himmel erinnern, die der Allmächtige seinem Volk Israel zur Zeit der Thoragebung öffnete, um diesem zu beweisen, dass es keinen Gott außer Ihn gibt. Entsprechend einer anderen Erklärung soll die siebenfache Rezitation auf den Rückzug der Gegenwart Gottes, die unter der betenden Gemeinde weilte, durch die sieben Himmel bis hin zum Throne Gottes, hinweisen.

Danach singt der Vorbeter das *Kaddisch*-Gebet zur Verherrlichung Gottes in einer fröhlichen Melodie, um unsere Zuversicht zu zeigen, dass unsere Gebete gnädig aufgenommen wurden. In den aschkenasischen Gemeinden wird dann mit dem Schofarhorn ein lang anhaltender Ton geblasen. In sefardischen Gemeinden bläst man während des Kaddisch-Gebets zehnmal und nach dessen Abschluss noch einmal.

Nach Einbruch der Dunkelheit wird das *Ma'ariv*-Abendgebet gebetet, dem folgt die Segnung des Neumondes, die bis hierher verzögert wurde. Man wünscht sich gegenseitig ein gutes Jahr und geht danach nach Hause. Dort angekommen wird der *Hawdala*-Unterscheidungssegen zwischen Festtag und Wochentag gesprochen. Dazu wird eine Kerze von einer Flamme entzündet, die vor dem Jom Kippur entfacht wurde und den ganzen Tag über brannte. Auch Wein gehört zu diesem Ritual.

Im Midrasch steht, dass am Abend nach dem Versöhnungstag eine himmlische Stimme verkündete: „*Geht und esst euer Brot mit Freude*", weshalb es allgemeiner Brauch ist, nach dem 25-stündigen Fasten eine festliche Mahlzeit abzuhalten.

Ebenso ist es Brauch, sich nach dem Fastentag nur mit solchen Dingen zu beschäftigen, die etwas mit Gottes Geboten zu tun haben, und deshalb beginnen danach viele bereits mit dem Bau der Laubhütte, da schließlich nur wenige Tage später das Laubhüttenfest folgt.

DAS FASTEN DES ZEHNTEN TEWET

Der Monat Tewet ist im jüdischen Kalender der zehnte Monat nach der biblischen Zählung, wonach der Monat Nissan der erste Monat des Jahres ist, da während diesem die Kinder Israel aus Ägypten auszogen.

Der Name Tewet stammt von den babylonischen Juden; im Buch Esther wird er als zehnter Monat genannt.

Drei Fastentage hat der Monat Tewet: den achten, den neunten und den zehnten des Monats, die alle an bestimmte Tragödien des Volkes Israel erinnern sollen. Das Fasten am achten und neunten Tag wird nur von besonders frommen Juden eingehalten, während der zehnte Tewet ein Pflicht-Fasten für das ganze Volk Israel ist.

Der Grund für das Fasten am achten Tewet liegt darin, dass an diesem Tag die Thora in die griechische Sprache übersetzt wurde, was von König Talmai (Ptolemäus Philadelphus) angeordnet worden war. Die jüdischen Weisen bemerken dazu, dass dieser Tag der Sünde mit dem Goldenen Kalb gleichkomme, denn es sei unmöglich, die Thora so vollständig in eine andere Sprache zu übersetzen, so dass der von Gott gemeinte Sinn deutlich daraus hervorgeht.

Mit dem Fasten am neunten Tewet wird dem Tod von Esra dem Schreiber und des Propheten Nehemia gedacht, die das Volk Israel nach der Rückkehr aus dem babylonischen Exil glaubenstreu führten. Als diese beiden starben, war das Volk Israel führerlos.

Das Fasten des zehnten Tewet ist zum Gedenken an den Beginn der Belagerung Jerusalems durch Nebukadnezar, dem König Babylons, eingesetzt worden. Dies geschah zur Zeit des Ersten Tempels, den König Salomo erbaut hatte. Die Belagerung währte drei Jahre, bis die Stadtmauern Jerusalems letztendlich am neunten Tammus von den Babyloniern durchbrochen wurden.

„Und Zedekia wurde abtrünnig vom König von Babel. Im neunten Jahr seiner Herrschaft, am zehnten Tag des zehnten Monats, zog heran Nebukadnezar, König von Babel, mit seiner ganzen Macht gegen Jerusalem, und sie belagerten die Stadt und bauten Bollwerke um sie her. So wurde die Stadt belagert bis ins elfte Jahr des Königs Zedekia. Aber am neunten Tage des vierten Monats wurde der Hunger stark in der Stadt, so dass das Volk des Landes nichts mehr zu essen hatte. Da brach man in die Stadt ein ...“ (2. Könige 25,1–4)

„Am zehnten Tage des fünften Monats, das ist das neunzehnte Jahr Nebukadnezars, des Königs von Babel, kam Nebusaradan, der Oberste der Leibwache, der stets um den König von Babel war, nach Jerusalem und verbrannte das Haus des HErrn und das Haus des Königs und alle Häuser von Jerusalem ...“ (Jeremia 52,12-13)

Der zehnte Tewet markiert den Beginn einer Reihe von erschütternden Ereignissen für das jüdische Volk bis hin zur Zerstörung des Ersten Tempels.

In *Jalkut Schimoni,* Kapitel *Eicha 1*, schreiben unsere Weisen:

“Als Nebukadnezar mit seinen Alliierten nach Jerusalem kam, gedachte er die Stadt schnell zu erobern. Gott stärkte jedoch die Einwohner der Stadt bis ins dritte Jahr (der Belagerung), dass sie vielleicht Buße tun würden. In der Stadt waren viele tapfere Männer, die die Chaldäer bekämpften und viele von ihnen töteten. Einer derselben war Akiva ben Gevirti. Als die feindlichen Soldaten große Steine gegen die Stadtmauern schleuderten, fing Akiva diese auf und schleuderte sie zurück, wobei er viele der Feindsoldaten tötete. Selbst mit seinen Füßen wehrte er die geworfenen Steine ab und schleuderte sie auf die Angreifer zurück. Aber die Sünden der Stadt (der Einwohner) brachten ihn zu Fall, so dass er von der Mauer fiel und starb. Zu diesem Zeitpunkt konnten die Chaldäer die Mauern Jerusalems durchbrechen.”

Fastenregeln für alle vier Fastentage

Das Fasten beginnt mit dem Anbruch der morgendlichen Dämmerung, das heißt, dass bis zu diesem Zeitpunkt noch etwas gegessen werden darf.

Wie schon erwähnt ist an den vier Fastentagen im Gegensatz zu Jom Kippur und dem Tischa be´Aw das Baden und die Nutzung von kosmetischen Produkten erlaubt, dergleichen auch das Tragen von Lederschuhen. Allerdings ist es an diesen vier Tagen verboten, den Mund nach dem Aufstehen auszuspülen oder etwa Essen in den Mund zu nehmen, sei es auch nur, um den Geschmack zu prüfen und es danach wieder auszuspucken.

Kranke und schwangere Frauen oder auch stillende Mütter sind nicht zum Fasten verpflichtet. Kinder sollen an diesen Tagen nur die notwendigen Mahlzeiten einnehmen und z.B. keine Süßigkeiten oder Eis zu sich nehmen, damit auch sie einen Teil der Trauer mittragen. Wer nicht fastet hat darauf zu achten, dass er sein Essen nicht öffentlich zu sich nimmt und auch nicht übermäßig viel isst.

Der Sinn dieser Fasttage liegt vor allem in der inneren Einkehr und Buße.

Im Gottesdienst wird an den Fasttagen beim Morgen- und Nachmittagsgebet der Abschnitt aus 2. Mose 32,11–14 u. 34,1–10 gelesen.

Zudem werden noch Selichot-Bußgebete gesprochen.

Das Fasten endet mit dem Abendgebet.

DAS ESTHER-FASTEN

Das Esther-Fasten findet einen Tag vor dem Purimfest statt, also am 13. Adar, bei dem man des Fastens des Mordechai und der Esther sowie der Juden in Schuschan (Susa) gedenkt, als das Vorhaben Hamans bekannt wurde, alle Juden im Königreich des Ahasveros zu töten.

Und so ging Königin Esther nach dem Fasten ohne Aufforderung und Wissen des Königs zu ihm, um ihn und Haman zu einem Gelage einzuladen. Immer wenn das Volk Israel direkt vor einem Krieg stand, wurde ein Fasten ausgerufen. So tat es auch Mose, als der Kampf gegen Amalek bevorstand.

Damit wird deutlich gemacht, dass der Mensch nicht aus eigener Kraft alles überwältigen kann, sondern nur dann, wenn er seine Augen im Gebet zum Himmel richtet, um die Gnade des Allmächtigen zu erflehen. So wappnete sich das Volk unter Fasten für den Kampf gegen seine Widersacher.

Da dieses Fasten nicht zu den vier von den Propheten festgelegten Fastentagen zählt, sind die Regeln hierfür auch weniger streng. Schwangere, Stillende und Schwache brauchen das Fasten nicht einzuhalten. Die Lesung erfolgt wie oben angeführt, jedoch wird beim Nachmittagsgebet zusätzlich noch eine Haftara-Prophetenlesung aus Jesaja 55,6 – 56,8 vorgenommen.

Während des Nachmittagsgebets werden von jedem drei Halbe-Schekel-Münzen für wohltätige Zwecke gespendet. Dies geschieht zum Gedenken an die Spende des halben Schekels einer jeden Person des Volkes Israel für den Tempel, als dieser noch stand.

Der 13. Adar wird im Talmud (Traktat Taanit 18b) als „Tag des Nikanor" erwähnt. Jehuda ben Mattitjahu tötete an diesem Datum den griechischen Tyrann Nikanor, der das Volk Israel während der Zeit der Hasmonäer brutal tyrannisiert hatte. Dieser Tag wurde daraufhin als Festtag ausgerufen.

Fällt der 13. Adar (des Esther-Fastens) auf einen Schabbat, wird das Fasten auf den Donnerstag davor verlegt, also auf den 11. Adar, und nicht auf nach den Schabbat verschoben, da am Schabbatausgang bereits das Purimfest beginnt, an dem das Fasten verboten ist.

DAS FASTEN AM 14. NISSAN

Der 14. Nissan ist der Vorabend des Pessachfestes. An ihm fasten die Erstgeborenen der jüdischen Familien im Gedenken daran, dass der Allmächtige die Erstgeborenen innerhalb des jüdischen Volkes bei der zehnten und zugleich letzten Plage gegen die Ägypter – deren Erstgeborenen dabei getötet wurden – bewahrte.

DAS FASTEN AM 17. TAMMUS

Am 17. Tammus, dem „Fasten des vierten Monats“ des jüdischen Kalenders, gedenkt man fünf tragischer Begebenheiten in der Geschichte des Volkes Israel.

In der *Mischnah* (Taanit 4,3) sind diese aufgeführt:

„Fünf Ereignisse fanden am 17. Tammus statt: Die ersten Gesetzestafeln wurden von Moses während des Abstiegs vom Sinai zerschmettert, als er sah, wie das Volk um das Goldene Kalb tanzte; das tägliche Opfer im Ersten Tempel wurde eingestellt; während der Zeit des Zweiten Tempels wurden an diesem Tag die Stadtmauern durchbrochen; zur gleichen Zeit verbrannte Apustamus eine Thorarolle und im Tempel stellte man ein Götzenbild auf.“

Wie eben gelesen, wurden am 17. Tammus die Mauern des Zweiten Tempels durchbrochen. Zur Zeit des Ersten Tempels wurden die Stadtmauern von den Belagerern ebenfalls an diesem Monat überwunden, und zwar am 9. Tammus. Um nun das Volk nicht mit zwei dicht aufeinander folgenden Fastentagen zu belasten, wurde zum Gedenken an diese Geschehnisse nur der 17. als Fastentag festgesetzt, da die Zerstörung des Zweiten Tempels viel schwerer wiegt als die des Ersten. Nun wird schon seit etwa 2.000 Jahren an die zweite Tempelzerstörung gedacht. Dagegen erscheint der Zeitraum zwischen dem 1. und dem 2. Tempel als relativ kurz.

TISCHA BE'AW

Die 21 Tage zwischen dem 17. Tammus und dem Tischa be´Aw werden als die Zeit des Engpasses bezeichnet, basierend auf dem Vers aus Klagelieder 1,3: „Alle ihre Verfolger erfassten sie in den Engpässen“. Diese Zeit gilt als Trauerperiode um die beiden zerstörten Tempel, während der keine Hochzeiten stattfinden; man hört in dieser Zeit auch keine Musik, tanzt nicht, unternimmt keine Vergnügungsreisen, man rasiert sich auch nicht noch lässt man sich die Haare schneiden. Zu Beginn des Monats Aw werden dann noch mehr Dinge unterlassen, die einem Freude bzw. Erleichterung bereiten; so pflanzt man z.B. in dieser Zeit keine Zierbäume oder Bäume, die als Schatten dienen sollen. Man streicht bzw. renoviert die Wohnung nicht und man kauft, webt, knüpft oder strickt auch keine neuen Kleidungsstücke, außer sie sind für ein Brautpaar bestimmt. Dann ist es sogar eine Mitzwa, diese Arbeiten auszuführen. Verlobungen können in dieser Zeit stattfinden, doch ohne das traditionelle Festmahl. Vom Beginn des Monat Aw bis zum Fastentag isst man kein Fleisch und trinkt keinen Wein, da zu dieser Zeit die Opfer im Tempel aufhörten. Eine Ausnahme bildet hier der Schabbat, an dem Fleisch und Wein erlaubt, ja sogar eine Pflicht sind. Auch bei einer Beschneidungsfeier und einer Bar-Mitzwa oder auch bei der Auslösung eines Erstgeborenen während dieser neun Tage im Monat Aw darf Wein und Fleisch zu den Festmahlen genossen werden.

Der Schabbat vor dem Tischa be´Aw wird *Schabbat Chason* genannt, entsprechend der Haftara-Prophetenlesung dieses Schabbats aus Jesaja 1, 1–27, die mit den Worten „Dies ist die Offenbarung (Chason) Jesajas ...“ beginnt.

Vor Fastenbeginn nimmt man eine letzte Mahlzeit zu sich, die aus einem gekochten Gericht, traditionell ein gekochtes Ei oder ein Linsengericht, und aus ungekochten Lebensmitteln besteht. Man sitzt dabei auf dem Fußboden oder auf einem niedrigen Stuhl. Man isst alleine und auch das Tischgebet spricht jeder für sich.

Das Fasten beginnt mit Sonnenuntergang und alle sind dazu verpflichtet, auch Schwangere und Stillende. Kranke dürfen allerdings etwas essen.

Man trägt keine Lederschuhe (dies umfasst auch solche, in die lediglich eine Ledersohle oder Lederstücke eingearbeitet sind), man wäscht sich nicht (sollten allerdings die Hände schmutzig sein, so darf man diese waschen) und das Nutzen von Kosmetik ist auch verboten. Das oben erwähnte Zusammenkommen des Ehepaares ist ebenfalls verboten. Manche schlafen in der Nacht nicht im Bett, sondern auf der Couch oder auf dem Boden, viele legen sich einen Stein unters Kopfkissen oder unter die Matratze zum Gedenken an die Zerstörung des Tempels, kurzum, man gibt einigen Komfort auf.

Nach dem allgemeinen Abendgebet wird in der Synagoge das gesamte Buch der Klagelieder in seine Kapitel unterteilt vorgetragen und danach Kinnot-Trauerlieder rezitiert.

Das Studieren der Thora ist an diesem Tag nicht erlaubt, da dies schließlich Freude bereitet, am Tischa be´Aw jedoch gedenken wir der Zerstörung beider Tempel, was ihn zum Trauertag macht. Erlaubt ist hingegen das Lesen im Buch der Klagelieder sowie dessen Auslegungen, auch das Buch Hiob darf gelesen werden. Darüber hinaus grüßt man sich nicht, fragt nicht nach dem Wohlbefinden des anderen und geht auch nicht seiner gewohnten Arbeit nach.

Beim Morgengebet werden weder der Gebetsmantel noch die Gebetsriemen angelegt, dies erfolgt erst beim Nachmittagsgebet. Die Thoralesung während des Morgengebets umfasst 4. Mose 4,25–40 und die Haftara-Prophetenlesung Jeremia 8,13 – 9,23.

Beim Nachmittagsgebet wird aus 2. Mose 32 gelesen, und von den Propheten liest man Jesaja 55,6 – 56,8.

Nach Einbruch der Dunkelheit wird das Abendgebet verrichtet, welches das Fasten beendet.

Es ist aber allgemeiner Brauch, erst ab dem folgenden Mittag wieder Wein zu trinken, Fleisch zu essen, sich zu waschen sowie sich die Haare zu schneiden, da gemäß Überlieferung auch noch am zehnten Aw der Tempel brannte bzw. an diesem Tag das Allerheiligste zerstört wurde.

Manche unter dem jüdischen Volk haben es sich zum Brauch gemacht, jeden Montag und Donnerstag im Gedenken an die Tempelzerstörung, das Verbrennen von Thorarollen und die Entheiligung des Namens Gottes zu fasten. In der Zukunft wird Gott diese Fastentage jedoch in Festtage verwandeln.

DER JÜDISCHE GLAUBE UND DIE MESSIANISCHE HOFFNUNG

Jeden Tag beten die religiösen Juden in ihrem Schacharit-Morgengebet und in ihrem Maariv-Abendgebet:

„Nach deiner Stadt Jerusalem kehre in Erbarmen zurück,
wohne in ihr, wie du gesprochen,
erbaue sie bald in unseren Tagen als ewigen Bau,
und den Thron Davids gründe schnell in ihr.
Gelobt seist du, Ewiger, der du Jerusalem erbaust.
Den Spross *) deines Knechtes David
lass rasch emporschießen,
sein Horn erhöhe durch deine Hilfe,
denn auf deine Hilfe hoffen wir den ganzen Tag.“

Im Haftarasegen betet man:

„Erfreue uns, o HErr, unser Gott,
durch das Königtum des Sohnes Davids, deines Gesalbten.
Möge er eilends herbeikommen.“

An Festtagen wird gebetet:

„Gib aufsprießende Macht, David, deinem Knecht,
eine gerüstete Leuchte dem Sohne Isais, deinem Gesalbten,
damit er in Bälde, ja in unseren Tagen, erscheint.“

Am Schabbat singt man das Lied des Schlomo Alkabez:

„Schüttle ab den Staub, erhebe dich,
zieh deine Prachtgewänder an, mein Volk,
denn durch Isais Sohn, den aus Bethlehem,
wird der Erlöser (Messias) dir nahn.“

---

*) *Spross heißt im Hebräischen nezer. Daher heißt Nazareth übersetzt „Stadt des Sprösslings“. So bedeutet „Nazarener“ nicht nur „der aus Nazareth kommt“, sondern auch „der ein Spross aus dem Stamme Isais bzw. Davids ist“.*

Das war eine kleine Auswahl der jüdischen Gebete, in denen die Sehnsucht nach dem Messias deutlich wird. Es gibt kein Fest, an dem nicht für das baldige Erscheinen des Messias gebetet wird. Juden, die nicht zu denen gehören, die täglich zu Hause oder in der Synagoge beten, beten - auch wenn es nur aus Tradition ist - an Feiertagen oder bei persönlichen Anlässen, wie z.B. bei Hochzeitsfeiern, beim Beschneidungsfest oder zur Bar-Mitzwa-Feier bis hin zu Beerdigungen Gebete, in denen die Hoffnung nach dem baldigen Kommen des Messias zum Ausdruck kommt.

So ist die Sehnsucht nach dem Messias allgegenwärtig, wie z.B. die Redewendung angesichts einer Baustelle:

„Eher wird der Messias kommen, als das Haus fertig ist!"

oder die Zusage etwas zu liefern:

„Du bekommst die Lieferung, ehe der Messias kommt!"

Dazu kommt, dass bei Festen, wie z.B. beim Pessachfest, die Tür aufgelassen wird, womit der Prophet Elia, der dem Messias voranzieht, willkommen geheißen wird, denn man hofft, dass er an diesem Tag erscheinen wird. Und auf dem Tisch steht der Koss Elijahu, Kelch des Elia, auch er steht für Elia bzw. für den Messias bereit. Alles in Erwartung, dass der Messias während der Feier erscheint.

Kelch des Elia

Hierbei müssen wir jedoch beachten, dass, so vielschichtig die israelische Bevölkerung auch ist, angefangen bei den orthodoxen Juden bis hin zu den liberalen Reformjuden, ebenso vielseitig die Messiaserwartung ist. Die orthodoxen Juden erwarten einen Messias, der wie sie, dem Baal Schem Tov (chassidischen Wunderrabbi) oder dem Lubavitcher Rebben Schnersohn ähnlich ist. Die liberalen Juden dagegen sehen in dem Messias einen Friedensbringer, dem es gelingt, Feinde zu versöhnen, á la Ghandi, Dr. Martin Luther King oder Mandela. Ein weiterer Unterschied in der Messiaserwartung ist, dass die Einen den Messias in Person erwarten und die Anderen im Messias nur eine politische Formel sehen, d.h. ein messianisches Reich ohne den Messias.

Zwischen dem christlichen Messianismus und der jüdischen Messiaserwartung besteht der Unterschied, dass der christliche Messianismus theologisch universal ist. Der jüdische Messianismus ist dagegen national auf das Volk Israel bezogen. Beschränkt sich die christliche Messiaserwartung auf innere, geistliche und ewige Ziele, so gilt bei der jüdischen Messiaserwartung in ganz pragmatischer Hinsicht das Wort aus Jesaja 40,3: „Bahnt dem HErrn einen Weg, ebnet in der Steppe eine Strasse für unseren Gott."

Neue jüdische Siedlung auf den Ruinen des biblischen Ortes Efrata

Dieses Wort wird auf den Messias bezogen. Daher glauben viele Juden, dass der Messias erst kommen wird, wenn das jüdische Volk nach Zion heimgekehrt ist und das Land Israel wieder aufgebaut sein wird und - laut Teddy Kollek - Jerusalem dabei die schönste Stadt sein wird. Diese pragmatische Messiaserwartung beflügelt die jüdischen Siedler überall in Judäa und Samaria, versunkene biblische Städte wieder aufzubauen und das Land Israel neu zu beleben.

Selbst nichtjüdische und z.T. nichtreligiöse Menschen standen für diesen pragmatischen Messianismus Pate. Sogar Napoleon Bonaparte fasste einen jüdischen Nationalstaat in Eretz Israel ins Auge, in der Hoffnung, dass dann der Messias als Weltherrscher von Zion aus die gesamte Welt regieren und vereinen wird. Napoleon glaubte, dass unter der Regie eines jüdischen Nationalstaates, der vom Messias universal regiert wird, die Menschheit reifen und ihre edelsten Ziele realisieren wird. Die damaligen Herrscher hatten erkannt, dass die Menschheit ohne Messias zu keiner Reife kommen kann, was auch Herder in seiner 1784 verfassten Schrift „Vom Geist der ebräischen Poesie“ betont.

Der Philosoph und Bibelübersetzer Franz Rosenzweig (1886-1929) schrieb im Hinblick auf die Französische Revolution: „Es ist kein Zufall, dass nun zum ersten Mal ernsthaft begonnen wurde, die Forderungen des messianischen Gottesreiches zu Zeitforderungen zu machen.“

Doch diese Erkenntnis hatte zwei Seiten, denn seither betrachten sich alle Völker als auserwählte Völker. Parallel zu dieser politischen Auffassung des Erwählungsbegriffes, wie ihn der moderne Nationalismus implizierte, wurden die Juden als das wirklich auserwählte Volk paradoxerweise von den übrigen Völkern bis in unsere Tage hinein als das am wenigsten erwählte Volk der Welt angesehen.

All diese Gedanken richteten sich jedoch hauptsächlich auf die jüdische Messianität in der Diaspora. Erst mit dem Aufkommen des Zionismus 1897 und der Gründung des Judenstaates Israel 1948 wurde daraus der auf das Land Israel bezogene Messianismus, der fest in der Heimkehr der Juden nach Zion verankert ist, was die orthodoxen wie auch liberalen Juden aus dem Drei-Stufenplan von Hesekiel 37 herauslesen.

Gemäß Hesekiel 37,1-14 wird die erste Stufe die Einsammlung der sehr verdorrten Gebeine sein. Das ist die Heimkehr, die Aliya der Juden nach Zion.

Im Land ihrer Väter setzt dann die zweite Stufe ein: Die Gebeine fügen sich zueinander, es wächst Fleisch, Sehnen und Haut darüber, so dass sie wieder ein vollständiger Körper werden. Das ist das, was derzeit in Israel geschieht: wir leben noch in der ersten, aber auch schon in der zweiten Phase. Die aus aller Welt heimgekehrten Juden finden wieder zueinander und werden zu einem Volkskörper. Das ist ein langwieriger Prozess, denn die Juden, die 2000 Jahre zerstreut unter allen Völker lebten, sind in Wahrheit Ausländer zueinander, die jetzt erst wieder zu einem einheitlichen Volkskörper werden.

Erst in der dritten und letzten Phase kommt Gottes Odem in den wiedererstandenen Volkskörper, was zeitlich mit dem Kommen des Messias in Einklang gebracht wird.

So sind die beiden Vorstufen: Die Einsammlung der Juden und die Volkswerdung Israels, die über den Horizont auftauchenden Sonnenstrahlen, die schon zu sehen sind, ehe die Sonne selbst zu sehen ist. Doch dass ihre Strahlen schon zu sehen sind, verrät, dass die Sonne selbst, der Messias, nicht mehr weit ist.

Da die Heimkehr der Juden aus aller Welt und das Wiedererstehen des Staates Israel als Volkskörper eine rein irdische Angelegenheit ist, werden viele zu der Annahme verführt, dass dementsprechend auch der Messias eine rein irdische und politische Figur ist. Sie berufen sich dabei auf den Heidenkönig Cyrus, der damals dem jüdischen Volk zur Freiheit verhalf und deswegen von den damaligen Juden als Messias angesehen wurde.

Demgegenüber steht die religiöse Messiasvorstellung, die sich auf Daniel 7,13-14 beruft:

„Mit den Wolken des Himmels kam einer,
der wie eines Menschen Sohn aussah.
Ihm wurde Macht, Ehre und Herrschaft verliehen,
so dass alle Völker, Volksstämme und Zungen
ihm untertan waren.
Seine Macht ist von ewiger Dauer und unvergänglich
und sein Königreich ist ein solches,
das niemals vernichtet werden kann."

Dieses Bild passt nun ganz und gar nicht auf einen irdischen und vergänglichen Herrscher und mag er noch so gut und gerecht sein. Das passte auch nicht auf den Judenfreund König Cyrus. Beide Vorstellungen vom Messias, die irdische wie auch die überirdische, werden von den Juden voller Sehnsucht erwartet.

Was die Messiaserwartung angeht, spalten sich Israels Juden in passive und aktive Lager. Da gibt es die passiv auf den Messias Wartenden, die jeden Tag „nur" für sein baldiges Kommen beten, was geistlich betrachtet eigentlich auch aktiv ist, doch nicht im Sinn der äußerlich aktiven jüdischen Siedler, denn viele der orthodoxen Juden wollen mit dem pragmatischen Zionismus nichts zu tun haben. Sie betrachten den zionistischen Judenstaat Israel als Selbsterlösung im Sinn von Abrahams voreiligem Nachhelfen mit Hagar, woraus Ismael, Israels Sorgenkind, wurde. Die Orthodoxen sehen in der Demokratie Israels - obwohl sie selber Nutznießer dieser Demokratie sind - die größte Gefahr für die biblische Messianität, weil die Mehrheitsentscheidung der Demokratie den Alleinanspruch des Messias abschafft. Ihrer Auffassung nach – wie es auch die Bibel lehrt, wird der Staat, der vom Messias regiert werden wird, jedoch einmal eine Theokratie - eine Gottesherrschaft - sein.

Wer Israel kennt, bejaht, dass Israel derzeit eine atheistische Theokratie ist, d.h. einerseits herrscht bereits Gott, indem er seine in der Bibel verankerten Verheißungen in Erfüllung bringt, wie z.B. die Sammlung der Juden aus aller Welt, wanderten doch seit Staatsgründung Israels Juden aus etwa 140 Nationen nach Israel ein, und auch die Verwandlung der Wüste zum fruchtbaren Garten Eden ist in Erfüllung gegangene Verheißung Gottes. Andererseits aber sind die Mehrheit der Israelis keine bibelgläubigen und betenden Juden. So sind derzeit von den 120 Abgeordneten der Knesset nur 32, das sind 26,6 %, religiöse bis orthodoxe Juden. Weil Gott aber bereits mittels solcher Atheisten regiert, ist Israel eine atheistische Theokratie.

Zu den aktiv auf den Messias wartenden Juden gehören diejenigen, die jüdische Siedlungen bauen und jene, die sich mit dem Bau des III. Tempels befassen. Zwischen

Jerusalem und Jericho in Mitzpe Jericho soll ein Tempelmodell im Maßstab 1 zu 1 errichtet werden, als Ausbildungsstätte für Juden, die als Kohanim vom Priestergeschlecht Aarons abstammen oder zu den Leviten gehören. Weil sie davon überzeugt sind, dass der Messias in Bälde erscheinen wird, um vom Tempel in Jerusalem aus sein Volk zu regieren, lernen die Kohanim und Leviten bereits diverse Tempeldienste.

Die Geräte für den Dritten Tempel sind größtenteils schon vom Jerusalemer Tempelinstitut hergestellt. Die Bundeslade dagegen ist noch verborgen. Allen Geschichten zum Trotz muss hier gesagt werden, dass die Bundeslade bisher nirgendwo gefunden wurde. Geschichten, dass man die Bundeslade gefunden hat, tauchen so regelmäßig wie Ebbe und Flut auf, haben sich jedoch bisher immer als Luftblase entlarvt. Dass ein Dritter Tempel einmal gebaut wird, lesen wir u.a. in Sacharja 1 und in der Offenbarung 11, denn es gibt einen geistlichen und irdischen Tempel. Alle diese Tatsachen, die jedoch erstmals in unseren Tagen auftreten, deuten darauf hin, dass der Messias vor der Tür steht.

Der 12. der 13 Glaubensartikel des Maimonides lautet:
„Ich glaube in vollkommenem Glauben
an die Ankunft des Messias,
und obschon er sein Kommen verzögert,
harre ich jeden Tag auf sein Kommen."

Leider haben die Juden nicht immer geduldig gewartet, sondern vielfach in eigener Weise nachgeholfen und bisher etwa 50 „falsche Messiasse" hervorgebracht. Angefangen von Bar Kochba (90-135 n. Chr.) bis hin zu Schabbatai Zwi (1626-1676) und Jussuf Abdallah (1832-1895). Doch Martin Buber nennt sie die guten falschen Hoffnungen, weil sie immer dann auftauchten, wenn das jüdische Volk in der Diaspora durch Assimilation das Judentum verlassen wollte. Dann tauchte ein „falscher Messias" auf, machte ihnen Hoffnung, dass es nun endlich soweit sei, worauf sich die Juden wieder neu zum Glauben ihrer Väter bekehrten und Juden blieben. Als hinterher herauskam, dass sie einem Scharlatan aufgesessen waren, hatten sie die Gefahr des Abfallens überwunden.

Oder es tauchte immer dann, wenn die Juden ihr Judentum ablegen wollten, ein böser Despot auf, der die Juden zwang, sich durch Kennzeichen wieder öffentlich als Juden zu erkennen zu geben. Im Mittelalter war es der „gelbe Kreis" und in der Neuzeit der „gelbe Stern". Das eine wie das andere geschah alle vier Generationen, immer genau dann, wenn die Gefahr der Assimilation am größten war. Auf diese Weise behielt Gott sein Volk als Juden im Griff, denn er wollte sein Volk ja als Juden bis in unsere Zeit hineinbringen. Das lesen wir in Jeremia 31,37. Da heißt es, dass Gott die gesamte Nachkommenschaft Israels als Nation nicht verwerfen werde wegen alles dessen, was sie begangen haben.

Aus dieser Sicht betrachtet ist der Messias zuerst einmal der Herrscher über sein Volk Israel und erst danach der König aller Könige für die Welt, der ein universales Friedensreich aufrichtet und wieder die biblischen Rechtsvorschriften einführt. Daher gehört es zum Alltag in Israel, dass Juden sich nach dem Kommen des Messias sehnen. Und zum Gesamtbild der Messiashoffnung gehört auch die neuerliche Existenz der messianischen Juden in Israel.

Feigen

In der Endzeitrede weist Jesus auf den Feigenbaum (Lukas 21), dass, wenn der Feigenbaum, womit Israel gemeint ist, wieder grünt, das Reich Gottes nahe ist. Jesus betont, dass wir von diesem Feigenbaum lernen sollen. Die messianischen Juden in Israel bezeichnen sich als „Frühfeigen". Der israelische Feigenbaum (Ficus carica L.) trägt drei Mal im Jahr Frucht.

1. Vorfeige (hebr. Paggim)

Diese erste Feigenernte entsteht aus den Knospenanlagen des Vorjahres und wird zur Pessachzeit geerntet. Es sind sehr kleine Feigen. Dies waren die ersten noch jüdischen Urchristen, die ihre Erkenntnis, dass Jesus der Messias ist, aus dem Tenach, dem so genannten Alten Testament, schöpften.

2. Frühfeige (hebr. Bikkurah)

An der gleichen Stelle, wo die Vorfeige ihre Ansätze hatten, entwickelt sich im Sommer die Frühfeige. Es sind nur wenige. Doch trägt der Baum keine Frühfeige, heißt das, dass der Feigenbaum auch im Herbst keine Feigen tragen wird – die Spätfeige im Herbst aber ist die eigentliche Großernte. Trägt er aber Frühfeigen, auch wenn es nur wenige sind, ist das ein Zeichen dafür, dass der Baum im Herbst eine große Ernte einbringen wird. So signalisieren die derzeitigen messianischen Juden als Frühfeigen, obwohl sie nicht viele sind, dass Israel einmal in seiner Gesamtheit gerettet wird, wie es in Sacharja 12,10 und Römer 11,26 heißt.

3. Spätfeige (hebr. Teenah)

Die große Feigenernte ist im Herbst, zur Zeit des Laubhüttenfestes. Doch wie erwähnt nur, wenn der Baum im Sommer Frühfeigen trug.

In Israel leben derzeit etwa 5000 messianischen Juden (Judenchristen), die in etwa 100 messianischen Gemeinden über das ganze Land von Eilat bis Kirjat Shmona verteilt sind. Laut Umfrage kamen 80 % von ihnen nicht durch Straßenmission zum Glauben, sondern durch private Kontakte. Es gibt vier monatlich erscheinende messianische Zeitschriften in hebräischer Sprache. Auch im israelischen Fernsehen kommen messianische Juden immer häufiger zu Wort. Der messianische Jude Gershon Nerel (Jad HaSchmona) machte an der Hebräischen Universität Jerusalem seinen Doktor über das Thema „Israels messianische Juden" und derzeit promoviert Zvi Sadan an der Hebräischen Universität Jerusalem über das Thema: „Jesus im Judentum". Doch allen Freunden der messianischen Juden sei gesagt: Die messianischen Juden sind mit keinem Tropfen besseren Blutes Jesu erkauft als die nichtjüdischen Christen. Ebenso ist es arrogant, wenn Christen Israel besuchen und sagen: „Wir möchten nur messianische Juden treffen, die anderen sind ja nur Juden. Das hört sich so an, als würden sie sagen: „Die sind ja bloß meine Eltern". Sie ignorieren, dass Gott mit den "nur" Juden seine biblischen Verheißungen in Erfüllung bringt.

Die messianischen Juden halten die biblischen Verordnungen, weil ja laut Apg. 15,28-29 nur die nichtjüdischen Christen davon befreit sind, was nicht irgend ein Bruderrat beschlossen hat, sondern es heißt ausdrücklich „Es ist des heiligen Geistes und unser Beschluss euch (Heidenchristen, Vers 23) keine weitere Last aufzubürden als folgende Stücke, die unerlässlich sind: dass ihr euch von Götzenopferfleisch, vom Blutgenuss, vom Fleisch erstickter Tiere und von Unzucht fernhaltet". Daraus erkennen wir, dass nur die nichtjüdischen Christen von den übrigen Gesetzen befreit sind,

Illustration aus dem 12. Jh., Paris, die die Ankunft des Messias darstellt

nicht aber die messianischen Juden. So halten die messianischen Juden den Schabbat, an dem auch ihre Gottesdienste stattfinden, lassen ihre Knaben am 8. Tag beschneiden und feiern die jüdischen Feste, die ewige biblische Verordnungen sind, und die auch Jesus feierte.

So gehören auch die messianischen Juden zu den Vorboten, die das Kommen des Messias ankündigen. Als 1948 der Staat Israel ausgerufen wurde, gab es laut Nachforschungen verschiedener Institute nur zwölf messianische Juden in Israel. Das heißt: im gleichen Jahr, als Gott mit dem Volk Israel im Land Israel einen neuen Anfang machte, machte er auch wieder mit zwölf messianischen Jüngern wie am Anfang der Gemeinde Jesu, im Land Israel einen neuen Anfang. Das zeigt, dass in den Augen Gottes Israel und die Gemeinde Jesu eine heilsgeschichtliche Einheit sind, die umsomehr das Kommen des Messias bzw. die Wiederkunft Christi vor der Tür steht, offenkundig wird.

Daher:

Wer Israel segnet, sollte auch die messianischen Juden segnen
und wer für die messianischen Juden betet, sollte auch für Israel beten,
denn was Gott zusammengefügt hat,
darf und kann der Mensch nicht scheiden.

WIRD DER IRAK-KRIEG ZUM HEILIGEN KRIEG GEGEN JERUSALEM?

Der Islam ist nicht nur eine spirituelle Religion, sondern in erster Linie eine politische Religion. Nicht die Terrororganisation Al-Qaida, sondern die islamische Religion ist die Mutter des Terrors. Der Islam mutierte zum Gegenprogramm des dekadenten, gottlosen Westens und gegen den kommunistischen Osten mit seinen Göttern Lenin und Mao. Um ihr politisches Ziel zu erreichen, setzen die Moslems als Waffe ihre Religion ein, und mittels religiöser Versprechungen und Drohungen ziehen sie Tausende in ihre Terrorgefolgschaft, denn wer keine Angst vor weltlicher Strafe oder überirdischer Verdammnis hat und sich sogar eine himmlische Belohnung verspricht, macht sich unbesiegbar.

Selbstmordattentäter bereiten sich auf ihre Tat wie auf einen Gottesdienst vor. Das Credo der Hamas-Terrorbewegung heißt: „Allah ist das Ziel, der Prophet ist unser Vorbild, der Koran die Verfassung, der Dschihad (Heiliger Krieg) der Weg und der Tod für die Sache Allahs unsere tiefste Überzeugung". So erklärte Ramzi Binal-Schibh, der Chefplaner des 11. September 2001: „Der Dschihad ist eine absolute Notwendigkeit und erfordert Blut und abgerissene Gliedmaßen." Daher: besiegt man eine Terrorgruppe, wachsen zwanzig andere nach.

Ehe wir auf das Thema eingehen, inwieweit der Irak-Krieg zum Ausgangspunkt für den Heiligen Krieg gegen Jerusalem wird, müssen wir die Frage klären, welche Motive Moslems dazu verleiten, als Glaubenskämpfer in den Heiligen Krieg zu ziehen und sogar bewusst dafür das eigene Leben zu opfern?

Islamisten betrachten ihre Religion nicht als Privatsache, sondern als kollektiven Kampf für eine neue Weltordnung - und das nicht erst seit dem 11. September 2001, sondern bereits seit ihrer Gründung im Jahre 622 n. Chr.

Den Völkern, die von ihnen bekämpft werden, werfen sie Gottlosigkeit und Sittenlosigkeit vor, worin sie z.T. auch Recht haben. Die Terroristen haben kein Gewissen, denn sie meinen, selber das Gewissen der Welt zu sein.

Dabei ist interessant, dass nicht die sozial Benachteiligten als Kämpfer für den Heiligen Krieg bereitstehen, sondern die gehobene Mittelschicht. Der Ursprung des islamistischen Terrors liegt nicht in den Elendsvierteln von Beirut oder Gaza, sondern bei den moslemischen Eliten. Der iranische Revolutionsführer Ajatollah Chomeini fand in seinem Krieg gegen den Irak 1980 – 1988 die minderjährigen Freiwilligen, die bereit waren, über die Minenfelder zu laufen, nicht in den Slums, sondern in den Häusern der Wohlstandsbürger, die durch ihren Minen-Selbstmord im Dienste des Heiligen Krieges sofort ins Paradies gelangen wollten. Daher ist es ein Irrtum, durch finanzielle Förderung der Araber den Terror stoppen zu können.

Auch die Attentäter von New York und Washington waren Angehörige der arabischen Mittelschicht, sie studierten an Hochschulen und waren ein Leben in Freiheit und Wohlstand gewöhnt. Sie waren keine Sprösslinge palästinensischer Flüchtlinge. Es waren Menschen, die den Westen als Bedrohung ihrer moslemischen Identität ansahen. Dasselbe Problem haben wir in Israel. Solange die Palästinenser unter Israels Hoheit waren, ging es ihnen, verglichen mit den Palästinensern in Jordanien oder Libanon, wirtschaftlich zwischen 40 bis 72 % besser. Doch sie sehen in dem modernen Judenstaat Israel eine Bedrohung ihrer moslemischen Identität. Das macht sie zu Terroristen. Von den 173 palästinensischen Selbstmordterroristen kamen 149 (Stand: September 2004) aus guten mittelständischen Häusern, die eine bessere Schule besuchten, der Rest waren so genannte Nachahmer.

Palästinensische Kinder mit Gewehr

Die Terrororganisationen bevorzugen Attentäter aus der gebildeten Schicht, weil sie bei Selbstmordanschlägen disziplinierter sind und das notwendige Wissen mitbringen, um einen Terroranschlag erfolgreich ablaufen zu lassen. Daraus ersehen wir, dass der erste Schritt zur Radikalisierung junger Moslems nicht die Unzufriedenheit mit ihrer wirtschaftlichen Situation ist, sondern die Unzufriedenheit mit den moralischen Verhältnissen ihrer Umwelt, die sie nach ihren moslemischen Richtlinien messen und von da aus betrachtet ist alles, was nicht verschleiert ist, bereits „gottlos" und „unmoralisch".

Betrachtet man die Fernsehnachrichten, könnte man meinen, die meisten Terroranschläge passieren in Israel. Das ist weit gefehlt. Denn die islamischen Fundamentalisten schlagen überall zu. Da brauchen wir nur an die Handelstürme von New York, 2001; die blutige Geiselnahme im Moskauer Musiktheater, 2002; an den Terroranschlag auf die Eisenbahn in Madrid, 2003 oder an die Horrorszene in der Schule von Beslan, 2004, zu denken – alles geschah im Namen Allahs! Damit verglichen erlebt Israel nur ein Bruchteil an Terror. Leider haben die Medien jedoch nun einmal Israel im Visier und bringen alles, was in Israel passiert, doppelt so groß heraus.

11. September 2001 in New York

Schule in Beslan, 2004

Leider weiß man nicht, wie man den Terror erfolgreich bekämpfen kann, denn die Selbstmordattentäter stellen alle Regeln auf den Kopf, weil für sie Abschreckungen, wie Haft- oder Todesstrafe bedeutungslos sind. Und sollte der Selbstmordterrorist festgenommen werden, greift er zur Zyankali-Kapsel, die ihm die Terrorführer mitgegeben haben, damit er stirbt, bevor er etwas verraten kann. Ein Selbstmordanschlag ist relativ leicht zu bewerkstelligen: Man braucht keinen Fluchtweg und auch die Bombe ist billig und besteht nur aus Sprengstoff, einer Batterie, einem Zünder und Nägeln – das ist alles!

Daher eignen sich auch vorzugsweise Kinder dafür, die noch naiv an eine Welt von Guten und Bösen glauben, denen man leicht weismachen kann, dass sie als Moslems kollektiv zu den Guten und die Nichtmoslems kollektiv zu den Bösen gehören. Islamische Würdenträger und Vorbeter in den Moscheen verherrlichen die Terroranschläge als „Allah-gewollt". Jeden Freitag wird ihnen in den Moscheen in schillerndsten Farben das Paradies schmackhaft gemacht, so dass ihre Sehnsucht, da hinein zu kommen, emotionale Ausmaße annimmt, die dann von den Terroranführern für die Rekrutierung neuer Terroristen ausgenützt wird. Sie versprechen ihnen, wenn sie als Selbstmordattentäter ihr Leben verlieren, dass ihnen im Jenseits 72 Huris (Jungfrauen) zur Verfügung stehen, die ihnen ständig zu willen sind. Einen solch schönen Platz im Paradies kann der Märtyrer dann zusätzlich für 70 Freunde reservieren lassen.

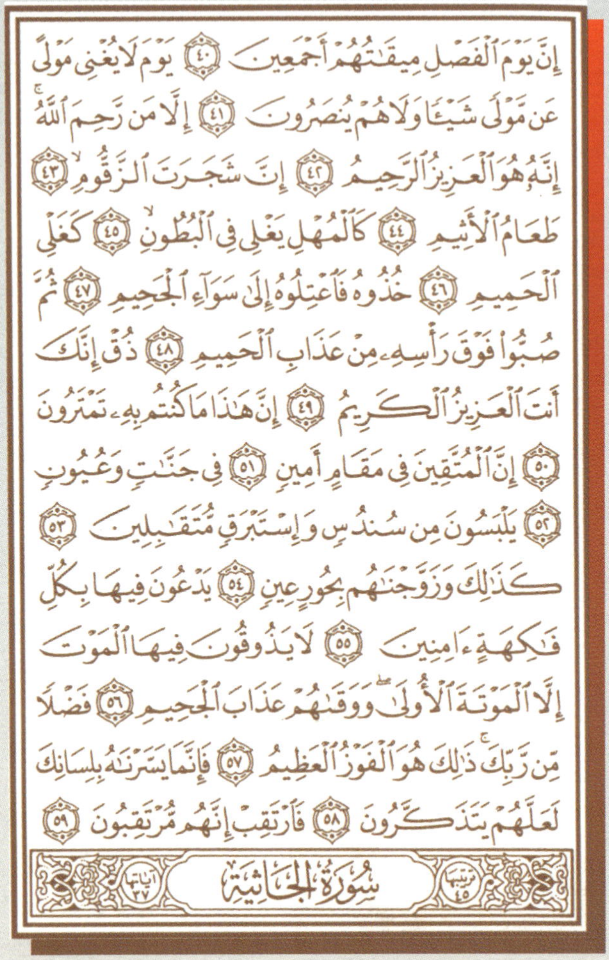

إِنَّ يَوْمَ الْفَصْلِ مِيقَاتُهُمْ أَجْمَعِينَ ﴿٤٠﴾ يَوْمَ لَا يُغْنِي مَوْلًى
عَن مَّوْلًى شَيْئًا وَلَا هُمْ يُنصَرُونَ ﴿٤١﴾ إِلَّا مَن رَّحِمَ اللَّهُ
إِنَّهُ هُوَ الْعَزِيزُ الرَّحِيمُ ﴿٤٢﴾ إِنَّ شَجَرَتَ الزَّقُّومِ ﴿٤٣﴾
طَعَامُ الْأَثِيمِ ﴿٤٤﴾ كَالْمُهْلِ يَغْلِي فِي الْبُطُونِ ﴿٤٥﴾ كَغَلْيِ
الْحَمِيمِ ﴿٤٦﴾ خُذُوهُ فَاعْتِلُوهُ إِلَىٰ سَوَاءِ الْجَحِيمِ ﴿٤٧﴾ ثُمَّ
صُبُّوا فَوْقَ رَأْسِهِ مِنْ عَذَابِ الْحَمِيمِ ﴿٤٨﴾ ذُقْ إِنَّكَ
أَنتَ الْعَزِيزُ الْكَرِيمُ ﴿٤٩﴾ إِنَّ هَٰذَا مَا كُنتُم بِهِ تَمْتَرُونَ
﴿٥٠﴾ إِنَّ الْمُتَّقِينَ فِي مَقَامٍ أَمِينٍ ﴿٥١﴾ فِي جَنَّاتٍ وَعُيُونٍ
﴿٥٢﴾ يَلْبَسُونَ مِن سُندُسٍ وَإِسْتَبْرَقٍ مُّتَقَابِلِينَ ﴿٥٣﴾
كَذَٰلِكَ وَزَوَّجْنَاهُم بِحُورٍ عِينٍ ﴿٥٤﴾ يَدْعُونَ فِيهَا بِكُلِّ
فَاكِهَةٍ آمِنِينَ ﴿٥٥﴾ لَا يَذُوقُونَ فِيهَا الْمَوْتَ
إِلَّا الْمَوْتَةَ الْأُولَىٰ وَوَقَاهُمْ عَذَابَ الْجَحِيمِ ﴿٥٦﴾ فَضْلًا
مِّن رَّبِّكَ ذَٰلِكَ هُوَ الْفَوْزُ الْعَظِيمُ ﴿٥٧﴾ فَإِنَّمَا يَسَّرْنَاهُ بِلِسَانِكَ
لَعَلَّهُمْ يَتَذَكَّرُونَ ﴿٥٨﴾ فَارْتَقِبْ إِنَّهُم مُّرْتَقِبُونَ ﴿٥٩﴾

آياتها ٣٧ سُورَةُ الْجَاثِيَةِ ترتيبها ٤٥

Koranseite mit „Huri"-Text: Sure 44, Vers 54

Die Terrorführer bedienen sich einer ausgeklügelten Märtyrer-Marketing-Strategie: Man macht den Jugendlichen weiß, dass der Selbstmordattentäter unmittelbar vor seinem Tod ein glückliches Lächeln auf seinen Lippen trägt, das „Lächeln der Freude" – „des glücklichen Märtyrers". Die Mütter erhalten dann den Ehrentitel „Mutter eines Märtyrers".

Hier folgt ein Auszug aus einem Interview, das die arabische Zeitschrift „Al Sharq Al Aswat" mit Umm Nidal, der Mutter eines Märtyrers gemacht hatte.

Umm Nidal: „Der Dschihad, der Heilige Krieg, ist ein religiöses Gebot, das uns auferlegt wurde. Wir müssen dieses Gebot in den Seelen unserer Söhne wach halten. Ich glaube an den Dschihad, den Heiligen Krieg, denn der Dschihad ist ein Bestandteil unseres Glaubens. Das hat mich auch dazu ermutigt, meinen Sohn Mohammed Allah zuliebe dem Dschihad zu opfern. Er ist nicht tot! Er führt jetzt ein glücklicheres Leben als ich. Weil ich meinen Sohn liebe, habe ich ihn ermutigt, den Tod des Märtyrers zu sterben. Mein Sohn Mohammed trat im Alter von 7 Jahren der Al-Kassam Brigade bei. Zuhause schwang er seine Waffe und sagte immer wieder: „Mutter, dies ist meine Braut!" Ich bat Allah, mir für meinen Sohn zehn getötete Israelis zu geben. Allah erhörte meine Bitte und so wurden durch meinen Sohn zehn Israelis getötet. Allah ließ ihm sogar noch mehr Ehre zuteil werden, indem dazu noch viele Israelis verletzt wurden. Ich ermutige nun alle meine Söhne, den Tod eines Märtyrers zu sterben."

Palästinensischer Märtyrer vor der Video-Kamera

Viele Selbstmordterroristen lassen sich vor ihrer Tat zuhause noch mit dem grünen Märtyrerstirnband filmen und dazu noch mit reichlich Parfüm einreiben, um wohlduftend zu den 72 Jungrauen einzugehen, was bei Grenzkontrollen schon viele verraten hat. Zusätzlich zu den Trainingszeiten durch das ganze Jahr werden in den großen Sommerferien überall in den arabischen Extrem-Ländern für 7 bis 15 Jährige Freizeiten durchgeführt, bei denen sie zum Töten gedrillt werden. Man bringt ihnen bei, wie man mit Pistolen und Kalaschnikows schießt, wie man Sprengsätze baut und todbringend platziert, wie man Feinde mit dem Dolch von hinten anfällt. Doch nicht die Größe des Terroranschlags, sondern die Größe des Widerhalls in den Medien ist für die Terrororganisation wichtig, denn dadurch erhalten die Moslems eine willkommene Propagandaplattform.

Terroranschlag auf israelischen Bus

Je friedlicher und unverfänglicher ein Ort ist, z.B. ein Lebensmittelmarkt, Autobus oder Schule und Kindergarten, umso größer ist der Schrecken, den der Terroranschlag auslöst und verbreitet, der damit auch von Allah höher bewertet und belohnt wird. Die im Namen Allahs durchgeführten Massaker erinnern erstaunlich oft an religiöse Opferrituale, weil man den Opfern die Kehlen genauso aufschlitzt, wie es der Islam für das Schlachten der Tiere vorschreibt. Da braucht man nur die Bilder anzusehen, wie Moslems im Irak amerikanischen Bauingenieuren vor laufender Kamera langsam mit einem langen Messer die Köpfe abschneiden. Dieser grausame Dokumentarfilm wurde unter den Palästinensern ein Jubel-Bestseller. Der DVD-Film ist dort für nur 15 NIS, umgerechnet 2,75 Euro, erhältlich, denn er wurde aus Arafats Kasse subventioniert, der wiederum aus Europa sein Geld bekam.

Mit dem Ende des totalitären Sozialismus, dem Fall des Eisernen Vorhangs, erwarteten die Menschen – auch im Nahen Osten – eine „neue Weltordnung" und dieser Begriff war durchaus positiv gemeint. Dann aber fielen viele „freigewordene" Staaten in eine gefährliche Instabilität, an deren Stelle nun die Extremisten treten, entweder radikale Moslems oder Neo-Nazis. Nicht die Alten, sondern die junge Generationprägt überall, aber besonders in Nahost unsere Zukunft. Diese Darstellung des Terrors war notwendig, denn sie zeigt uns, dass der Islam eine unübersehbare Macht geworden ist:

1 Nach dem II. Weltkrieg, der 55 Millionen Menschenleben forderte und sechs Millionen Juden vernichtete, wurden am 26. Juni 1945 die Vereinten Nationen, die UNO, gegründet. Damit erhielten die Moslems erstmals in der Völkerwelt ein unüberhörbares Stimmrecht, denn von den 191 UNO-Mitgliedstaaten werden 52 direkt und 23 indirekt moslemisch regiert. Dagegen kommt der 1 Judenstaat Israel niemals an – gerade weil es in der UNO demokratisch zugeht. Alles aber begann unter dem Ziel „Endlösung der Judenfrage".

2. Einige arabische Staaten verfügen über die erdölreichsten Gebiete der Welt. Weil die Industriestaaten vom Erdöl abhängig sind, werden sie von den arabischen OPEC-Staaten erpresst, sich ihrem politischem Diktat zu beugen, so dass die Welt in punkto Israel nicht mehr frei entscheiden kann, sondern eine antiisraelische Haltung einnehmen muss, damit ihnen nicht der Ölhahn zugedreht wird. Das hebräische Wort für Erdöl ist "neft" und bedeutet „Geist aus dem Untergrund", siehe auch spirit bzw. Sprit.

3. Seit Israel 1967 das biblische Jerusalem eroberte, mutierte in den Moslems der bis dato dahinschlummernde Islam zu immer stärker werdendem religiösen Fanatismus, der nicht nur zum Heiligen Krieg gegen Jerusalem wird, sondern auch die gesamte nichtmoslemische Welt erobern will, was man an den weltweiten Terroranschlägen im „Namen Allahs" erkennt.

Wir sehen, der islamische Geist hat bereits in dreifacher Weise die Welt im Griff, d.h. der Geist Babylons macht die Völker bereits trunken. Prof. Mosche Scharon, Islam-Experte an der Bar Ilan Universität sagte, dass wir bereits im III. Weltkrieg leben, worin Jerusalem der Brennpunkt ist.

Und da sind wir schon beim Irak-Krieg. Ich habe schon vor Ausbruch des Irak-Krieges in unserer Zeitschrift **israel heute** geschrieben, dass der Irak – Saddam Hussein spielte darin keine Rolle – in der Welt für Verwirrung sorgen wird, denn das Argument der USA, Saddam Husseins Massenvernichtungswaffen zu vernichten, war irreführend babylonisch, denn schließlich ist Babel bzw. Babylon der Inbegriff für Verwirrung, angefangen von 1. Mose 11,9 bis hin zu Offenbarung 17,2 wo Gott sagt, dass Babylon alle Völker trunken machen wird.

Wenn sich US-Präsident Bush und der britische Premier Toni Blair heute herausreden, dass sie von ihren Geheimdiensten falsch informiert worden sind, war hier bereits eindeutig Babylons „verwirrende Trunkenheit" im Spiel. Der Irak-Krieg hat den Islam gestärkt, ihn nicht nur zur weltweiten Terrorgefahr gemacht, sondern in Nahost auf die politische Bühne geholt. Mit der Festnahme von Saddam Hussein wurde in Nahost der Geist Babylons freigelassen.

Karikatur von OLEG for Women in Green, Oktober 2004

Die Alliierten Truppen kommen nicht gegen die Moslems an. Irgendwann werden die Alliierten jedoch im Irak das Feld räumen müssen und es den schiitischen Moslems von Babylon überlassen. Und damit ist der Weg frei in Richtung Jerusalem. Der Iran baut seine Atombombe. Sollte Israel die iranischen Atomanlagen zerstören, würde sofort der Heilige Krieg gegen Jerusalem losbrechen.

Wie bereits offiziell von UNO-Quellen bestätigt, soll dort, wo früher Babylon war, das zukünftige UNO-Hauptquartier und der Sitz aller Weltreligionen entstehen. Die UNO hat bereits 100 Mio. Dollar dafür zur Verfügung gestellt. Das heißt, genauso wie Jerusalem nicht durch Rom ersetzt werden konnte, genauso kann auch Babylon nicht durch New York ersetzt werden.

Wenn Gott sagt,

dass ER einmal von Jerusalem aus regieren wird, meint Er damit nicht Rom, sondern das tatsächliche Jerusalem. Daher wurde Jerusalem wieder aufgebaut und damit bereits zum Brennpunkt des Weltgeschehens.

Wenn Gott sagt,

dass der Antichrist und der falsche Prophet einmal von Babylon aus die Welt verwirren werden, meint Er damit nicht Rom, sondern auch hier das tatsächliche Babylon, was zum Sitz der UNO und der Weltreligionen werden wird.

Um dieses Ziel zu erreichen, ließen sich die USA vom Geiste Babylons trunken machen, zettelten im Irak, sprich Babylon, einen Krieg an, um die Plattform für das endzeitliche Babylon zu ebnen. Der weltweite Terror schwächt die Völker, so dass sie irgendwann den Moslems nachgeben werden, um selber vor dem Terror Ruhe zu haben. Dann werden sie im Verein mit den Moslems gegen Jerusalem ziehen, denn es ist besser, dass ein Volk sterbe, als die ganze Welt. Und dieses eine Volk soll ihrer Meinung nach Israel sein.

Als ich im Irak war, noch zu Saddam Husseins Zeiten, besuchte ich u.a. Ur in Chaldäa und Ninive und war auch in Babylon. Dort erklärten mir irakische Regierungsbeamte, dass in Babylon einmal das UNO-Hauptquartier und der Sitz aller Weltreligionen errichtet werden wird. Damals lachte ich über solch ein Ansinnen, denn ich konnte mir nicht denken, wie das geschehen könnte und nahm mir als Andenken aus dem Fundamentgraben des Turms zu Babel einen Stein mit, der mich heute in Jerusalem an diese Vorhersage erinnert.

Ich hätte nie gedacht, dass alles so schnell gehen wird und dass der verwirrende Geist Babylons sogar die so christliche Supermacht USA verwirrt und dazu benutzt, die Plattform für das apokalyptische Babylon zu ebnen. Darum:

Behalten wir das Geschehen in und um Babylon im Auge, denn von dort aus werden alle Völker trunken gemacht, damit sie – wider besseren Wissens – sich in die Schar der Völker einreihen, die einmal, wie es in Sacharja 12 heißt, vereint gegen Jerusalem ziehen werden. Doch dann greift der allmächtige Gott ein und errettet sein Volk Israel. Wohl dem, der jetzt schon den Durchblick hat und das Weltgeschehen im Lichte des prophetischen Wortes der Bibel einordnet.

Terminal 3 in Betrieb genommen

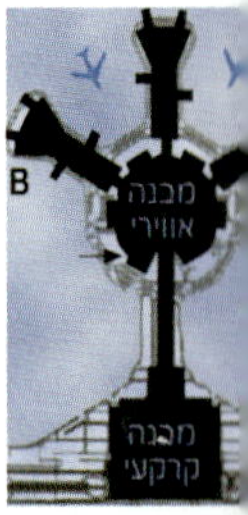

Am 2. November 2004 war es soweit: der neue Terminal 3 des Ben Gurion Flughafens wurde in Betrieb genommen. In der riesigen Empfangshalle, laufen Jazz-Musiker mit Gitarre, Trommel und Saxophon zur Feier des Tages musizierend umher und nette Stewardessen verteilen Terminal-3-Logo-Lutscher. Mit einem speziellen Besucheraufkleber ausgerüstet, geht es hoch zum Abfertigungslevel für alle internationalen Flüge (auf Etage C). Wow..., die Passagiere, die in den Abfertigungsreihen stehen, wirken in der riesigen Halle verschwindend klein.

Große X-Ray-Maschinen zur Durchleuchtung des Gepäcks sorgen für einen zügigen Durchlauf der Passagiere bei der Gepäckkontrolle und dem Checkin mit seinen 130 Abfertigungsschaltern.

Am meisten beeindruckt die Großflächigkeit und die Helligkeit, die durch ein Glasdach und großflächige Fensterfronten entsteht. Nach der Abfertigung gehts durch Flure in eine weitere geräumige Halle, die einem Einkaufszentrum gleicht: Restaurants, Cafes und Geschäfte, wo Passagiere und Begleiter nach dem Einchecken noch bummeln können.

Der Durchgang zu den Flugsteigen ist ein breites Portal, hinter dem zuerst das Handgepäck durchleuchtet und dann der Pass kontrolliert wird. Danach gehts per „Rollband" zur Kikar-Halle. Diese hat eine Glaskuppel, über deren unteren Rand Wasser in den darunter liegenden Pool fällt. Große Geschäftsflächen für Duty-Free-Läden, Restaurants etc., laden Passagiere zum Kaufen ein.

Von dort zweigen die drei Abflugshallen mit jeweils acht Flugsteigen ab. Jede Abflughalle hat seine eigenen Geldautomaten, Toiletten, Buch- und Duty-Free-Geschäfte. Insgesamt können 24 Flugzeugen gleichzeitig am Terminal geparkt werden.

Die Atmosphäre während des allerersten Abfluges, ein EL AL-Flug nach New York, gleicht dem Start eines Space-Shuttles... Flughafenangestellte und Journalisten drängen sich zwischen Passagieren und Stewardessen

beim Besteigen des Jets. Um 13:15 Uhr solls losgehen, aber erst um 13.09 kommt der letzte fieberhaft gesuchte Passagier, der mit schallendem Applaus und von Kamerablitzen empfangen wird. Mit einer knappen Viertelstunde Verspätung rollt die Boeing 777 zur Startbahn. Die Angestellten sind überglücklich, dass alles funktioniert.

Die Passagiere der jeweils ersten Flüge vom Terminal (von und nach New York) erhalten ein Andenken in Form einer Mappe, die einen Ersttagsbriefumschlag mit Spezialbriefmarke und Stempel enthält. Auch erhalten die Passagiere des ersten Tages kurz vor der Passkontrolle von einem Statisten, mit Briefträgermütze und roter Clownsnase versehen, eine Spezialversion des Ersttagumschlages.

Das erste Flugzeug, das am neuen Terminal mit seinen Andockschläuchen andockt, ist eine Maschine der EL AL aus New York und die erste Maschine einer ausländischen Fluggesellschaft ist ein Airbus der schweizerischen SWISS, mit Präsident Christoph Franz an Bord.

Zehn Jahre brauchte man für das größte Infrastrukturprojekt in der Geschichte Israels, dass 1994 vom damaligen Ministerpräsidenten Rabin genehmigt worden war. Ungefähr eine Milliarde Dollar kostete das Unternehmen, das nun jährlich 10 Mio. Passagiere abfertigen kann.

Zum Anlaß der Eröffnung gab die staatliche Münzengesellschaft eine Münze in Gold, Silber und Bronze heraus, auf deren einen Seite das Gebäude und ein Flugzeug abgebildet sind, während die Rückseite eine Vogelansicht des Terminals mit dem Psalmvers „Dein ist der Himmel und dein ist die Erde" zeigt.

Transportminister Meir Scheetrit verrät, dass ihm Leute gesagt hätten, sie fühlten sich wie auf einem US-Airport oder einem europäischen Flughafen.

Das neue Tor zu Israel ist ein wahres Prachtstück! Kommen Sie selbst und genießen Sie den neuen Flughafen zu Beginn und zum Abschluß ihres Israel-Besuches. Die Ankommenden Passagiere werden vor dem Betreten der Ankunftshalle von drei an der Wand aufgehängten, bei Ausgrabungen im Lande freigelegten Mosaiken empfangen.

Übrigens kann man vom Flughafen mit der Eisenbahn bis nach Naharia oder nach Beer Sheva fahren. Von Januar bis September 2004 stieg die Zahl der Touristen nach Israel gegenüber dem Vorjahr um 52 % an.

Der seit mehr als 56 Jahren bisher genutzte und geschichtsträchtige Terminal 1, der von den Briten erbaut wurde, soll nun eingeebnet werden.

Wie schreibe ich meinen Namen auf hebräisch ?

Als erstes muß man beachten, daß man die hebräische Schrift von rechts nach links schreibt. Dazu kommt das Fehlen der in der deutschen Schrift üblichen Umlaute wie Ä, Ö, Ü und das Fehlen der Eigenständigkeit der Selbstlaute A, E, I, O, U. In der hebräischen Schrift wird durch Punktation über oder unter den Selbstlautträgern Aleph (א), Ayin (ע) oder Waw (ו) sowie unter den Konsonanten eine Vokalisierung erreicht. Jeder Buchstabe im Hebräischen hat zusätzlich einen Zahlenwert, den man schon verwendete, als es noch keine Ziffern gab. Sie können den Zahlenwert Ihres Namens selbst ermitteln, indem Sie einfach die Zahlenwerte der Buchstaben addieren.

												Deutsch
												Hebräisch
												Zahlenwert

= | | | |

Das hebräische Alphabet mit Zahlenwert

A = 1 = א Aleph	T = 9 = ט Tet	P = 80 = פ Pe
B = 2 = ב Beth	J = 10 = י Jod	Z = 90 = צ Zadik
G = 3 = ג Gimel	K = 20 = כ Kaf	Q = 100 = ק Kuf
D = 4 = ד Dalet	L = 30 = ל Lamed	R = 200 = ר Resch
H = 5 = ה Heh	M = 40 = מ Mem	SCH = 300 = ש Schin
W = 6 = ו Waw	N = 50 = נ Nun	T = 400 = ת Taf
S = 7 = ז Sajin	SS = 60 = ס Ssamech	i = Jod; a,e, = Aleph/Ayin
CH = 8 = ח Chet	AA = 70 = ע Ayin	o & u = meistens Waw

INTERNET
n@i-Webseite

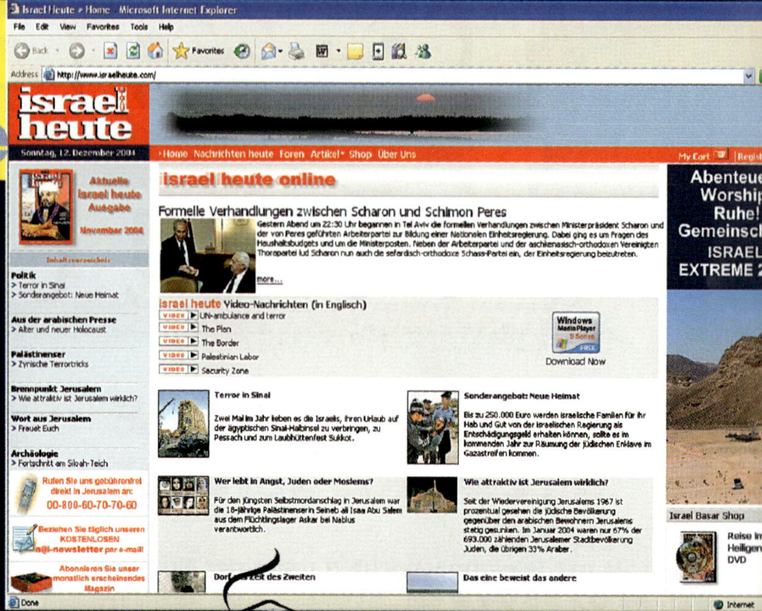

- Top News
- Täglich „Stimme aus Jerusalem"
- HEADLINES aus der neuesten **nai**-Zeitschrift
- **nai**-Forum
- Täglich **nai**-Newsletter
- Die nächsten **nai**-Vorträge

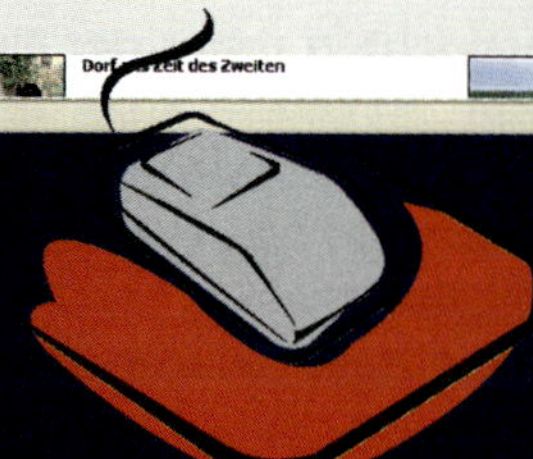

http://www.israelheute.com

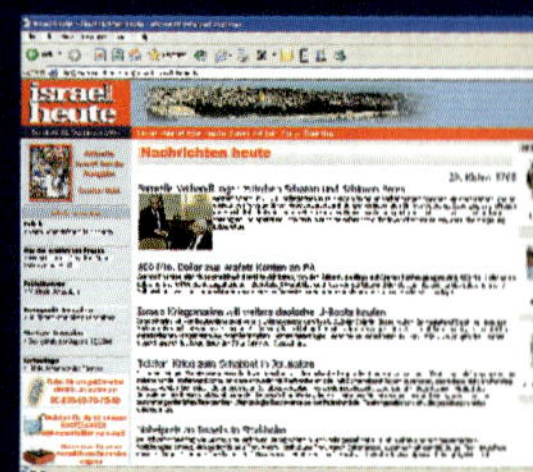

- Online-Katalog mit Israel-Produkten

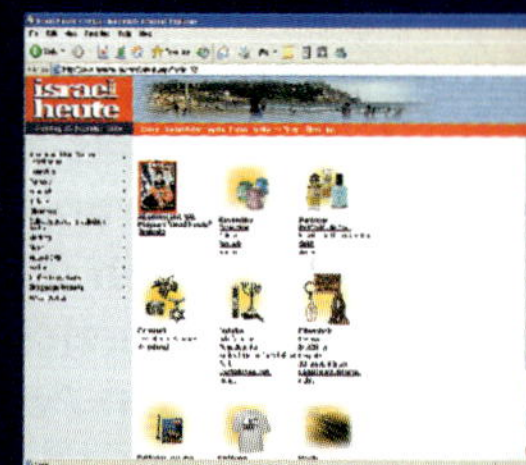

- Sonderberichte: Land & Volk, Jüd. Feiertage, Christen in Israel, Tourismus usw.

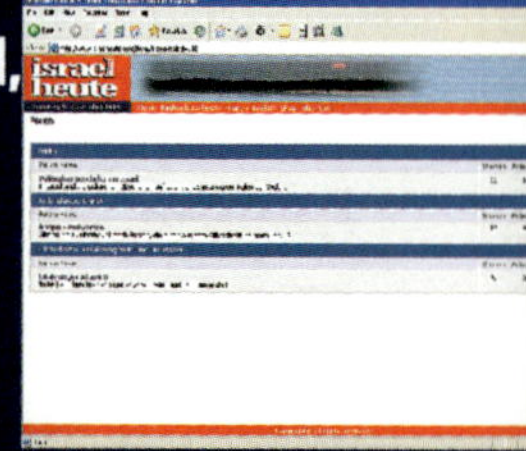

- Wallpaper

Die englische israel heute –

israel today

**Das deutschsprachige
Magazin nai – Nachrichten aus Israel
hat eine ENGLISCHsprachige Schwester:**

israel today

israel today für alle Englisch sprechenden Israelfreunde in der ganzen Welt!

Jeden Monat neu, 32 Seiten!

Direkt aus Jerusalem!

http://www.israeltoday.co.il

Jahresbezugspreis:

U.S.A. & Kanada	(12 Ausgaben)	US-$37.5o / Ca-$ 60	
U.K. & Europa	(12 Ausgaben)	£ 25 / Euro 38	
Israel	(12 Ausgaben)	NIS 130	

Zu beziehen bei: nai - news about israel
P.O. Box 10010, IL-93503 Jerusalem; info@israeltoday.co.il

israel today-TV-Magazin

Im Jahr 2004 stieg **israel heute** in die TV-Branche ein und produzierte erstmalig 12 TV-Sendungen auf Englisch. Für die Realisierung dieser TV-Produktionen, die jeweils über zehn Fernsehstationen weltweit ausgestrahlt wurden, wurde **israel heute** von zwei israelischen Kamerateams unterstützt. Als Nachrichtenquelle in Jerusalem ist es unsere Aufgabe, einen professionellen Gegenpol zu dem von den ausländischen Medien produzierten, verzerrten Bild über Israel zu bilden.

So haben wir im letzten Jahr folgende aktuelle Themen behandelt: den umstrittenen Sicherheitszaun, jüdisch-christliche Beziehungen, Interview mit Israels Oberrabbiner Jona Metzger, Scharons Räumungsplan aus dem Gazastreifen, das II. Jonathan-Wüstencamp 2004, messianischer Lobpreis-Wettbewerb, Palästinenser arbeiten in Israel, Israels neue Front – die Wächter vor jedem Restaurant, Geschäfte und Einkaufszentren, der illegale Moscheenbau unterhalb des jüdischen Tempelplatzes und vieles mehr.

Unser Motto bleibt: **israel heute** bringt auch im Fernsehen das, was andere weglassen! Bitte beten Sie auch weiterhin für unseren Jerusalemer Nachrichtendienst in den Bereichen Druck- und TV-Medien, damit uns Gott Weisheit, Kraft und die nötigen Finanzen dafür gibt.

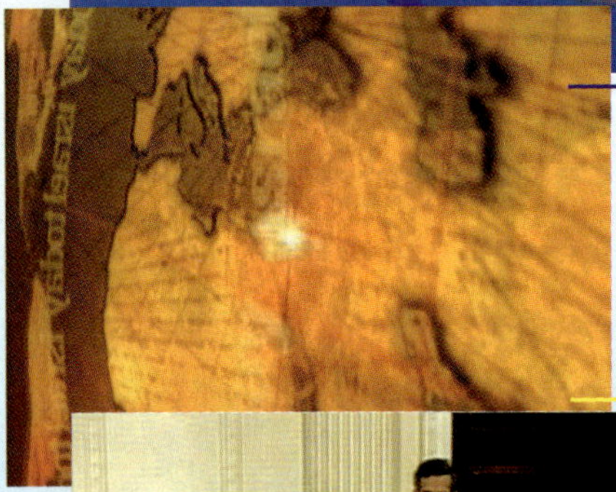

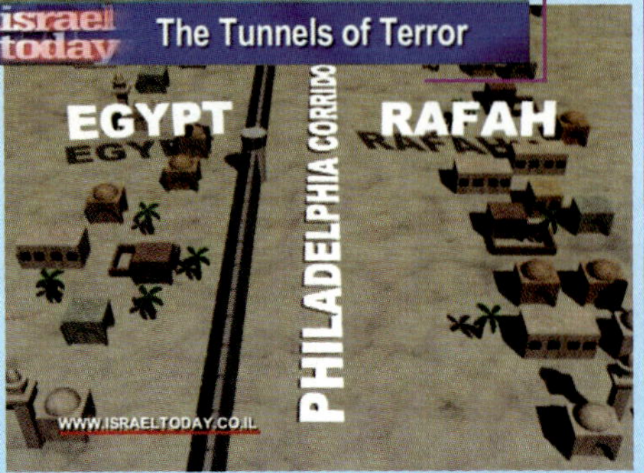

BÜCHER VON LUDWIG SCHNEIDER

„100 FRAGEN AN ISRAEL"

Auf 128 Seiten beantwortet dieses Buch kurz
und bündig Fragen über:
Israel zwischen Bibel und Babel,
die Bibel als Grundgesetz des modernen Israel,
auf welchen Messias wartet Israel?
sowie 9 weitere Themenbereiche.
(Preis: 4 EURO / 6 sFr)

„BRENNPUNKT JERUSALEM"

Jerusalem - eine Stadt im Brennpunkt des Zeitgeschehens! Ludwig Schneider fasst in 24 Kapiteln sachlich und leicht verständlich die Fakten aus aktuell politischer wie auch aus biblischer Sicht zusammen.
160 Seiten
(Preis: 4 EURO / 6 sFr)

„SCHLÜSSEL ZUR THORA"

Wie legen die Juden die Thora, die fünf Bücher Mose, aus? Und wie haben die Urchristen, die noch Juden waren, die Thora verstanden? Die Thora war die Schriftbasis der Urchristen, ehe das Neue Testament schriftlich fixiert wurde.
Ludwig Schneider benutzt Gedanken und Quellen namhafter Rabbiner und Urchristen.
245 Seiten
(Preis: 7 EURO / 10,50 sFr)

WÜRFELSPIEL "REISE NACH JERUSALEM"

Das Würfelspiel für Ihre ganze Familie, das Ludwig Schneider für seine Enkelkinder kreierte. Hier lernen Sie spielend die Fortsetzung der biblischen Geschichte Israels seit 1948.
Mit Begleitheft und Fragekarten - einfach toll!
(Preis: 22,50 EURO / 32 sFr)

LUDWIG SCHNEIDERS NEUESTES BUCH

1953 in Oedt

Barbara und Ludwig, 1964

1973 am Euphrat

1973 im Li

2002 in Berlin

Der Autor **Ludwig Schneider**, Jahrgang 1941, lebt als Journalist mit seiner Familie in Jerusalem und hat in seinem Leben sehr viel Außergewöhnliches erlebt. Davon erzählt er in diesen 77 Erlebnisberichten kurz und geistreich, spannend und humorvoll. Er ist der Gründer des **nai-israel-heute**-Magazins und der Verfasser der Bücher *Lama lo, 100 Fragen an Israel, Schlüssel zur Thora, Brennpunkt Jerusalem* und des *Würfelspieles Reise nach Jerusalem.*

Preis: 5 EURO / 7,50 sFr

NAI ZIEHT UM

1978 gründete Ludwig Schneider die Redaktion „Nachrichten aus Israel". Alles begann damit, dass wir uns als Familie das, was zur Verbreitung der Nachrichten notwendig war, vom Munde absparten.

Mittlerweile erreichen unsere Publikationen in deutscher, englischer und japanischer Sprache sowie unsere Fernseh-Info-Spots fast die ganze Welt. Aus diesem Grund wurden unsere zwei Büros für unsere 20 Mitarbeiter viel zu eng.

So kauften wir im Herzen von Jerusalem ein neues Büro mit einer Gesamtfläche von 750 qm, damit in Zukunft noch stärker und gezielter die „Belehrung von Zion und das Wort des HErrn von Jerusalem" (Jesaja 2,3) ausgehen kann.

Noch müssen Umbauten vorgenommen werden, ehe wir – so Gott will – Anfang März 2005 in das neue Büro in der Schmuel Hanagid Strasse 1 umziehen, das hinter Israels erstem Knessetgebäude liegt, in dem Ben Gurion von 1949 bis 1966 regierte und verkündete: „Wer nicht an Wunder glaubt, ist kein Realist!"

Nachts wurde der Bauschutt per Container, an einem Riesenkran befestigt, weggeschafft

Der Kauf und Umbau kostet Geld. Doch wir glauben als Realisten an Wunder! Wer uns finanziell helfen will, möge seine Spende auf eines unserer NAI-Konten mit Zweckangabe Neues Büro einzahlen. Für Ihre Fürbitte und finanzielle Unterstützung danken wir Ihnen und segnen Sie aus Zion.

NAI-Konten:
Deutsche Bank, D-41460 Neuss, Niederstrasse, BLZ: 30070024, Kt.: 967 1439
Schweiz: NAI-Postkonto Nr. 30-767632-5
Österreich: Raiffeisenverband, A-5024 Salzburg, BLZ: 35000, Kt.: 16.012023

Unzählige Leitungen in der neuen Büroetage mit Aviel Schneider

ISRAEL'S STAMPS
EAR COLLECTION
2003
2003
ISRAELS NEUE BRIEFMARKEN:
BRIEFMARKEN
DES JAHRES 2003
Diese Briefmarken können Sie komplett im Album mit Erklärungsheft für 60 € / 90 sFr bei NAI bestellen
P. O. Box 10117
IL-93503 Jerusalem
Tel.: 00-800-60-70-70-60
Fax: 00972-2-6734089
(ab März 2005 ebenso Jahrgang 2004)

III. Jonathan-Wüstencamp
vom 31. Juli bis 14. August 2005
ABENTEUER!
WORSHIP!
RUHE!
GEMEINSCHAFT!
Das neue Israel Abenteuer für junge Menschen!
israel extreme 2005
Sechstägiges Lobpreis- und Anbetungscamp in der Wüste, dort, wo Gott zu den Erzvätern, Mose und Seinen Propheten redete, wollen wir Gott begegnen.
Damals die Väter – heute wir!
Das II. Jonathan-Wüstencamp 2004 war ein von Gott gesegnetes Erlebnis. 120 Jugendliche und einzelne Junggebliebene waren für eine volle Woche inmitten der Arawa-Wüste. Wie die Kinder Israel erlebten auch sie, wie es sich in der Wüste zwischen Hitze und Sandstürmen leben lässt. Die oft extremen Tage im ausgetrockneten Flussbett brachten Menschen einander näher, da einer auf den anderen angewiesen war. Besonders gesucht wurden Gott, Schatten und Wasser. Gott war mitten unter uns, und das spürten alle.
Mit Gott in der Wüste, Sport, Wüstentracks, Jeeptour, Spurenlesen, Abseilen, Seilgleiten, Schnorcheln und viel Fun!
PROGRAMM 2005:
14 Tage in Israel: eine Woche in der Wüste & eine Woche in Jerusalem.
Rufen Sie uns noch heute gebührenfrei an:
00-800-60-70-70-60
Deutschland - E-Mail: info@handinhandtours.de
Schweiz - E-Mail: info@kultour.ch

FORDERN SIE NOCH HEUTE DEN NEUEN
ISRAEL-BASAR-KATALOG 2005 AN!
Shalom Israel
Sea of Galilee
REISE IM HEILIGEN LAND
VIELE NEUE PRODUKTE UND EINE SOMIT
NOCH GRÖßERE AUSWAHL!
AHAVA
Frankinsence and Myrrh
Anointing Oil
SPA
israel heute
ISRAEL Basar
IsraelBasar-Katalog 2005
direkt aus Jerusalem
GEBÜHRENFREIE BESTELLNUMMER
00-800-60-70-70-60
UNSER ANGEBOT
AN "MADE IN
ISRAEL" FÜR SIE
AUCH IM INTERNET
UNTER:
WWW.ISRAELHEUTE.COM
Tulip
Tel.: 00-800-60-70-70-60
Fax: 00972-2-6734089
bestellung@nai-israel.com

Wichtige Adressen in Israel

- **Oberrabbinat** - Jerusalem
Jirmijahu-Str. 80, Tel. 02-5313131, Fax: 02-5377872;
rabbia@rabbinet.gov.il
- **Große Synagoge Jerusalem**
King-George-Str. 58, Tel. 02-6230628
- **Reformsynagoge Har-El**, Jerusalem
Schmuel-HaNagid-Str. 16, Tel. 02-6253841
- **Christliches Informationszentrum**
Jerusalem 91140, Jaffa-Tor, P.O.B. 14308
Tel. 02-6272692, Fax 02-6286417
- **ICEJ - Internationale Christliche Botschaft**
Jerusalem 91010, Rachel-Immenu-Str. 20, P.O.B. 1192
Tel. 02-5399700, Fax 02-5669970; www.icej.org icej@icej.org
- **Römisch-kathol. Kirche** - Abtei Dormitio
Mount Zion, P.O.B. 22, Jerusalem 91000,
Tel. 02-5655330, Fax 02-5655332
e-mail: abtei@hagia-maria-sion.net; www.hagia-maria-sion.net
- **Evang.-luth. Erlöserkirche**
Jerusalemer Altstadt, Muristan-St. 185; Tel. 02-6276111,
Fax 02-6276222
- **Baptistische Kirche**
Narkis-Str. 4, P.O.B. 154, Jerusalem 91001
Tel. 02-6255942, Fax 02-6255942
- **Charismatische Gemeinde** „King of Kings Assembly", YMCA, King-David-Str. 26,
Jerusalem, Tel. 02-6251899, Fax.: 02-6251896; koka@netvision.net.il

Messianische Gemeinden in Jerusalem:

- 1. **„Meschichit Israelit"** - Victor Smadja
HaNewi'im(Propheten)-Str. 56, Tel. 02-6252093
- 2. **„Kehilat HaMaschiach"** - Benjamin u. Ruben Berger,
Christ-Church, Altstadt, Jaffa-Tor; Tel. 02-6277747
- 3. **„Sukkat David"** - Zwi Randelmann
Prophetenstr. 82, Tel. 02-5353470 (privat)
- 4. **„Netivyah"** - Joseph Shulam
Narkiss-Str. 16, P.O.B. 8043, 91080 Jerusalem,
Tel. 02-6231019, Fax 02-6249258; www.netivyah.org
- 5. **„El Ro'i"** - Ofer Amitai
Narkiss-Str. 4, Tel. 02-6242717
- 6. **„Kehilat Jeruschalaim"** - Menno Kalischer
Ökumenisches Institut Tantur; Tel./Fax 02-5834949
- **„Israel College of the Bible"**- Bibelschule (Englisch)
– 1-Jahr-Studium für intern. Studenten –
Jerusalem, Tel. 02-6221559, Fax 6221560
e-mail: icob@netvision.net.il (David Boyd); www.israelcollege.com
- **Kol Israel - Radio**
Heleni-Hamalka-Str. 21, P.O.B. 1082, Jerusalem 91010,
Tel. 02-5302222, Fax 5302280; www.iba.org.il

- **Israelisch-Deutsche** Industrie-und Handelskammer
Migdal Teumim 2, P.O.B. 3488, Jabotinsky-Str. 35; Ramat Gan 52511
Tel. 03-6133515/6, Fax 03-6133528
www.ahkisrael.co.il, info@ahkisrael.co.il
- **Zentrum für Investitionsförderung**
Bank of Israel Str. 5, Jerusalem,
Tel. 02-6662433, Fax 02-6662954; infoipc@moit.gov.il
- **Handels- und Industrieministerium**
Bank of Israel Str. 5, Jerusalem, Pobox 3166
Tel. 02-6662302, Fax 02-6662923; www.moit.gov.il
- **Staatspräsident Israels - Moshe Katzav**
Hanassi-Str. 3, Jerusalem 92188
Tel. 02-6707211, Fax 02-5611033
www.president.gov.il , president@president.gov.il
- **Ministerpräsident Israels - Ariel Scharon**
Kaplan-Str. 3, Jerusalem 91919
Tel. 02-6705555, 02-6705475
pm_eng@pmo.gov.il; www.pmo.gov.il
- **Knessetsprecher – Ruven Rivlin**
Knesset-Gebäude, Jerusalem 91950
Tel. 02-6753444, Fax 02-6496193; rrivlin@knesset.gov.il
- **Bürgermeister von Jerusalem – Uri Lupolianski,**
Safra-Square 1, Jerusalem 91007
Tel. 02-6297717, Fax 02-6296407
www.jerusalem.muni.il/; e-mail: mayor@jerusalem.muni.il
- **Bürgermeister von Tel Aviv - Ron Chulda'i**
Ibn Gvirol Str. 69, Tel Aviv 64162
Tel. 03-5218438, Fax 03-5270761; www.tel-aviv.gov.il/english/home.asp
- **Bürgermeister von Haifa – Jona Jahav**
Hasan-Shukrie-Str. 14, P.O.B. 4811, Haifa 31047
Tel. 04-8356356, Fax 04-8356020; www.tour-haifa.co.il/indexEng.phtml
- **Bürgermeister von Eilat – Meir Jitzhak Halevy**
Hativat-HaNegev-Str., P.O.B. 14
Tel. 08-6367103, Fax 08-6367158; www.eilat.net
- **Deutsche Botschaft**
Daniel-Frisch-Str. 3, Tel Aviv 64731; Tel. 03-6931313, Fax 6969217
www.germanemb.org.il; ger_emb@netvision.net.il
- **Schweizer Botschaft**
HaYarkon-Str. 228, Tel Aviv 63405
Tel. 03-5464455, Fax 03-5464408; vertretung@tel.rep.admin.ch
- **Österreichische Botschaft**
HaChilason-Str. 12/6, Tel Aviv 52522
Tel. 03-6120924, Fax 03-7510716; tel-aviv-ob@bmaa.gv.at
- **Tourismusministerium**
Jerusalem 90091, Bank of Israel St. 5,
Tel. 02-6664203, Fax 02-6222054
www.tourism.gov.il; dover@tourism.gov.il

Touristen-Informationszentrum
gegenüber dem Rathaus in Jerusalem; Safra-Platz 22, Tel. 02-6258844
www.jerusalem.muni.il/; www.infotour.co.il

Verlängerung / Aufenthaltsgenehmigung
(Innenministerium), Jerusalem 94146
Shlomzion-HaMalka-Str. 1; Tel. 02-6290222/31, Fax.: 02-6290297

EL-AL Auskunft über Flugankünfte:
Tel. 03-9723333 (hebr.) und 03-9723344 (engl.)

EGGED Bus-Auskunft:
„EGGED", landesweite Auskunft, Tel. 03-6948888; www.egged.co.il

Von Israel aus nach...
JORDANIEN: **Jordanische Botschaft**
Ramat Gan, Abba-Hillel-Str. 14, Tel. 03-7517722
ÄGYPTEN: **Ägyptische Botschaft**
Tel Aviv, Basel-Str. 54, Tel. 03-5464151

Polizei „Mischtara"
meldet sich unter dem Notruf 1 0 0; www.police.gov.il

Erste Hilfe - „Magen David Adom"
meldet sich unter dem Notruf 1 0 1; www.magendavidadom.org

Feuerwehr - „Mekhabe Esch"
meldet sich unter dem Notruf 1 0 2

„Poste Restante"
JERUSALEM, Jaffo-Str. 23TEL AVIV, Allenby-Str. 132,
HAIFA, Sderot-Hameginim 219; www.postil.com

Für Volontäre:

Religiöser Kibbutz: Tel Aviv 61030
Dubnov-Str. 7,Tel. 03-6072777, Fax 03-6957039
e-mail: kdati@kdati.org.il

Nichtreligiöser Kibbutz:
Tel Aviv, Frischmann-Str. 18; Tel. 03-5278874, Fax 03-5239966
www.kibbutz.org.il; kpc@vollentir.co.il

Israels Altertumsbehörde - Reshut HaAtikot
Archäol. Ausgrabungseinsätze www.mfa.gov.il/mfa/go.asp?MFAH00wk0

Einsatz im Militärlager
„Sar El", Tel Aviv 68151, Jerusalem Blvd. 111
Tel. 03-6817442, Fax 03-6819098;
e-mail: sar_el@netvision.net.il; jafi.frankfurt@t-online.de
artzarel@freesurf.ch

Aktion Sühnezeichen „Ot HaKappara"
Friedensdienste für Deutsche in Israel
Jerusalem, Beit Ben Jehuda, Ein-Gedi-Str. 28
Tel. 02-6732587, Fax 02-6717540; e-mail: israel@asf-ev.de

Christliche Einsätze im Kibbutz u. Altenheim
über die christl. Organisation „Dienste in Israel"
Jerusalem 96262, Hagai-Str.7, P.O.B. 3392
Tel. 02-6511655, Fax 02-6523846
e-mail: hagoshrim@vms.huji.ac.il

D-30559 Hannover, Kirchröder Str. 46
Tel. 0511-9549860, Fax 0511-9549866

Baumpflanzungen in Israel durch den KKL
Tel. 1-800-60-91-91, e-mail: plantatree@kkl.org.il
www.kkl.org.il/kkl/kklmain_blue_eng.aspx; info@kkl.org.il

BEIT HaTEFUTSOTH
Diaspora-Museum, Genealogy Centre
Tel Aviv 61392, P.O.B. 39359, Tel. 03-6408000
www.bh.org.il/; e-mail: bhsemarc@post.tau.ac.il

YAD VASHEM - Holocaust-Gedenkstätte
-Archiv- Jerusalem 91034, Am Herzlberg
P.O.B. 3477, Tel. 02-6443400, Fax 02-6443443
www.yadvashem.org/index.html
e-mail: general.information@yadvashem.org.il

Jewish Agency „Sochnuth" - Jerusalem
King-George-Str. 48, Tel. 02-6202222; www.jafi.org.il

YESHA - Jüdischer Siedler-Rat
Jerusalem, Ramat-HaGolan-Str. 16b
Tel. 02-5810624, Fax 02-5814072
www.myesha.org.il

Israels Naturschutzverein
„Nature Reserves Authority",
Tel Aviv 66183, HaShfela-Str. 4,
Tel. 03-6388653, Fax.: 03-5374561
www.aspni.org/; tourism@spni.org.il

Hotels / Jugendherbergen
„Israel Hotel Association", Tel Aviv
HaMered-Str. 29, Pobox 50066,
Tel. 03-5170131, Fax 03-5100197
www.israelhotels.org.il/; e-mail: infotel@israelhotels.org.il

„Israel Youth Hostels Association", Jerusalem
Shasar-Str. 1, Tel. 02-6558400, Fax 02-6558432
www.youth-hostels.org.il; e-mail: iyha@iyha.org.il

„Arkia" Inlandflüge, Tel Aviv, Tel. 03-6902210; www.arkia.co.il

„IsrAir" Inlandflüge, Tel Aviv, Tel. 03-7955777
www.israirlines.com

Jerusalem-Foundation
Jerusalem 91101, Rivka-Str. 11,
Tel. 02- 6751711, Fax 02-6734462
www.jerusalemfoundation.org
info@jerusalemfoundation.org

NAI-Nachrichten aus Israel / Israel heute
Jerusalem 93503, Othniel-Str. 9
Tel. 02-6716989, Fax 02-6731725
www.israelheute.com; e-mail: info@nai-israel.com

NAI-„Stimme aus Jerusalem"-Tagesnachrichten
02-6735005; www.israelheute.com/Default.aspx?tabid=107

SCHNEIDER-CHRONIK

Ludwig Schneider wuchs ohne Verwandschaft auf. Seine Eltern, sein sieben Jahre älterer Bruder (die alle nicht mehr leben) und er überlebten zwar den Holocaust, aber Verwandschaft gab es nicht mehr; jedenfalls weiß er um niemanden. Vor 40 Jahren zog er mit seiner Frau Barbara als Einziger der Schneider Familie nach Israel. Gott schenkte ihnen fünf gesunde Kinder (drei Söhne und zwei Töchter) und bald darauf fünf feine Schwiegerkinder, denn alle Kinder sind verheiratet und leben in Jerusalem. Inzwischen hat das Ehepaar Schneider 19 Enkelkinder (neun Mädchen und zehn Knaben). Damit wurde aus dem ***Einen*** in Israel eine große Sippe. „Der HErr hat vielfältig erstattet, was die Heuschrecken gefressen haben" (Joel 2,25). Mittlerweile sind die Enkel schon größer geworden.

Es reicht nicht aus,
nur objektiv und wahr zu sein.
Das ist gut und wichtig,
aber bringt uns nicht weiter,
wirft kein Licht in die Zukunft.
Wir müssen das Weltgeschehen
auch perspektiv betrachten,
um zu erfahren,
wo es mit Israel und mit uns langgeht.
Und das können wir nur im Licht der Bibel.
Dabei erfahren wir auch,
dass der Allmächtige unsere Stärke und Hilfe ist.